1970년대
재일코리안 문학과 잡지 미디어

동국대학교
일본학연구소
연 구 총 서

1970년대 재일코리안 문학과 잡지 미디어

이영호

민속원

책을 펴내며

2013년, 재일코리안을 연구하고 싶어 대학원에 진학했다. 연구라는 것은 내가 생각했던 것과는 많이 달랐다. 내가 연구하고 싶은 주제는 누군가 침이라도 발라 놓은 것처럼 논문이 나와 있었고, 뭐라도 쓰면 새롭기는커녕 대수롭지도 않았다. 내가 연구를 너무 우습게 본 것이었을까? 연구자는 아무나 하는 것이 아님을 깨달았다. 진로를 틀어야 하는 걸까? 그러기엔 너무 많이 와 있었다. 돌이켜보면 많이 온 것도 아니었다. 그만두려면 얼마든지 그만둘 수 있었다. 사실 다 핑계였다. 그냥 연구가 하고 싶었다. 그런데 뭘 어떻게 해야 할 지 잘 몰랐다. 그래서 구해놓은 자료들을 닥치는대로 읽기 시작했다. 그런데 중 한 문장을 발견했다.

"나는 〈아쿠타가와상〉에 어떤 기대를 걸고 있었다. 그건 이 상을 계기로 다시 남쪽 조국 한국에 갈 수 있는 기회가 생길지도 모르기 때문이었다. 솔직히 말하면 나는 그걸 위해 〈아쿠타가와상〉을 받을 작정이었다.”

재일코리안 이회성 작가가 1989년 쓴 「역사 속의 아쿠타가상歷史の中の芥川賞」이라는 글의 일부였다. 사실 가볍게 넘길만한 문장이었다. 하지만 그 순간 이거다하는 생각이 들었다. 그 순간 이런 생각이 들었다.

> “나는 ‘재일코리안 문학’에 어떠한 기대를 걸었다. 그건 이 문학을 연구함으로써 학위를 받을 기회가 생길지도 모르기 때문이었다. 솔직히 말하면 나는 그걸 위해 ‘재일코리안 문학’을 연구할 작정이었다.”

그렇게 1970년대에 주목하기 시작했다. 연구할수록 1970년대가 한국, 일본, 재일코리안 사회의 전환기임을 알 수 있었다. 제대로 골랐구나 싶었다. 재일코리안 문학을 연구하다보니 일본인과의 연결을 알게 되었다. 그들이 만든 지면의 뒷면 광고란에서 듣도 보도 못한 재일코리안 잡지를 발견했다. 이렇게 연구 텍스트가 결정되었다. 우연이라면 우연이었고, 연구라고 한다면 연구였다. 일본에서 시작된 연구범위가 점차 한반도로 넓어지기 시작했다. 분명히 재일코리안 문학만 연구하려했는데 한반도, 일본, 재일코리안 사회가 고구마 줄기처럼 엮이기 시작했다. 까짓것 다 다뤄보자고 결심했다. 그렇게 이 책이 완성되었다.

이 책은 총 2부 구성으로 1부에서는 문학을, 2부에서는 잡지를 연구했다. 1부 '1970년대 조선문학 / 재일코리안 문학'에서는 일본에서의 조선문학과 재일코리안 문학을 연구하였다. 조선문학 연구에서는 〈조선문학의 회〉와 동인지『조선문학 - 소개와 연구』를 다루었다. 재일코리안 문학에서는 이회성과 김학영을 대상으로 문학상의 마이너리티 포섭 과정 즉, '정치성'을 추적했다. 나아가 시대상황을 이용하는 재일코리안의 문학적 활동을 분석함으로써 기존 일본문학의 정의와 통념을 반박하고자 했다.

2부에서는 '재일코리안 매체와 디아스포라 문화지형'에서는 종합지『마당』을 대상으로 1970년대 재일코리안 사회의 동시대상과 담론을 연구했다. 기존 재일코리안 잡지에서의 논의가 조국과 이데올로기 중심이었다면,『마당』은 귀화, 전통, 교육, 결혼 등 사회문제에 치중했다. 또한 히타치투쟁, 위안부 문제 등 동시대 현안을 다루며 한국과 일본에 영향을 끼쳤다. 이 책에서는 재일코리안 문학·문화를 한반도-일본-재일코리안의 유기적 관계 속에서 파악하고자 했다. 이를 통해 본국과 거주국에 끼친 영향력과 재일코리안 사회의 문화지형의 양상을 해명하고자 했다.

이 책이 나오기까지 오랜 시간이 걸렸다. 2019년 2월에 박사학위를 받았으니, 햇수로 7년이 걸렸다. 부족한 글을 연구총서로 출간해주신 동국대 일본학연구소 소장 김환기 교수님과 대학원 시절부터 아낌없는 응원과 지원을 해주신 유재진 교수님, 정병호 교수님께 감사의 인사를 올린다. 박사논문 심사위원이었던 엄인경 교수님, 남상욱 교수님, 많은 조언과 지도를 해주신 김효순 교수님께도 감사의 인사를 올린다. 또한 동국대 일본학연구소의 모든 식구들, 왕이호일본학연구재단, 문화학술원 노대환 원장님을 비롯한 구성원들에게 감사를 표한다. 마지막으로 연구에만 전념할 수 있도록 항상 응원해주고 나를 위해 희생하는 아내와 딸, 가족들에게 고맙고 사랑한다고 말하고 싶다.

2025년 12월

이영호

차례

제2부 재일코리안 매체와 디아스포라 문화지형

결론

들어가며

1910년 8월 29일, 조선은 일제의 식민지가 된다. 일제강점기를 거치며 조선인의 일본 이주가 급증한다. 해방 직전인 1944년, 약 200만 명의 조선인이 일본에 거주한다. 35년여의 일제강점기를 겪은 조선인들은 1945년 8월 15일, 마침내 기다리던 해방을 맞이한다. 해방 이후 일본에 살던 조선인들은 조국으로 돌아오기 시작한다. 하지만 약 60만 명의 조선인은 조국이 아닌 일본에서의 삶을 선택한다.[1] 재일코리안[2]들은 일본에서 민족성을 지키기 위해 각종

---

1 정확한 수는 1944년 1,936,843명이었으며, 1946년 기준 647,006명의 조선인이 일본에 거주했다.(민단. "재일동포 연도별 인구추이." https://www.mindan.org/kr/syakai.php)

2 재일동포를 지칭하는 용어에는 재일코리안, 재일조선인, 재일한국인, 자이니치 등 다양한 용어가 있으며 각 용어마다의 고유한 함의가 있다. 이 책에서는 일본에 거주하는 우리 동포들을 코리안Korean으로 지칭한다. 본 용어는 남북 구분 없이 일본에 거주하는 우리 동포를 지칭하는 용어이며 어떠한 정치성도 포함되지 않는다. 원문을 인용하거나 대상을 특정해야 할 경우 원문 표현을 그대로

단체와 커뮤니티를 결성한다. 디아스포라Diaspora[3]의 삶이 시작된 것이다.

재일在日, 말 그대로 일본日에 있다在는 의미이다. 재일코리안은 일본에 있는 우리 동포를 의미한다. 하지만 이들은 '일본에 있다'는 한 문장으로는 표현할 수 없는 역사적 존재이다. 재일코리안들은 해방 이후 다양한 문화 활동을 했다. 특히 문학[4]을 비롯한 각종 문화 미디어를 발행하며 문화[5]지형을 만들었다.

해방 직후 재일코리안 문학은 주로 재일본조선인연맹在日本朝

인용할 수 있음을 미리 밝힌다. 편의상 1945년 해방 이전의 우리 민족은 조선인으로 지칭하면 해방 이후 일본에 거주하는 우리 민족은 재일코리안으로 구분해 기술한다.

3 디아스포라는 '흩뿌리다'는 뜻의 그리스어로 초기에는 팔레스타인을 떠나 망명 생활을 하던 유대인들을 지칭하던 용어였다. 1990년대에 디아스포라의 개념이 확대되며 고국에서 추방당한 이들, 정치적 망명자, 무국적 거류민, 이민자 소수 민족을 비롯해 자발적으로 고국을 떠나 타지에 정착한 이민자 모두를 아우르는 포괄적 개념으로 사용되고 있다.(William Safran(1991), Diasporas in modern societies: myths of homeland and return, *Diaspora, vol.1, no.1*, University of Toronto Press, p.83)

4 일본에서는 해방 이후 우리 동포의 문학 활동을 '재일코리안 문학在日朝鮮人文学'으로 지칭했으며 일반적 용어로 정착됐다. '재일조선인'이란 용어는 분단 이전의 조선을 지칭하는 것이자 남북 모두를 포괄하는 용어임에도 불구하고 조선이라는 표기에 근거해 북한(북조선北朝鮮)으로 인식하기도 한다. '재일한국인在日韓国人'이라는 용어의 경우, 범위를 대한민국으로 국한시킬 수 있으며 정치적 이해관계가 개입된 용어로 수용될 수도 있다. 이밖에도 '재일문학在日文学'이나 재일在日의 일본어 발음 그대로 '자이니치'라는 용어를 사용하기도 하는데 이 경우 일본에 거주하는 외국인 문학 전체를 지칭하는 의미의 불명확성이 발생할 수 있다. 이에 따라 '재일한인在日韓人'이나 '재일코리안'이라는 용어를 사용하기도 한다.

5 이 책에서 언급하는 '문화'는 음악, 미술, 문학, 연극, 영화 등의 예술 분야는 물론 사상, 의상, 언어, 종교, 의례, 법, 도덕과 같은 규범, 가치관을 모두 포괄하는 사회 전반적 생활양식을 지칭하는 개념이다.

鮮人聯盟(이하 조련)[6]의 영역 내에서 수행되었다. 조련이 해산되고 1955년, 재일본조선인총연합회在日本朝鮮人総聯合会(이하 조총련)가 결성된 이후에도 재일코리안 문학은 여전히 조직 내에서 이루어졌다. 그러나 1967년 12월, 북한에서는 김일성 주체사상이 발포된다. 이후 조총련의 사상적 경직과 통제강화, 주체사상 강조가 계속되며 문학자 상당수가 회의감을 갖게 된다. 재일코리안 문학자들은 "식민지 지배의 경험을 바탕으로 근대 일본과 조선 그리고 세계 식민지와의 투쟁을 종용받았다. 그들은 의지할 만한 문단이 없는 가운데서도 조국에 공헌하고자 조총련에 결집"[7]했지만 좌절을 경험하고 만 것이다.

해방 이후 한반도와 일본의 환경은 극명하게 대비된다. 한반도에서는 1950년 6월 25일 한국전쟁 발발로 황폐화되지만, 일본은 전쟁 특수로 급격한 경제성장을 누린다. 반면 사회적으로는 마이너리티 문제가 가시화되며 일본인들이 굳게 믿었던 단일민족국가의 붕괴를 확인하게 된다.[8]

---

6 재일본조선인연맹在日本朝鮮人聯盟(1945.01~1950.04)은 해방 직후 민족주의진영과 공산주의진영이 결집하여 조직된 단체이다. 산하조직으로 재일조선민주청년동맹, 재일조선민주여성동맹, 재일조선해방구원회, 재일조선유학생동맹 등이 있었다. 조련은 1949년 9월, 산하조직인 민청 등 4개 단체와 함께 폭력 단체로 규정되어 해산명령을 받았고 간부 김천행·윤근·한덕수 등은 공직추방되었다. 1950년 4월, 조련 해산 이후 기존 구성원들은 조선인단체협의회, 조국통일전선실행위원회 등을 거쳐 1951년 1월 9일, 재일조선민주전선在日朝鮮民主戰線(약칭 민전)을 결성한다.

7 윤건차(저), 박진우·박이진·남상욱·황익구·김병진(역)(2016), 『자이니치의 정신사』, 한겨레출판, p.598.

8 오구마 에이지는 1968년까지 일본은 세계에서 유례를 찾아볼 수 없는 단일민족

조직에서 벗어난 재일코리안들은 시선을 일본으로 돌리기 시작했다. 특히 조선문학[9], 재일코리안 문학, 잡지 분야에서 일본과 접점을 형성하기 시작한다. 문학계에서는 1966년 김학영金鶴泳의 등장을 필두로 재일코리안 작가의 일본문단에서 활동이 시작된다. 1968년에는 이회성李恢成이 등장했으며 이후 고사명高史明, 김창생金蒼生, 정승박鄭承博, 양석일梁石日, 신유인申有人, 최화국崔華国, 오임준吳林俊 등 수 많은 재일코리안 작가들이 일본에서 활동한다. 특히 1971년에는 이회성이 외국인 최초로 〈아쿠타가와상芥川賞〉을 수상하며 재일코리안 문학이 전성기를 맞이한다.

1960년대 이후 재일코리안 사회의 구도 변화는 재일코리안 문화 전반의 융성으로 이어진다. 특히 재일코리안 잡지 미디어는 기존과 확연히 달라진 양상을 보인다. 1946년, 최초의 재일코리안 종합지『민주조선民主朝鮮』이 창간된다. 1960년대 중반까지 재일코리안 잡지 대다수는 재일코리안 조직의 기관지, 동인지였기 때문에 잡지 대다수가 조련과 조총련의 영향을 받았다. 1960년대 중반 이후 재일코리안 사회에서는『한양漢陽』[10],『일본 속의 조선문화日本のなかの

국였지만 이후 국제정세의 변화로 인해 민족정책이 혼합민족론으로 전환되었다고 설명했다.(오구마 에이지(저), 조현설(역)(2003),『일본 단일민족신화의 기원』, 소명출판, p.510)

9 이 책에서는 한반도 지역의 문학을 조선문학으로 지칭한다. 현재의 한국지역을 지칭할 경우 한국문학, 북한지역을 지칭할 경우 북한문학으로 표기하며, 일본에서의 한반도 문학 전반은 조선문학으로 지칭한다.

10 『한양漢陽』은 1962년 3월 창간호가 발간되었고, 1984년에 통권 177호로 종간한 재일코리안 잡지이다. 발행언어는 한국어였으며 발행처는 도쿄의 한양사漢陽社였다. 중농주의重農主義를 표방한『한양』은 한국과 일본에서 고등교육을 받은 비판적 지식인들에게 실천적 담론의 장을 제공하여 한국과 재일코리안의 문화적

朝鮮文化』[11], 『계간 삼천리季刊三千里』(이하, 『삼천리』) 등 조총련과 거리를 둔 매체가 창간되지만 여전히 조국·민족 이데올로기에 집중하는 양상을 보였다. 반면 1973년 10월 창간과 『계간 마당季刊まだん』(이하, 『마당』)을 매체들과 상이한 모습을 보였다. 김주태金宙泰를 주필로 창간된 종합지 『마당』은 부제를 '재일조선 · 한국인의 광장在日朝鮮 · 韓国人のひろば'으로 정하며 재일코리안 사회 문제를 중점적으로 다룬다. 특히 정치적 중립을 표방하며 이데올로기와 거리를 둔 채로 재일코리안 사회문제, 차별, 사회제도 등 실존 관련 문제들로 지면을 채웠다. 이밖에도 인권운동, 위안부 등 동시대 이슈들을 다루며 기존 재일코리안 매체들과 차별화를 이룬다. 『마당』의 등장 이후 각종 재일코리안 사회의 실제 문제들이 표면화되며 재일코리안 사회상의 현안들이 매체에 구체화된다.

1965년 한일국교 정상화 이후 한일관계의 재편, 북송사업으로 한국, 북한, 일본이 복잡하게 얽힌다. 이런 상황에서 일본은 각종 사회제도를 활용해 강력한 동화정책을 추진한다. 또한 재일코리안 사회에서는 2세대를 중심으로 정주定住의식이 확산되며 동화정책과 조응하며 전환기를 맞이한다.

유대를 도모했다. 1974년에는 『한양』과 이호철, 임헌영, 장백일, 김우종 등이 연루된 문인간첩단 사건 이후 국내 유입이 금지된다.

11 『일본 속의 조선문화日本のなかの朝鮮文化』는 1969년 3월 창간호를 시작으로 1981년 6월, 50호로 종간한 잡지이다. 발행인은 정귀문鄭貴文, 정소문鄭詔文 형제와 김달수였다. 일본 내 조선 문화의 흔적을 발굴하고 조선인의 뿌리를 문화유산을 통해 찾고, 일본인에게 조선과 조선 문화의 올바른 이해를 촉구한다는 취지로 창간되었다.

1970년대는 일제강점기부터 이어진 왜곡된 한일관계의 현상이 발현된 시기이자 재일코리안의 행보를 통해 전후 일본의 사회상과 마이너리티 정책이 명확히 드러나는 시기이다. 즉, 1970년대는 식민지 원형이 현대성을 구축하며 오늘날 일본의 마이너리티 지형도와 다민족사회의 원형이 되는 시기라 할 수 있다. 따라서 1970년대 재일코리안 문화지형 연구를 통해 식민지 청산과 전후 일본의 지표를 총체적으로 확인할 수 있다.

이에 입각해 이 책에서는 일본에서 발간된 각종 문화매체를 바탕으로 1970년대 재일코리안 문화지형을 입체적으로 파악하고자 한다. 특히 조선문학, 재일코리안 문학, 잡지 미디어를 대상으로 재일코리안 문화지형을 종합적으로 규명할 것이다. 나아가 재일코리안 문화를 통해 일본을 새롭고 해석하고, 범위를 한국까지 확장함으로써 본국과 거주국에 끼치는 디아스포라의 영향력을 규명하고 1970년대 재일코리안 문화지형을 새롭게 구축할 수 있을 것이다.

제1부

1970년대 조선문학 / 재일코리안 문학

제1장

재편되는 해방공간과 조선문학 / 재일코리안 문학

1. 해방 이후 재일코리안 사회와 문학계

1) 1945년 이후 재일코리안 사회의 구축

1886년 메이지유신明治維新으로 천황을 중심으로 강력한 중앙 집권 국가체제를 완성한 일본은 제국주의 국가로서의 행보를 시작한다. 청일전쟁 승리 이후 일본은 1895년 4월 17일 '시모노세키조약下關條約'으로 조선에 대한 지배권을 공고히 한다. 1904년에는 제1차 한일협약(한일협정서)을 강제체결하며 재정권과 외교권을 침탈하고 1905년 7월에는 미국과 '가쓰라-태프트밀약桂太郎-Taft密約', 8월 영국과 '제2차 영일동맹'을 맺으며 조선에 대한 독점적 지위를 승인받는다. 러일전쟁에서 승리한 일본은 1905년 8월 8일, '포츠머스

조약'으로 러시아에게 관동주關東州를 넘겨받으며 조선의 지배 권리를 확인받는다. 결국 일제는 1905년 11월 17일 을사조약으로 조선의 외교권을 박탈하고, 1910년 8월 22일한일병합조약韓日併合條約을 맺으며 조선을 강제병합한다. 이후 프랑스령 인도차이나, 인도네시아, 필리핀, 말레이시아 등 광대한 식민지를 개척하며 서구열강과 대립한다.

일제는 '소일본小日本' 구축을 위해 정치, 경제, 군사, 문화 등 다양한 분야를 식민지로 옮긴다. 이 과정에서 일본인과 조선인의 대규모 인적이동이 시작된다.

제2차 세계대전 패전 이후, 일본의 사회와 경제는 황폐화되고 GHQ 점령군에게 민주주의를 주입받는다. 약 7년이 흐른 1952년 4월 28일, 일본은 샌프란시스코 강화 조약 주권을 회복한다. 태평양전쟁 이후 일본은 황폐화되었지만 1950년 한국전쟁을 계기로 경제적 호황을 이룬다. 일반 가정에는 흑백TV, 냉장고, 세탁기 등 이른바 '삼종의 신기三種の神器'가 보급되기 시작한다. 이밖에도 1953년 NHK 본방송시작, 1955년 GATT[1] 가입, 1956년 유엔 가입, 1958년 도쿄타워東京タワー 완성, 이와토岩戸경기[2] 등으로 동시대 한반도의 상황과는 명백히 대비되는 상황이 전개된다.

경제성장과 달리 사회적으로는 각종 정치문제가 발생한다.

---

1 GATT(General Agreement on Tariffs and Trade)는 1947년 제네바에서 미국을 비롯한 23개국이 조인한 국제 무역협정이다. 주요 취지로는 관세장벽과 수출입 제한 폐지, 국제무역과 물자교류의 증진 등이 있다.

2 1959년부터 61년까지의 호경기를 지칭하는 용어이다.

GHQ의 공산주의자 탄압Red Purge[3]을 시작으로 '역逆코스'[4]가 발생하며 민주화에 역행하는 행보가 전개된다. 미일안보조약 체결 이후에는 피의 메이데이 사건[5], 스나가와砂川투쟁[6] 등이 연이어 발생한다. 1950년대 일본에서 가장 결정적인 정치사건은 미이케 투쟁三池闘争[7]과 안보투쟁[8]이었다. 1950년대 일본의 경제적 풍요 이면에는

---

3 연합군 점령 당시 일본에서 더글라스 맥아더 연합군 최고사령부(GHQ) 총사령관의 지령에 의해 일본공산당 소속 당원이나 동조자를 공공기관이나 민간기업 공직에서 추방, 해고한 사건.

4 연합군 최고사령부(GHQ)는 일본의 민주화와 비군사화를 명문화했는데, 1947년 일본 공산당이 주도한 2·1 제네럴 스트라이크에 GHQ가 중지명령을 내린 것을 시작으로 노동 운동에 개입한다. 이밖에도 경찰예비대(자위대의 전신)의 창설, 공산주의자탄압 등 대일점령 정책이 전환된 움직임을 의미한다.(후지무라 마이(2012), 「1950년대 일본의 탄광노동자 화가 센다 우메지千田梅二」, 『인물미술사학』 8, 인문미술사학회, p.144)

5 1952년 5월 1일 도쿄의 황거외원皇居外苑에서 시위대와 경찰부대가 충돌한 사건. 제23회였던 중앙 메이데이는 경찰예비대의 재군비 반대와 황거 앞 광장인 인민광장의 개방을 결의했다.

6 1955년부터 1957년까지 도쿄의 스나가와초砂川町에서 미군기지 확장을 반대하며 발생한 대규모 시위 사건.

7 1953년, 1959-1960년 미이케탄광三池炭鉱에서 발생한 대형 노사분규 사건. 사건은 총 두 번 발생했지만, 일반적으로 1959-1960년만 지칭한다. 기시 내각에서는 국산 석탄보다 싸고 편리한 수입 석유로 에너지원을 전환하려는 정책에 의해 석탄산업이 축소된다. 이 과정에서 일본 최대 탄광 중 하나인 미쓰이광산三井鉱山의 미이케탄광三池炭鉱에서 사측이 1,278명의 정리해고를 발표하고 이에 노조가 반발하며 노동투쟁이 발생한다. 결국 1960년 7월, 경찰과 유혈충돌하여 많은 사상자가 발생했으며 중앙위원회의 조정안을 사측이 수락해 정리해고를 철회하는 것으로 사건이 마무리된다.

8 일본과 미국은 1951년 안전보장조약(안보조약) 체결 이후, 1957년 안보조약 개정을 위한 교섭을 시작한다. 신안보조약은 1960년 1월 19일 미국 워싱턴에서 조인되어 2월부터 국회 심의에 들어갔다. 당시 일본 수상 기시 노부스케岸信介와 자민당은 5월 19일 밤, 경찰을 동원해 사회당 의원들을 힘으로 밀어내 신안보조약을 심의 없이 단독 통과시킨다. 이에 반발한 국민들은 안보조약 개정반대운동과 강행타

정치문제, 사회운동으로 대표되는 '정치의 계절'이 있었던 것이다.

1960년대 일본은 '경제의 계절'을 맞이한다. 안보투쟁 이후 결국 기시 노부스케岸信介 내각이 무너지고 이케다 하야토池田勇人 내각이 들어서게 된다. 안보투쟁 이후 실시된 1960년 11월 선거에서 자민당은 57.6%의 의석을 확보하며 이케다 하야토池田勇人 내각이 탄생한다. 이케다 내각은 국민소득배증계획을 발표하며 10년 후, 국민소득이 2배가 될 것이라는 전망을 제시하며 국민들의 반향을 일으킨다.[9] 이후 베트남 전쟁 특수를 누리며 컬러TV, 에어컨, 자가용으로 대표되는 '신삼종의 신기新三種の神器'가 가정에 보급되며 고도경제성장을 실감한다. 1960년대 일본의 GNP 평균성장률은 10.0%에 달했고, 1956년부터 1971년까지 GNP총액이 4배 증가한다.[10] 도쿄올림픽이 개최된 1964년, 일본은 OECD가맹국이 되고, 1968년에는 GNP가 1,400억 달러를 돌파하며 미국, 소련 다음으로 GNP가 높은 국가가 된다. 이러한 경제호황 속에서 일본의 국제관계는 새로운 국면을 마주하게 된다.

1965년 6월 22일, 한국과 일본은 한일기본조약韓日基本條約을 조인하고 12월 18일 정식 발효된다.[11] 한일조약 이후 일본은 한국을

결에 항의하는 민주주의수호운동을 펼친다. 시위에는 국회의원, 노동자, 학생, 시민들이 참여한 일본 사상 최대의 반정부, 반미운동이자 정치투쟁이었다. 안보투쟁은 1950년대 일본현대사를 대표하는 가장 큰 시민운동이었다.

9 국민소득배증계획은 10년 안에 국민소득을 2배로 늘리겠다는 목표로 추진되었으며, 실제로는 7년 만에 달성하였다.

10 1954년 12월부터 57년 6월까지 31개월간 지속되었던 고도성장기를 '진무(神武) 경기'로 지칭하기도 한다.

11 주요 내용은 병합이전 조약의 무효화, 대일배상청구권의 방기放棄, 무상 3억 달

한반도의 유일한 합법정부로 인정한다. 양국에서는 반발의 목소리가 터져 나왔다. 한국에서는 36년의 식민지배를 금전으로 해결하려는 태도에 반발했다. 일본에서는 한국·미국·일본이 연계된 군사협력 체제를 반대했으며, 일본 자본의 한국 진출에 의한 일본 내 저임금구조 고착을 우려했다. 일본의 한일회담 반대운동은 평화헌법에 입각한 일본의 재무장, 베트남전쟁 참가, 동아시아 군사동맹 참여를 반대하는 안보투쟁의 연장선에서 전개되었다.

1960년 시작된 베트남전쟁은 1965년 본격화된다. 미일안보조약에 따라 일본의 미군기지에서는 북베트남 폭격을 위해 전투기와 폭격기가 출동한다. 이를 지켜본 일본 시민사회에서는 일본이 전쟁의 가해자이자 당사자라는 의식이 확산되며 반전운동이 전개된다. 작가 오다 마코토小田實, 철학자 쓰루미 슌스케鶴見俊輔 등은 '베트남에 평화를! 시민연합ベトナムへ平和を､市民連合(Peace to Vietnam! Citizens' Coalition)'을 조직해 데모와 집회, 대중토론회를 열고 해외 미디어에 광고를 수록하게 운동을 전개했다. 운동의 중심은 단카이 세대団塊世代라 불리는 1947-49년생이었으며 이들은 냉전 속 학문의 존재비평과 매스프로덕션 대량 생산 교육[12]을 비판했다.

러, 유상 2억 달러의 경제협력과 3억 달러 이상 민간융자 지원이었다.

12 1960년대는 같은 연령대의 대학진학률(2년제 대학 포함)이 20%에 육박할 정도로 증가하며 대학교육의 대중화가 진행된다. 대학은 기업화되었고 저비용 고효율로 학생을 재생산할 수 있는 대량생산 방식이 교육에 도입된다. 그 결과 5만 명 이상의 학생이 등록된 '맘모스 대학'이나 1,000명을 수용할 수 있는 대형교실에서 강의가 이루어졌는데 이를 '매스프로(매스프로덕션mass production교육)'이라 불렀다.(정아영(2007), 「일본의 1968년 학생운동에 대한 사회적 기억과 평가」, 『경제와사회』 76, 비판사회학회, pp.73-74)

1960년대 일본의 사회현상 중 주목할 부분은 일본시민들이 아시아를 대상으로한 과거 일본의 가해성을 인식하기 시작했다는 점이다. 일본시민들은 전후 민주주의 영역 외에 위치한 오키나와와 재일코리안의 존재를 인식한다. 즉, 주변에 존재했지만 인식하지 못했던 마이너리티를 일본의 문제로 자각하기 시작한 것이다. 전후 재일코리안 정책에 대해 사회학자 후쿠오카 야스노리福岡安則는 해방 이후 일본에서 재일코리안에게 적용된 정책이 "'배제·동화·인권·억압' 네 유형이었으며 그 중 가장 적합한 유형은 '억압'이었고 '배제'와 '동화'는 부수적"이었다고 설명한다.[13] 전후 일본에서 정착된 단일민족신화 아래 "재일코리안은 가능한 관계하고 싶지 않은 귀찮은 문제"로 취급되었다.[14] 실제 외무성 보고서 중 조선인은 "지나치게 불결한 탓에 병이 옮을 것 같아 발을 들여 놓는 것조차 주저한 적도 있었다"[15]는 기록에서도 재일코리안을 향한 당시 일본 내 부정적 인식을 확인할 수 있다. 1964년 4월 1일 해외여행 자유화가 시행되고 외국인과의 접촉이 늘어나면서 "부정적 의미로 사용되던 단일민족이라는 용어가 긍정형으로 정착"[16]되며 일본인들의 우경화 경향이 나타난다. 마이너리티를 향한 당시의 부정적 인식은 다음 인용문에서도 확인할 수 있다.

---

13 福岡安則(1993), 『在日韓国·朝鮮人』, 中央公論社, pp.38-50.

14 오구마 에이지(저), 조현설(역)(2003), 『일본 단일민족신화의 기원』, 소명출판, p.504.

15 井上益太郎(1956), 『在日朝鮮人の生活の実態』, 日本赤十字社.

16 오구마 에이지, 앞의 책, p.457.

일본은 세계에서도 드문 단일민족 단일 언어의 나라이고 언어나 문화전통을 공유한 우리 민족은 태고로부터 정치적 통일을 이루고 있었기 때문에 우리 문화의 연속성은 민족과 국가의 비분리非分離와 관련되어 있다 …(중략)… 패전에 의해 지금의 영토로 제한된 일본은 국내에 있어 이민족 문제를 거의 가지지 않게 되었고 …(중략)… 일본에는 현재 심각한 이민족 문제가 없고 또한 민족 한 문화 전통에 의한 정치적 통일을 향한 비원도 있을 수 없다. 그것은 일본 역사에 이미 성립되어 있기 때문이다.[17]

1968년 미시마 유키오三島由紀夫는 「문화방위론文化防衛論」에서 일본은 단일민족 국가이며 한 민족으로 통일되어 있다는 견해를 밝힌다. 재일코리안 문제에 있어서는 "전후 일본에는 진정한 이민족 문제가 있을 수 없으며, 재일코리안 문제는 국제 문제이고 난민 문제일 순 있어도 일본 국민 내부의 문제일 수는 없다. 이를 내부의 문제인 것처럼 다루는 일부의 취급에는 명백한 정치적 의도가 있다."[18]고 말하며 일본과 무관한 일로 치부한다. 해당 대목에서 재일코리안과 일본인의 관계를 일본인(내부) / 재일코리안(외부) 도식으로 규정했음을 알 수 있다. 이와 같은 사실에서 전후 일본의 내셔널리즘 강화와 마이너리티의 사회적 지위를 추론할 수 있다. 이러한 분위기는 1958년 이진우李珍宇의 고마쓰가와小松川사건, 1968년 김

17 미시마 유키오(저), 남상욱(역)(2013), 『미시마 유키오의 문화방위론』, 자음과모음, pp.65-66.

18 미시마 유키오, 위의 글, p.68.

희로 사건, 1970년 박종석의 히타치투쟁 등 각종 인권운동으로 이어지는 원인이 되었다.

이처럼 1960년대 일본은 보수적 단일민족론과 이에 대한 비판이 뒤섞이며 마이너리티 문제가 사회문제로 부상한 시기였다. 이러한 상황은 일본정부의 마이너리티 대상 동화정책 추진의 배경이 된다.

2) 분단된 조국과 한국의 사회탄압

1945년 8월 15일 조선은 광복을 맞이하지만, 북위 38도선을 경계로 남측은 미국이, 북측은 소련군이 분할 진주하며 국토가 분단된다. 12월에는 모스크바3상회의에서 미국 · 영국 · 소련 3국이 한반도 신탁통치안信託統治案을 결의한다. 이후 조선의 독립을 협의하기 위한 미소공동위원회 회합이 결렬되며 미국은 UN에 한반도문제를 상정한다. 남측에서는 1948년 5월 10일, UN한국위원단의 감시하에 단독 총선거를 실시되며 8월 15일 대한민국정부가 수립된다. 9월 9일에는 북한에서 조선민주주의인민공화국이 수립되며 한반도는 공식적으로 분단된다.

1949년 중국의 공산화와 냉전이 확산되면서 미국은 아시아내 확고한 동맹국의 필요성을 느낀다. 그 결과 미국은 일본을 비군사화와 민주화와 같은 점령정책이 실현되어야 하는 패전국에서 공산진영에 대항할 방파제로 새로운 역할을 한다. 1950년 한국전쟁 발발 이후, 미국의 인식은 보다 확고해지며 일본의 재군비를 논의한다. 미국은 1950년부터 4년간 한국, 일본, 타이완, 필리핀 사이에 군사적 의미가 담긴 2개국 간 조약을 체결하며 동아시아에 주둔할 수 있는 법적기반을 마련한다.

1951년 9월 8일에는 미일안보조약이 체결되고 미국은 냉전에 대비하기 위해 한일 관계개선을 추진한다. 그 결과 1951년 10월 20일부터 12월 22일까지 한일예비회담을 추진한다. 1952년 2월 15일에는 제1차 본회담을 개최해 한일 국교조정을 위한 기본조약 체결, 재일코리안의 법적 지위, 재산청구권, 문화재 반환, 어업, 선박 문제 등의 교섭을 시작한다. 하지만 한일 양국은 입장 차이를 좁히지 못하며 4월 21일 1차 회담이 중단된다. 1953년 4월 15일 제2차 회담이 개최되지만 평화선平和線[19]문제, 재일코리안 강제퇴거에 대한 이견으로 결렬된다. 이런 상황에서 1953년 7월 27일 22:00시 기점으로 한국전쟁이 휴전된다. 10월 6일, 제3차 회담이 개최되지만 일본 측 수석대표 구보타 간이치로久保田貴一郎의 "일본의 36년간의 통치는 조선인에게 유익했다"는 망언으로 또다시 회담이 결렬된다. 우여곡절 끝에 제4차 회담은 1958년 4월 15일에 개최되지만 재일코리안 북송문제로 난항을 거듭하다 끝내 중단된다.

해방 직후 이승만 정부는 한국이 피폐한 상황이며 일본에 대표부가 있다는 이유로 재일코리안에게 관심을 보이지 않는다. 또한 한일 간 협정이 없기 때문에 재일코리안의 법적지위에 대해서도 대처하지 않았다. 반면 북한은 조총련을 통해 교육비 원조를 비롯한

---

19 평화선平和線(영어: Peace Line)은 1952년 1월 18일 이승만이 대통령령大統領令 '대한민국 인접해양의 주권에 대한 대통령의 선언'을 공표한 것으로 대한민국과 주변국가의 수역 구분, 자원 및 주권 보호를 위한 경계선이다.

금전지원, 북송사업 등을 추진하며 한국과 대비되는 행보를 보인다. 이후 민단이 한국정부에 항의하며 지원이 시작되지만, 한국측의 지원은 북한 지원액의 10분의 1 수준에 불과했다. 이러한 상황은 재일코리안 상당수가 조총련을 지지하는 원인이 되었다.

북한 송환 운동이 지속적으로 전개되던 1958년 9월, 김일성은 재일교포 귀국 환영 성명을 발표한다. 한국에서는 즉각 반발하며 1959년 2월 21일, 6월 18일 〈재일한인북송반대전국위원회〉 주최 재일교포 북송반대 집회가 열린다. 1959년 2월 14일에는 서울, 대구, 부산 3개 도시에서 재일교포 북송반대와 일본 규탄 시위가 발생한다. 2월 16일에는 〈전국애국단체연합회〉 주최로 전국에서 재일한인 북송 반대 국민총궐기대회를 비롯한 북송반대 시위가 열린다. 치안국 집계에 의하면 1959년 2월 13일부터 28일까지 재일교포 북송반대 시위 횟수는 3,229회, 참가인원은 5,574,506명이었으며 3월 30일까지 전국 시위 참가인원은 총10,295,499명에 달했다. 치안국에 의하면 1959년 6월 22일부터 9월 7일까지 전국 각지에서 재일교포북송반대 시위에는 9,101,023명이 동원되었고, 유인물 7,962매가 뿌려졌으며, 418회의 성명서가 발표되었다.[20]

1959년 4월 11일, 제40회 국무회의에서 북송반대시위의 일시중지를 결정하지만, 일본적십자와 북한적십자의 북송사업 타결을 앞둔 6월 12일, 북송반대국민운동이 재개된다. 1959년 6월 18일 서울

---

20 「재일동포북송반대전국대회」, 『한국민족문화대백과』, 한국학중앙연구원 (http://encykorea.aks.ac.kr/)

운동장에서 재일한인북송반대전국위원회 주최 전국대회가 개최된다. 대회에는 약 10만 명이 참가했으며 일본의 재일교포 북송 계획 규탄, 주일대표부 인사쇄신, 민단의 교포북송반대운동 지원, 재일교포 생활 향상 대책 강구, 대일외교에 관한 초당파적 기본정책 확립 등 대정부결의안을 채택하며 적십자 국제위원회 위원장 앞으로 보내는 메시지가 통과된다. 한국에서의 격렬한 반대에도 불구하고 일본에서는 1959년 12월 14일, 북송사업이 시작되며 제1진 975명이 북한으로 향한다.

1960년 4·19혁명 이후 이승만 자유당 정권이 붕괴되고 한일회담이 중단된다. 1960년 6월 15일에는 개정헌법이 통과되고, 6월 23일에 새로운 선거법이 제정되며 8월 12일 민의원·참의원 합동회의에서 대통령에 윤보선尹潽善, 국무총리에 장면張勉이 선출된다. 일본은 한국의 제2공화국 출범을 기회로 조속한 한일회담 타결을 노력했지만, 장면이 배상금 23억을 요구해 회담이 결렬된다. 이런 상황에서 5·16쿠데타가 발생하고 1963년 12월, 박정희의 제3공화국이 출범한다. 1964년 1월 민주공화당과 야당은 한일회담에 대한 정책논쟁이 발생한다. 박정희는 5·16쿠데타 직후인 1961년 7월 19일 기자회견에서 "한일관계가 지금까지 부자연스러운 상태로 계속되어 온 것은 두 나라에게 다 불행한일이 아닐 수 없다. 따라서 혁명정부는 한일회담을 연내에 일괄 해결할 방침으로 모든 노력을 다하고 있다"[21]고 말한다. 박정희 정권은 집권초기부터 미국의 개입과 국내

21 『동아일보』 1961.7.20., 동아일보사.

의 정치적 · 경제적 요인을 이유로 한일국교정상화에 강한 의욕을 보였다. 박정희 정부는 "경제건설과 자립경제를 달성하여 제2공화국을 전복시킨 쿠데타의 정당성을 확보하고자 했다."[22] 한국정부는 미국정부와 남베트남의 요청으로 1964년 9월부터 1973년 3월까지 베트남 전쟁에 전투부대를 파병한다. 파병의 실질적 이유는 경제개발이었으며 시민사회에서는 대규모 반대운동이 발생해서 사회 혼란이 지속된다.

박정희 정부와 미군은 회담타결을 서둘렀다. 양국은 1964년 2월 22일 당론으로 확정된 한일교섭안을 발표하고 1946년 5월까지 한일회담 타결 조인 비준을 마치겠다는 방침을 밝힌다. 이에 야당인사 200여 명이 반발하며, 의장 윤보선을 필두로 3월 9일 〈대일굴욕외교반대 범국민투쟁위원회〉를 결성해 구국선언을 채택한다. 대학가에서는 서울대 문리대, 고려대, 연세대 학생들을 필두로 3 · 24시위가 전개된다. 문학계에서는 아시아 전쟁을 야기하는 군사동맹 차원, 일본의 자본진출에 의한 노동자 생존권 위협, 베트남전쟁 지속을 위한 군사제휴를 이유로 한일회담을 반대한다. 이런 상황에도 불구하고 6월 22일, 한일기본조약이 조인되고 12월 18일 발효된다. 1971년 9월부터 1972년 8월에는 판문점 중립국 감독위원회 회의실에서 남북적십자 예비회담이 총25회 개최되며 남북관계가 새로운 국면을 마주한다. 이처럼 박정희 정권은 한일기본조약, 베트남전

22 유지아(2016), 「한국과 일본에서의 한일회담 반대운동의 전개과정과 역사적 의의」, 『한일관계사연구』 53, 한일관계사학회, p.275.

쟁 파병, 남북적십자회담 등 국제문제를 적극적으로 전개했다. 반면 사회 내부적으로는 탄압 행보를 보였다.

문학계의 경우 1970년 『사상계』[23]의 강제 폐간, 1974년 문인간첩단 사건[24] 등으로 문학계를 탄압한다. 1973년 8월 8일, 도쿄에서는 김대중金大中 납치사건이 발생하고 1974년 4월 민청학련사건民青學聯事件[25], 2차 인민혁명당 사건[26]이 발생한다. 이들 사건은 국제적으로 한국 정치의 부정적 이미지를 고착시켰으며, 국제사회에서 한국

23 1953년 3월, 장준하를 발행인으로 창간되었던 월간 종합잡지. 1970년 5월, 김지하의 「오적」을 수록한 것이 원인이 되어 폐간된다.

24 이호철, 임헌영, 김우종, 정을병, 장병희 등은 재일코리안 잡지 『한양』에 글을 기고한 이유로 체포된다. 이호철, 임헌영은 간첩죄 및 국가보안법 위반 혐의로 김우종, 정을병, 장병희는 국가보안법 혐의로 체포된다. 보안사는 『한양』이 반국가단체 위장지이며 이들이 잡지 편집위원과 만나 원고료를 받아 금품을 수수했다는 이유로 구속한다. 이후 유죄를 선고받고 실형을 살았지만 2011년 이후 법원이 무죄를 선언한다.

25 1973년 8월, 김대중 납치사건이 발생하고 이후 반유신체제운동이 일어났다. 사태의 대처를 위해 박정희는 1974년 1월 8일 긴급조치 1, 2호를 공포하고 개헌논의를 금지한다. 4월 3일, 박정희는 "반체제운동을 조사한 결과, 전국민주청년학생총연맹이라는 불법단체가 불순세력의 조종을 받고 있다는 확증을 포착하였다"고 발표하며 긴급조치 제4호를 발동, 학생들의 수업거부와 집단행동을 일체 금지한다. 중앙정보부는 긴급조치 제4호 선포 이후 1,024명의 위반자를 조사하였고, 1974년 4월 비상군법회의 검찰부는 전국민주청년학생총연맹全國民主青年學生總聯盟을 중심으로 180명을 구속 · 기소한다.(민청학련사건民青學聯事件(두산백과))

26 1974년 중앙정보부가 유신반대 투쟁을 벌인 전국민주청년학생총연맹(민청학련)을 수사한 후, 배후세력으로 인혁당 재건위원회를 지목한 사건. 이로 인해 180여 명이 구속 및 기소되었고 일본인 두 명과 김지하 시인을 포함해 군법회의에 250여 명이 회부된다. 구속된 도예종 등 8명은 긴급조치 및 국가보안법 위반, 내란 예비 · 음모 등의 혐의로 1975년 4월 대법원에서 사형이 선고됐고, 선고 후 18시간 만에 이례적으로 사형이 집행되었다.

의 민주화에 관심을 갖도록 만드는 계기가 되었다. 1974년 4월 18일, 일본에서는 '일본에 대한 정책을 바로잡고, 한국 민주화투쟁에 연대하는 일본연락회의'와 한국문제 기독교인 긴급회의가 조직된다.[27] 한국에서 시작된 김지하 해방운동은 일본으로 확대되고 한국과 일본이 연대하는 형태로 전개된다. 일본에서는 김지하 후원을 위한 〈김지하 구원 국제위원회〉가 결성되고 이후 〈김지하를 돕는 모임〉으로 재편되어 석방을 촉구한다.[28]

이와 같이 해방 이후 한국에는 이승만 정권이 들어서고, 군사 구데타 발생, 한일회담, 남북자적십자회담, 베트남전쟁과 같은 국제적 현안이 연이어 발생한다. 사회적으로는 4·19혁명, 한일회담 반대 운동, 베트남 파병 반대 운동 등이 전개된다. 정부의 탄압 속에서 재일코리안 사회에서는 일본인과 연대하여 문제를 공론화하는 등 독자적 행보를 전개한다.

3) 재일코리안 사회의 형성과 구도변화

1910년 8월 일제강점기를 맞이한 조선에서는 대규모 인적 이동이 발생한다. 다음은 일제강점기 조선인 인구변화이다.

---

27 송석원(2006), 「일본에서의 한국학연구 - 회고와 전망」, 『아태연구』 13, 경희대학교 아태지역연구원, p.14.

28 당시 김지하의 구명을 위해 프랑스의 샤르트르J. P. Charles Aymard Sartre · 시몬 보바르S. Beauvoir · 미국의 하워드 진H. Zinn · 노암 촘스키N. Chomsky와 일본에서는 오에 겐자부로大江健三郎, 마쓰모토 세이초松本清張, 엔도 슈사쿠遠藤周作, 다니카와 순타로谷川俊太郎, 스루미 슌스케鶴見俊輔 등이 서명했다.

〈표 1〉 재일코리안 연도별 인구추이[29]

년도	조선인 수	년도	조선인 수	년도	조선인 수	년도	조선인 수
1911	2,527	1937	735,689	1963	573,537	1989	681,838
1912	3,171	1938	799,878	1964	578,545	1990	687,940
1913	3,635	1939	961,591	1965	583,537	1991	693,050
1914	3,542	1940	1,190,444	1966	585,278	1992	688,144
1915	3,917	1941	1,469,230	1967	591,345	1993	682,276
1916	5,624	1942	1,625,054	1968	598,076	1994	676,793
1917	14,502	1943	1,882,456	1969	607,315	1995	666,376
1918	22,411	1944	1,936,843	1970	614,202	1996	657,149
1919	26,605	1945	1,115,594	1971	622,690	1997	645,373
1920	30,189	1946	647,006	1972	629,809	1998	638,828
1921	38,651	1947	598,507	1973	636,346	1999	636,548
1922	59,722	1948	601,772	1974	643,096	2000	635,269
1923	80,415	1949	597,561	1975	647,156	2001	632,405
1924	118,152	1950	544,903	1976	651,348	2002	625,422
1925	129,870	1951	560,700	1977	656,233	2003	613,791
1926	143,798	1952	535,065	1978	659,025	2004	607,419
1927	165,286	1953	575,287	1979	662,561	2005	598,687
1928	238,102	1954	556,239	1980	664,536	2006	598,219
1929	275,206	1955	577,682	1981	667,325	2007	593,489
1930	298,091	1956	575,287	1982	669,854	2008	589,239
1931	311,247	1957	601,769	1983	674,581	2009	578,495
1932	390,543	1958	611,085	1984	687,135	2010	565,989
1933	456,217	1959	619,096	1985	683,313	2011	545,401
1934	573,695	1960	581,257	1986	677,959	2012	530,046
1935	625,678	1961	567,452	1987	676,982	2013	519,737
1936	690,501	1962	569,360	1988	677,140		

29 출처는 재일본대한민국민단 홈페이지 중 '재일동포 통계' 페이지(https://www.mindan.org/kr/shokai07.php) 2013년 12월자 자료를 참조하였다. 이후 인구 변동표의 출처는 동일하다.

1911년 2,257명에 불과했던 일본 내 조선인 수는 일제강점기 전반적으로 꾸준히 증가한다. 1917년 처음으로 만 명을 돌파했으며, 1924년에는 10만 명을 돌파한다. 1920년대 후반까지 급격히 증가한 조선인의 일본 이주는 1930년부터 일시적으로 둔화된다. 하지만 중일전쟁이 발발해서 1937년 일제는 병력과 노동력 확보를 위해 조선인을 동원하며 이주가 늘어난다. 일제는 1938년 2월 '조선인육군특별지원병제'를 비롯해 1943년 10월부터 '조선인학도특별지원병', 1944년 4월부터 '조선징병령'을 실시한다.[30] 그 결과 1940년에는 백만 명 이상의 조선인이 일본에 거주하게 된다. 해방 직전인 1944년에는 약 2백만 명의 조선인이 일본에 거주하며 정점을 찍는다. 민단의 통계 외에도 내무성경보국內務省敬保局의 통계에서도 1911년 2,527명에 불과했던 조선인은 1917년 14,502명으로 증가한다. 1924년에는 118,152명으로 처음으로 십만 명을 돌파하고, 1940년에는 1,190,444명으로 증가한다. 이밖에도 일본정부의 국세國勢조사에서는 1920년 40,755명, 1930년 419,009명, 1940년 1,241,315명을 기록하며 경보국 조사보다 높은 수치를 기록한다.[31] 이러한 통계자료에서 일제강점기 조선인의 일본 이주 현황을 파악할 수 있다.

조선인들의 일본으로의 집단 이주 배경에는 크게 일곱 가지 이유가 있었다. 첫째, 식민지기 한반도 농촌 지역에 만성적인 경작지의 부족, 둘째, 토지 조사사업이나 산미증식계획에 의한 소작인들

30 최영호(2008), 「재일교포사회의 형성과 민족 정체성 변화의 역사」, 『한국사연구』 140, 한국사연구회, p.82.

31 森田芳夫(1996), 『数字から語る在日韓国・朝鮮人の歴史』, 明石書店, p.174.

의 생활환경 불안, 셋째, 몰락 농민들의 대량 노동력을 흡수할 만한 한반도 내 노동시장의 부족, 넷째, 한반도에서 가까운 일본의 입지 조건, 다섯째, 관리 통제가 수반되기는 했지만 갈수록 발달해가는 한반도와 일본 간의 연결 교통수단, 여섯째, 한반도에 비해 상대적으로 높은 일본 노동시장에서의 임금, 일곱째, 일본인들이 기피하는 직종에서 저임금 고효율 조선인 노동자의 선호였다.[32]

일제강점기 조선인은 일본제국 신민으로 일본인과 동일한 국적과 참정권을 부여받았다. 반면 일본인과는 다른 법적대우를 받았다. 일본인은 '내지'에 본적을 두고 '호적법'의 적용을 받았지만, 조선인은 조선본적을 두어 '조선호적령'을 적용받았다. 또한 '내지'와 식민지 간에는 혼인과 양자 입적 외에는 지역 간 본적 이동이 금지되며 일본인과 식민지 출신의 차별구조가 유지되었다.[33] '일시동인', '내선일체' 등 동화를 위한 이념이나 슬로건과는 달리 일본정부는 '내지'와 식민지 사이에 차별적인 법적 위계질서를 유지했다.[34]

1945년 8월 15일 일본이 포츠담선언을 수락하며, 미일안전보장조약 체결 전까지 연합국의 간접점령 상태에 놓이며 조선은 해방된다. 조선인들은 '해방국민'이 되어 조선과 일본 이중국적자로 일본

---

32 김인덕(1996), 『식민지시대 재일코리안운동 연구』, 국학자료원, pp.25-32.
西成田豊(1997), 『在日朝鮮人の〈世界〉と〈帝国〉国家』, 東京大学出版社, pp.11-36.
外村大(2004), 『在日朝鮮人社会の歴史学的研究: 形成・構造・変容』, 緑蔭書房, pp.21-25에서 인용 및 저자가 순번 재정리.

33 최영호(2008), 「재일교포사회의 형성과 민족 정체성 변화의 역사」, 『한국사연구』 140, 한국사연구회, pp.80-81.

34 金英達(2003), 『在日朝鮮人の歴史 - 金英達著作集 3』, 明石書店, pp.31-32.

에 거주한다. 1952년 4월 28일 샌프란시스코강화조약 이후 일본은 주권을 회복한다. 이에 앞선 4월 19일, 일본정부는 법무성 통지로 조선인의 일본국적을 일방적으로 박탈한다. 조선인들은 이중국적이 소멸되어 외국인 신분이 된다. 당시 조선은 특수지위국special status nations이었으며, 재일코리안은 '해방인민liberated people'이라 '일본인Japanese'에 포함되지 않았다. 하지만 과거 '일본 국민Japanese subjects'이었다는 이유로 '적국민enemy nationals'으로 대우받으며 일본법률에 복종할 것을 강요받았다. 재일코리안은 불리한 정책에서는 일본인 취급을 받았지만 정작 일본이 주권을 회복할 때에는 외국인 신분이 되었다. 이후 일본 정부는 일본 국적을 상실한 일본거주 국적이탈자와 그 자손에게 특별영주권을 부여한다.

해방 이후 조선인들은 조국으로의 귀국을 시작한다. 1945년 1,115,594명이었던 일본 내 조선인 수는 1946년 647,006명으로 감소하며, 일 년 사이 약 46만 명이 고국으로 돌아간다. 이런 상황에 GHQ는 귀환지참금을 1인당 1,000엔으로 제한하는 제약을 둔다.[35] 한반

35 1946년 3월 26일 '조선인에 대한 형사재판관할권 및 조선인 철수에 관한 총사령부민간정보교육국 발표'에 의하면 "일본으로부터 조선으로의 송금은 정상적 편의가 없다는 것과 조선에서의 통화 유통을 통제하기 위한 필요상, 조선인 철수자는 1,000원을 초과하지 않는 통화를 가지고 갈 수 있다. 그들은 또 일본 및 조선에서 발행된 예금통장, 보험증권 및 일본에서의 은행수표, 수형手形, 예금증서를 가지고 갈 수 있다. 조선인 철수자가 소유한 잔여재산은 소유자가 희망하는 어떠한 형태로든지 일본에 남겨두는 것이 가능하고 그 잔여재산은 연합국 최고사령관의 봉쇄지령에 의해 보호될 것이다. 철수자의 조선에서의 모든 자금의 이동은 두 나라 간에 정상적인 금융 편의가 설치되었을 때 조치될 것이다"고 말하며 경제적 제약을 둔다. 이러한 요인들은 일본에 생활기반이 마련되어 있던 조선인들이 한반도로의 귀국을 포기하는 직접적인 이유가 되었다.

도에서는 한국전쟁이 발발해 조국이 분단되고 여순사건[36], 제주4.3사건[37] 등이 연이어 발생하며 불안한 정세가 이어진다. 경제적 제약, 조국의 상황 등 복합적 요인으로 약 60만 조선인은 일본잔류를 선택해 일본 최대의 외국인 그룹을 형성한다.[38]

재일코리안 사회는 한국, 북한, 일본의 사회적·정치적 상황에 기민하게 대응했다. 1954년 제네바회담 이후 북한 남일 외상은 재일동포 일체의 책임을 주장하며 좌익계 재일코리안 단체들이 일본공산당에서 탈퇴한다. 1945년 10월 15일, 해방 이후 최초의 재일코리안 조직 〈재일본조선인연맹在日本朝鮮人連盟(약칭 조련)〉이 설립된다. 조련은 주로 귀국사업, 생활지원, 우리말 강습 등 동포들의 생활관련 활동을 담당했다. 그러나 공산계열 청년들이 민족진영 인사들을 감금하고 일본공산당원 김천해金天海가 중심인 공산주의자들에게

---

36 1948년 10월 19일부터 27일까지 전라남도 여수·순천 지역에서 일어난 국방경비대 제14연대 소속 군인들의 반란과 좌익계열 시민들의 봉기가 유혈 진압된 사건. 1948년 10월 19일, 여수에 주둔하던 국방경비대 제14연대 소속 군인들이 반란을 일으켜 전라남도 동부 6개 군을 점거했고 정부가 대규모 진압군을 파견해 약 일주일 만에 전 지역을 수복한다. 이 과정에서 약 2,000~5,000여 명의 인명 피해와 약 100억 원의 재산 피해, 2천 호가량의 가옥이 소실된 것으로 추정된다. 사건 이후 정부에서는 '국가보안법' 제정과 강력한 숙군 조치를 단행한다.

37 1948년 4월 3일에 발생한 소요사태 및 1954년 9월 21일까지 제주도에서 5.10 총선거를 반대하는 제주민중의 항쟁과 진압 과정에서 상당수 제주도민들이 희생당한 사건. 5.10 총선거로 남한 단독 정부수립을 추진했던 당시 상황에서 이에 반대하는 남로당계열의 좌익세력들의 활동과 군정경찰, 서북청년단 등 극우 반공단체의 횡포에 제주도민들을 반감이 생긴다. 한국 정부 수립 이후 이승만 정부는 제주도에 군대를 보내 군인과 경찰 제주도민들을 공산주의자로 취급 주민 상당수를 살해한다. 총 사망자는 3만 명이상으로 추정된다.

38 1947년 5월 2일 일본정부는 최후의 칙령인 제207호 '외국인 등록령'을 공포한다. 1947년 12월 기준으로 일본의 재일 외국인 등록자 수는 639,368명이었다. 이 중 조선인의 수는 598,507명(93.6%)이었으며 이들은 전후 재일코리안의 기원이 된다.

주도권이 넘어가며 좌경화 양상이 나타난다.

대한민국을 지지하는 사람들은 1945년 〈조선건국촉진청년동맹朝鮮建國促進青年同盟(약칭 건청)〉을 결성하고, 1946년 10월 〈재일본조선인거류민단在日本大韓民国居留民団(약칭 민단)〉을 조직한다. 조련은 일본공산당과 함께 과격투쟁을 벌이고 한신교육투쟁[39]을 빌미로 일본정부에 의해 강제해산 된다. 조련의 잔류 인원들은 〈조선인단체협의회朝鮮人団体協議会〉를 결성하고, 이후 〈조국통일전선실행위원회祖国統一戦線実行委員会〉를 거쳐 1951년 조총련의 기반이 된 〈조선민주전선在日朝鮮民主戰線(약칭 민전)〉을 결성한다. 1955년 5월 25일에는 한덕수를 의장으로 북한직속 조직 〈재일본조선인총연합회在日本朝鮮人総連合会(약칭 조총련)〉이 결성된다. 북한은 1957년 4월부터 조총련에 교육원조비 약 1억 2,100만 엔을 지원하며 재일코리안 사회와 유대감을 형성한다. 그 결과 재일코리안 상당수가 조총련에 집결한다. 1958년 8월 11일, 가나가와현神奈川

---

39 1948년 오사카부大阪府와 효고현兵庫縣에서 전개된 재일코리안 민족교육운동. 해방 이후 재일코리안들은 일본 각지에 국어강습소를 열었고, 조련은 이를 조직화하여 민족교육 기관으로 만든다. 운영은 주로 일본학교 건물에 책임자를 일본인으로 두고 실질적으로 조선인이 교육을 담당했다. 1947년 10월, GHQ는 일본정부의 법적 기준에 합당한 학교에 재일코리안 자녀가 취학할 것, 교사는 일본 정부가 정한 기준에 맞는 사람만 강의할 것, 교과는 학교 교육법에 따라 일본어로 교육할 것, 조선어는 과외로 학습할 것과 같은 내용의 공문을 하달한다. 이후 오사카부, 효고현 등에서 대규모 투쟁이 발생하여 상당수 사람들이 체포되고 본국으로 송환된다. 1948년 5월 3일, 조선인교육대책위원회 책임자와 문부대신 간에 "교육기본법과 학교교육법을 따른다", "사립학교의 자주성 범위 내에서 조선인의 독자적인 교육을 행하는 것을 전제로 사립학교로서의 인가를 신청한다"는 각서가 교환되며 사건은 일단락된다. 그러나 1949년 10월 다시 학교 폐쇄명령이 하달되어 전국 대부분 조선인학교가 폐쇄된다.

縣 나가사키시川崎市 나카도메 거주 재일코리안들은 조총련의 수석부의장 이진규의 지도로 일본생활을 청산하고 조국에 귀국할 것을 집단결의하며 김일성에게 편지를 보낸다. 8월 12일, 도쿄에서 개최된 '조선해방 13주년 기념 재일코리안 중앙경축대회'에서 귀국실현 결의가 채택되고, 김일성은 "재일동포들의 귀국염원을 열렬히 환영한다"고 공식적으로 발표한다.[40] 1958년 9월, 김일성은 재일코리안의 입북 후 생활조건 보장과 귀국에 필요한 수단과 비용을 제공할 것을 약속한다. 남일 외상과 김일 제1부수상은 일본정부에 재일코리안의 귀국 실현을 요구한다. 이후 북한과 조총련의 협의가 이루어지고 1958년 8월 13일 인도 캘커타에서 북한적십자회와 일본적십자사 간 '재일교포북송협정'이 체결되어 1959년 12월 14일, 귀국운동이 시작된다.

북송사업의 추진 배경에는 당시 북한의 상황과 밀접한 연관이 있다. 1956년, 북한에서는 전후 복구사업이 종료되고 '천리마운동'을 통한 대중동원 양적 성장단계에 접어든다. 1957년 시작된 5개년 계획 이후 노동력이 필요한 북한은 재일코리안으로 노동력을 확보하고자 했다.[41] 다음은 북송사업으로 인한 재일코리안 인구변화 현황이다.

---

40 「조선민주주의인민공화국 창건 10주년기념 축하대회에서 한 김일성 수상의 기념보고」, 『로동신문』 1958.9.9., 로동신문사.

41 북한은 해방 이후 경제발전을 위한 계획경제를 추진한다. 1947, 1948년 두 차례의 '1개년 계획', 1949-1950년에 '2개년 계획'을 실시한다. 한국전쟁 이후 1954-1956년에 '3개년 계획', 1957-1961년까지 '5개년 계획을 실시했다. 북한은 전후 복구 과정에서 중국, 소련 등 공산주의 국가의 도움을 받는다.

〈표 2〉 북송으로 인한 재일코리안 인구 변화

년도	회수	인원	세대	년도	회수	인원	세대	년도	회수	인원
1959	3	2,942	781	1968	중단	-	-	1977	2	180
1960	48	49,036	12,460	1969	-	-	1978	1	150	52
1961	34	22,801	6,696	1970	-	-	1979	2	126	
1962	16	3,497	1,402	1971	7	1,318	485	1980	1	40
1963	12	2,567	1,157	1972	4	1,002	589	1981	1	38
1964	8	1,822	815	1973	3	704	328	1982	1	26
1965	11	2,255	1,046	1974	3	479	245	1983	0	0
1966	12	1,860	855	1975	3	379	199	1984	1	30
1967	11	1,831	873	1976	2	256	148	1985	0	0
								합계	186	93,339

1959년 12월 14일, 제1진 975명을 시작으로 1984년까지 총 93,339명의 재일코리안이 북한으로 향한다. 재일코리안들은 적극적으로 참여하여 첫 2년에 전체 인원의 약 80%에 달하는 74,779명이 귀국한다. 1965년 한일국교정상화 이후 한국정부가 강력히 반발해 1968년부터 3년간 북송사업이 중단되지만, 1971년 재개되어 1985년까지 약 18,560명이 북한으로 향한다. 일본에서 차별과 생활고에 시달리던 재일코리안들은 북송사업에 희망을 걸었다. 참가자 대다수는 공사장 인부, 일일고용자, 공원, 상공업종사자, 학생이었으며 재일코리안과 결혼한 일본인 상당수도 참여했다.

북송사업은 오무라大村수용소[42]와도 연결된다. 나가사키현長

42 출입국관리청은 1950년 10월 1일에 출입국관리청설치령出入国管理庁設置令(정령 제295호)에 따라 외무성의 외국外局으로 구 사세보旧佐世保 인양원호국 하리오수용소針尾収容所를 설치한다. 같은 해 12월 오무라 전 해군항공 공장을 리모델링,

崎県 오무라시大村市에 위치한 오무라수용소는 미군정기인 1950년 12월 25일(정령 제370호)에 출입국관리청 발족 직후 설치된다. 오무라수용소는 일본의 출입국관리법 위반으로 강제퇴거 명령을 받고 자국으로의 송환을 기다리던 인원들을 수용했던 시설이지만, 실질적으로는 당시 외국인의 80% 가까이 차지했던 재일코리안을 추방하는 기능을 했다. 1947년 5월, 일본의 외국인등록령外國人登錄令(칙령207호) 공포 이후 이를 거부한 재일코리안은 불법입국자수용소를 거쳐 강제추방되었다. 샌프란시스코 강화조약 발효 직전인 1951년에는 출입국관리령(법률 제126호)에 근거해 사회운동을 했거나 외국인등록을 하지 않은 사람들을 '범법자'로 추방했다. 조국으로 돌아간 재일코리안 일부는 조국의 혼란스러운 상황을 피해 다시 일본으로 밀항한다. 이밖에도 외국인등록령을 거부한 사람들과 추방을 앞둔 외국인들의 임시수용소가 오무라수용소였다.[43] 1959년 8월 13일, 북송협정 체결 이후 오무라수용소에서는 북송문제가 화두가 된다. 당시 오무라수용소에 수용된 조선인 980명 중 북한행 희망자는 109명이었다. 북송사업 이후 재일코리안 사회는 분열되었고, 오무라수용소 내에서도 '송북반대'와 '송북희망'자들의 단식투쟁이

이전하여 오무라입국자 수용소를 만들었다. 1951년 1월 1일 입국관리청설치령入国管理庁設置令(정령 제120호)에 따라 '입국관리청 오무라출장소'가 병설되었고 1952년부터 출입국관리 행정이 외무성에서부터 법무성으로 이전되면서 출장소는 '오무라입국관리사무소'가 되었다.(法務省大村入國者收容所(1970), 『大村入國者收容所20年史』, 法務省大村入國者收容所, pp.1-2)

43 오무라수용소는 1993년 오무라입국관리센터大村入国管理センター로 명칭이 변경되어 현재까지 외국인 출입국관리 업무를 담당하고 있다.

번갈아 발생했다.[44] 1965년 한일국교정상화 이후 오무라수용소에서의 북송은 금지되었지만, 비밀리에 북송한 사례가 발견되며 한국정부와 일본정부의 마찰이 생긴다. 이처럼 북송사업은 오무라수용소와 한국, 북한, 일본이 복잡하게 얽힌 사건이었다.

당시 일본에서는 북송사업을 긍정적으로 바라보았다. 일본정부는 북송사업을 '일본과 조선 사이에 일어날 수 있는 분쟁의 씨앗을 미리 제거하는 일'이며 일본으로서는 이상적이며 적화대상이 없어지는 것[45]으로 평가하며 재일코리안 감소를 긍정적으로 평가했다. 그러나 1960년대 중반 이후 북한과 조총련의 사상적 경직, 북한에 있는 재일코리안의 현실이 알려지며 북송사업 참여자는 급감한다. 1968년 중단된 북송사업이 1971년에 재개되지만 참여자가 감소하며 1970년대에는 유명무실한 사업이 된다.

1960년대 남북분단이 고착화 된 시대에 재일코리안 2세대에게 일본정주는 현실의 문제였다. 일본사회 역시 더 이상 마이너리티를 외면하지 못하고 사회의 일부로 인식하기 시작한다.[46] 그러나 제도적, 사회적 차별이 지속되며 인권운동이 연이어 발생한다. 1958년 고마쓰가와小松川事件 사건이 발단이었다면 1968년 김희로 사건,

---

44 이정은(2015), 「"난민" 아닌 "난민수용소", 오무라大村수용소 - 수용자, 송환자에 대한 한국정부의 대응을 중심으로」, 『사회와 역사』 103, 한국사회사학회, p.340.

45 井上益太郎(1956), 『在日朝鮮人帰国問題の実相』, 日本赤十字社.

46 이러한 상황에 대해 이소가이 지로는 해당 시기로 '재일' 사회가 일본 사회의 일부가 되었다는 '오인'이 있던 시기라 평가했다.(이소가이 지로(2006), 「식민 제국과 재일 조선인 문학의 조망」, 『재일 디아스포라 문학』, 새미, p.50)

1970년 히타치투쟁은 일본에서의 정주를 위한 권리와 노동권 획득 운동이었다. 1979년 일본은 국제인권조약을 비준, 발효하며 국내법을 개정한다. 이후 정주외국인 차별을 없애는 조치를 취하고, 1982년 국제난민조약을 비준하며 내외인평등 원칙을 도입해 국민연금법이나 출입국관리법, 사회보장제도에서 외국인 차별을 완화하며 변화된 모습을 보인다.

이와 같이 해방 이후 재일코리안 사회는 동시대 한국, 북한, 일본의 사회적 · 정치적 상황과 영향관계를 형성했다. 해방 직후 재일코리안 사회의 주도권을 쥔 쪽은 북한과 조총련이었다. 한국의 외면 속에서 북한은 조총련을 통해 주도권을 쥐었다. 그러나 1960년대 중반 이후 조총련의 영향력이 약화되고 후속세대를 중심으로 정주의식이 확산된다. 이러한 흐름으로 전후 1970년대 재일코리안 사회가 형성되었으며 문학 역시 비슷한 흐름으로 전개된다.

4) 시작되는 재일코리안 문학사

해방 이후부터 1960년대 중반까지 재일코리안 문학은 주로 재일코리안 단체와 서클 내에서 수행되었으며, 민족단체의 기관지나 동인지에서 활동했었다.[47] 문인들은 『인민문화人民文化』, 『고려문예高麗文芸』, 『조선문화朝鮮文化』, 『조선朝鮮』, 『백민白民』 등의 동인

---

47 宋恵媛(2004), 「在日朝鮮人文学史 - 1945年~1970年 - 韓国系団体・グループの文化・文学活動」, 『在日朝鮮人史研究』 34, 在日朝鮮人運動史研究会, p.105.

지와 『해방신문解放新聞』, 『조선민보朝鮮民報』 등 민족신문을 중심으로 활동했다. 1946년 4월에는 김달수가 편집인으로 참여한 최초의 재일코리안 종합지 『민주조선』이 창간되며 문학적 토대를 다지기 시작한다.[48] 하지만 이 시기 재일코리안 문학은 장르라기 보다는 개별 작가의 일본어 창작활동 수준이었으며,[49] 재일코리안 문학 역시 일본에 거주하는 조선인의 일시적 문학 활동이자 언젠가 조국에 귀속되어야 할 대상이었다.[50]

『민주조선』은 조련의 재정으로 운영되었기 때문에 조직의 직접적인 영향을 받았다. 1949년 조련의 해산, 1955년 조총련 이후에는 재일코리안 문학을 주도했다. 그러나 1960년대 중반, 문학을 정치적 선동 도구로 이용하며 생기 김시종金時鐘 사건[51], 김병식金炳植

---

48 이한창(2000), 「재일 동포조직이 동포문학에 끼친 영향」, 『日本語文學』 8, 한국일본어문학회, p.106.

49 1951년 5월, 발간된 『근대문학近代文学』 50호의 「전후작가논집戦後作家論集」에서는 오다 사쿠노스케織田作之助와 사카구치 안고坂口安吾 사이에 김달수를 넣고 있다. 이 대목에서 일본문단이 김달수를 '재일在日'작가가 아닌, '전후戦後' 작가로 간주했음을 알 수 있다.(朴裕河(2003), 「1960年代における文学の再編 - 「国民文学」と「在日文学」の誕生」, 『思想』 955, 岩波書店, p.108)

50 이러한 상황에 대해 이소가이 지로는 일본문학계 및 독자가 타당한 문학적 평가를 부여하지 않는 외재적 요인도 있지만, 조선인 작가 대부분이 '재일' 문학을 '임시문학'으로 생각해 '일본어 문학'의 권역으로 편입되는 것을 떳떳하게 여기지 않았던 주체적 요인도 있었다고 한다.(磯貝治良(1996), 「在日朝鮮人文学 - 50年の変遷」, 『越境する視線』, せらび書房, p.58)

51 김시종은 자신이 주재한 잡지 『진달래ヂンダレ』에 「조선총련朝鮮総連」이라는 시를 발표한다. 시에서 김시종은 경직되어 가는 조직의 획일주의와 교조주의를 비판한다. 특히 평론 「장님과 뱀의 말싸움盲と蛇の押問答」(1957년 진달래 18호)에서는 김일성을 비판하며 앞으로 김일성 찬양시는 쓰지 않겠다고 선언한다. 이에 대해 조총련은 조직내부의 모순을 비판하는 것은 적을 이롭게 하는 일이며 조직의 기관지 외에 잡지를 발간하는 것은 분파작용이란 논리를 펼치며 김시종과 그가 주관하

사건[52] 등이 발생하며 작가들과 갈등이 표면화된다. 또한 작품의 검열, 조선어 창작활동 강요, 북한의 개인숭배 심화, 문학과 역사학을 정치적 선동 도구로 활용한다. 이에 문학자들이 대거 조총련을 탈퇴하며 재일코리안 문학은 소강상태에 접어든다.

조총련을 탈퇴한 재일코리안 작가들은 일본문단에서 활동을 시작한다. 1966년 김학영은 「얼어붙은 입凍える口」으로 〈문예상文藝賞〉을 수상하며 전후 최초로 일본의 문학상을 수상하며 최초의 재일코리안 작가가 된다. 1968년에는 이회성이 〈군조신인문학상群像新人文学賞〉을 수상하며 일본문단에 등장한, 1971년 「다듬이질하는 여인」으로 외국인 최초로 〈아쿠타가와상〉을 수상한다. 이후 재일코리안 문학은 새로운 국면에 접어든다. 조직에서 활동했던 재일코리안 문인 상당수는 『민주문학民主文学』, 『군조』, 『문예』 등 일본지면에서 활동하며 조직과 거리를 둔 문학활동을 한다. 이후 일본대중에게 '재일코리안 문학'이라는 용어가 알려지기 시작한다. 1971년, 이회성의 〈아쿠타가와상〉 수상을 일본대중에게 재일코리안 문학의 존재를 각인시켰다. 이후 일본사회에서는 재일코리안 문학을 하나의 문학 장르로 인식하고 일본문학의 한 장르로 자리잡는다.

던 진달래를 비판하며 이후 그의 책을 회수하는 필화사건이 발생한다.(이한창(2000), 「재일 동포조직이 동포문학에 끼친 영향」, 『日本語文學』 8, 한국일본어문학회, p.113에서 인용 및 재정리)

52 1966년 10월, 김병식이 조총련 부의장이 된 이후 사조직을 만들고 많은 사람을 종파분자로 추방하며 내부적 대립이 계속된다. 1971년 10월 조직에서 이탈한 하수도河秀圖 에 의해 김병식, 한덕수의 비행이 폭로된다(이한창, 위의 글, p.115)

이와 같이 해방 직후 초기 재일코리안 문학은 조직의 지면에서 수행되었다. 그러나 1960년대 조총련의 사상적 경직에 의해 문인들이 대거 탈퇴한다. 이후 김학영, 이회성을 필두로 재일코리안 문학자들이 일본문단에서 활동하며 장르로서의 재일코리안 문학이 성립된다. 재일코리안 문학자들은 일본사회의 다양한 변화를 이끌어냈다. 그 중 한 분야가 바로 조선문학 연구였다.

2. 일본의 조선문학과 재일코리안

1) 해방 이후 일본에서의 조선문학 연구의 전개

해방 직후 일본에서의 조선문학은 재일코리안과 일본인이 분리되어 연구되었다. 재일코리안 사회에서 조선문학 연구는 1950년대까지 조총련과 김달수, 이은직, 박춘일, 안우식 등 재일코리안 문학자가 주도했으며 친북성향의 논조를 보였다.[53] 또한『인민문학』,『신일본문학』등 일본내 좌익계열 지면에 북한문학을 일본어로 번역해 수록했기 때문에 1960년대 중반까지 일본에서 조선문학이란 실질적으로 '북한문학'을 의미했다.

일본에서는 1950년대 대학을 중심으로 조선문학 연구 토대가

53 장사선(2003),「일본에서의 한국 현대문학 연구 - 역사적 반성 및 협동 연구 전망」,『한국현대문학연구』30, 한국현대문학회, p.506.

마련되기 시작한다. 1950년, 덴리대학天理大学에 조선문학조선어학과朝鮮文学朝鮮語学科가 설립되며 일본의 4년제 대학중 처음으로 '한국·조선' 관련 학과가 생긴다. 1963년에는 오사카외국어대학大阪外国語大学, 도쿄외국어대학東京外国語大学에 조선어학과가 생기고, 1974년 규슈대학九州大学에 조선사학연구실朝鮮史学研究室이 설치된다. 1977년에는 도야마대학富山大学에 조선어조선문학朝鮮語朝鮮文学과정이 설치되며[54] 대학을 중심으로 연구 환경이 조성된다. 당시 조선문학 연구를 주도했던 일본인은 와세다대학早稲田大学의 오무라 마스오大村益夫, 덴리대학天理大学의 오타니 모리시게大谷森繁, 도쿄외국어대학東京外国語大学의 간노 히로비菅野裕尾, 조 쇼키치長璋吉, 사에구사 도시카쓰三枝寿勝 등 이었다.

1950년대 후반에는 각종 조선연구 단체가 설립된다. 1959년에는 〈조선사연구회朝鮮史研究会〉가 창립되어 1959년 8월부터 『조선사연구회보朝鮮史研究会報』를 발행한다. 또한 같은 해 미시나 쇼우에이三品彰英를 대표로 조선연구회朝鮮研究会가 설립된다. 1961년에는 데라오 고로寺屋五郎, 안도 히코타로安藤彦太郎를 중심으로 일본인의 입장에서 조선을 연구하겠다는 취지로 〈일본조선연구소日本朝鮮研究所〉가 설립되며 소식지 『조선연구연보朝鮮研究年報』가 발간된다. 1962년 1월에는 기관지 『조선연구월보朝鮮研究月報』[55]를

---

54 岡山善一郎(2006), 「日本에서의 한국문학 연구현황과 전망(2)」, 『語文論集』 34, 중앙어문학회, p.42.

55 『조선연구朝鮮研究』는 창간호부터 29호까지 『조선연구월보朝鮮研究月報』(1962.1-1964.5)라는 이름으로 간행되었다. 30호부터 238호까지는 『조선연구(1965.6-1984.3)』로 잡지명을 변경했으며, 이후 『현대코리아現代コリア』로 잡지명을 변경해 통권

창간한다.『조선연구월보』는 1964년 5월, 29호를 마지막으로 1965년부터 잡지명을『조선연구』로 바꾸어 1984년까지 발간한다. 당시 〈일본조선연구소〉의 이사장은 일본사회당 국회의원 후루야 사다오古屋貞雄였으며 북한에 우호적 태도를 보였다. 일본조선연구소는 정치·경제를 중심으로 연구하며 어학과 문학에 상대적으로 주목하지 않았다. 1965-1966년에 일본조선연구소에 소속됐던 오무라 마스오는 〈일본조선연구소〉를 어학을 수단으로 생각했던 '정치단체'였다고 회상했다.[56] 이런 상황에서도 오무라 마스오는『조선문화사朝鮮文化史』[57]를 간행하는 등 조선문학을 주도적으로 연구하며 대비되는 행보를 보였다.[58] 이와 같이 일본에서의 초기 조선문학 연구는 북한과 조총련, 일본사회당과 밀접한 관계를 형성하고 있었다.

1963년 〈조선문학의 회朝鮮文学の会〉[59]가 결성되면서 '일본인

476호(2007.11)를 마지막으로 휴간했다.

56 장문석(2016),「1960~1970년대 일본의 한국문학 연구와 '조선문학의 회朝鮮文學の會'」,『한국학연구』 40, 인하대학교 한국학연구소, p.182.

57 日本朝鮮研究所 訳編(1966),『朝鮮文化史 上』, 朝鮮文化史刊行会.
日本朝鮮研究所 訳編(1966),『朝鮮文化史 下』, 朝鮮文化史刊行会.
북한 과학원력사연구소가 간행했던『조선문화사』(초판 1963.9, 재판 1965.7)를 저본으로 발매된 번역본이다. 일본에서 상권은 1966년 7월 25일에 발매되었고, 하권은 1966년 12월 25일에 간행되었다.

58 이 외에도 1966년 10월 조명희의「낙동강」, 1966년 11월 최서해의「탈출기」를 오무라 마스오가 번역했다. 가지이 노보루는 한설야의「과도기」를 번역했다.

59 가지이 노보루는 1970년 11월『조선연구朝鮮研究』 99호에 수록된「조선문학연구회의 발걸음-4 - 조선문학의 회朝鮮文学研究会の歩み-4 - 朝鮮文学の会」에서 1963년 12월 20일에 〈조선문학의 회朝鮮文学の会〉가 설립되었다고 밝혔다. 기존의 동명 조직에 대해서는 이름과 일부 구성원은 같지만 엄연히 다른 조직이라고 선을

동인중심'이라는 새로운 연구풍토가 나타난다. 1963년 11월, 오무라 마스오는 〈조선문학의 회〉를 결성해 1964년 1월 『조선과 문학朝鮮と文学』을, 1970년 12월에는 『조선문학 - 소개와 연구朝鮮文学 - 紹介と研究』를 발간한다. 〈조선문학의 회〉 결성 이후, 일본인과 재일코리안이 각자 연구하던 조선문학 분야에 새로운 풍토거 나타나기 시작한다.

2) 1960년대 이후 한국과 조선문학

〈조선문학의 회〉 등장 이후의 일본 내 조선문학 연구의 특징은 동시대 한국사회와의 상황과 비교를 통해 보다 명확히 확인할 수 있다. 1953년 4월, 장준하는 문교부 기관지 『사상』을 인수해 월간 종합지 『사상계思想界』를 창간한다. 『사상계』는 민주주의와 자유언론, 남북통일, 노동 등 다양한 분야의 자유, 진보 관련 글을 실었다. 또한 남북통일, 노동 문제 등의 주제를 과감히 다루며 진보적 지식인과 학생들에게 큰 인기를 얻어 판매부수가 5-8만 부에 달한다. 그러나 1970년 5월, 김지하의 시 「오적五賊」을 수록한 것이 문제가 되어 9월 29일, 문화공보부는 "등록효력을 상실했다"고 통보하며 『사상계』를 강제 폐간시킨다.[60] 폐간 직후인 1970년 9월, 신민당 의

긋고 있다. 하지만 1972년 『신일본문학新日本文学』 27호에 수록된 「조선문학의 회朝鮮文学の会」에서는 "이 모임은 현재의 「〈조선문학의 회〉」와는 직접 관계가 없지만, 일본인과 조선문학의 문제를 확인하고 있는 점에서, 역시 언급해야만 할 것이다"라고 말하며 1기와의 연관성을 간접적으로 언급했다.

60 1967년 장준하가 국회의원에 당선되며 발행인이 부완혁으로 변경된다. 부완혁

원 김상현金相賢을 지주로 『다리』가 창간된다. 『다리』는 학생운동, 정론투쟁, 시민항쟁 등을 다루며 문학을 통한 정치투쟁을 이어간다. 그러나 박정희 정권은 1971년 2월 『다리』가 프랑스의 극좌파 학생운동(콩방디)과 미국의 극좌파 뉴레프트 활동을 긍정적으로 언급해 정부 타도를 암시하고 반국가 단체인 북괴를 이롭게 다루었다는 혐의로 주간 윤형두, 발행인 윤재식을 구속하고 1972년 10월 를 강제 폐간시킨다.[61] 이처럼 한국 문학계에서는 정권에 반하는 지면이 차례로 폐간되며 한국문학 연구의 어려움을 겪는다.

대학가와 언론계에서는 정부의 행보를 비판하며 시위에 나선다. 1973년 10월 2일 서울대학교 문리대를 시작으로, 4일에는 고려대학교를 비롯한 각 대학에서 반대시위가 발생한다. 언론에서는 언론자유선언이 발표되고 구중서 등 문인 61명이 1974년 1월 7일, 개헌지지성명을 발표한다. 보안사는 성명에 참가한 이호철, 임헌영, 김우종, 정을병, 장병희(장백일) 등 다섯 명을 간첩죄 및 국가보안법 위반 혐의로 체포한다.

은 소송을 걸고 1972년 4월 대법원을 '사상계' 등록취소처분을 취소하라는 판결을 받는다. 그러나 잡지사를 유지할 자금이 부족했으며 필자와 인쇄소도 찾기 어려웠다. 부완혁 사망 이후, 판권을 상속한 장녀가 몇 차례 복간을 시도한 결과 28년 만인 1998년 6월호(206호)가, 2000년 6월에 207호가 발간된다. 실제로 2년 이상 발행이 중단되면 등록이 취소된다는 정기간행물법 규정을 피하기 위한 임시 한정본만 내었다.(김준기(2011), 「[어제의 오늘]1970년 월간지 '사상계' 강제 폐간」, 『경향신문』 2011.09.28., 경향신문사)

61 1973년 1월에 다시 복간되기는 하지만 복간 이후 『다리』는 기존과 전혀 다른 길을 걷게 된다.(박대현(2013), 「『다리』誌의 현실참여와 행동주의의 의미」, 『한국문학이론과 비평』 60, 한국문학이론과 비평학회, p.460)

1974년의 문인간첩단 사건은 박정희 정권의 문학계 탄압을 대표적으로 보여주는 사건이었다. 이호철, 임헌영 등 한국 문인들은 1974년 재일코리안 잡지『한양漢陽』에 글을 기고한 혐의로 체포된다. 보안사는『한양』이 반국가단체의 위장지이며 이들이 잡지 편집위원과 만나 원고료를 받고 금품을 수수했다는 혐의로 구속한다. 이 사건을 계기로 재일코리안 종합지『한양』한국에서 은 불온서적 취급을 받아 반입이 금지되고 이후 인적·물적 네트워크가 완전히 단절되며 존립자체가 위태로워진다.[62] 이 외에도 동아일보사 직원 180명이 직장을 잃었으며 장준하, 김상진을 비롯한 인혁당 구성원들이 목숨을 잃는다. 1970년대 한국에서는 문학과 언론의 정권 비판, 정치 투쟁이 사실상 마비되었다.

이런 상황에서 일본과 재일코리안 사회에서의 움직임이 나타난다. 특히 한국에서 연구할 수 없는 영역을 다루기 시작하여 고유한 특수성을 나타내기 시작한다.

3) 일본 내 조선문학의 전개

일본에서는 1950년대 후반부터 조선 연구토대가 마련되지만 문학에는 큰 관심을 보이지 않았다. 1965년 한일국교정상화, 1972년 남북 공동성명 발표, 1973년 8월 김대중 납치사건, 1974년 4월 민청

62 손남훈(2016),「『한양』 게재 재일 한인 시의 주체 구성과 언술 전략」, 부산대학교 박사학위 논문, p.38.

학련사건, 2차 인민혁명당 사건 등이 발생하며 한국에 대한 많은 관심이 높아진다. 이러한 관심은 조선문학에 대한 관심으로 이어진다.

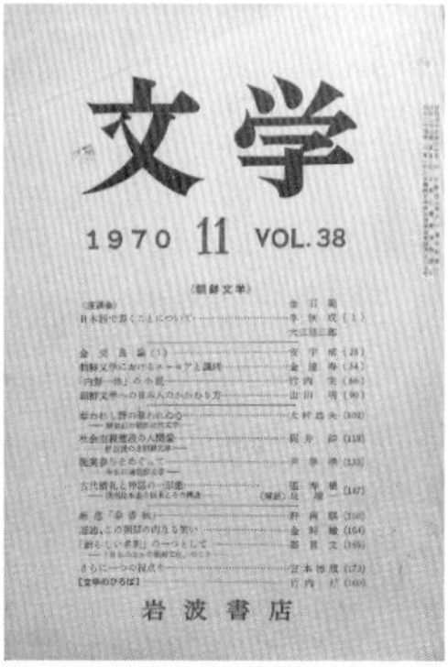

〈사진 1〉『문학(文学)』 38호 (1970년 11월 조선특집호)

1970년대, 일본문학계에서는 다양한 조선문학 관련서[63]가 번역되고, 현대문학 단행본[64]이 출간된다. 문예지에서는 조선관련 특집을 편성하거나 특집에 준하는 기획을 구성한다. 일례로 이와나미 서점岩波書店은 1970년 11월 발행된『문학文学』38호를 조선문학 특집호로 구성한다.[65] 사회적으로 높

---

63 1970년대 일본에 번역된 조선문학사의 목록은 다음과 같다. 金思燁 · 趙演鉉,『朝鮮文学史』(北望社, 1971); 金思燁,『朝鮮文学史』(金沢文庫, 1973); 金東旭,『朝鮮文学史』(日本放送出版協会, 1974); 金宇鍾, 長璋吉(訳),『韓国現代小説史』(竜渓書舎, 1975); 金允植, 大村益夫(訳),『傷痕と克服 - 韓国の文学者と日本』(朝日新聞社, 1975); 金台俊, 安宇植(訳),『朝鮮小説史』(平凡社, 1975); 金宇鍾, 長璋吉(訳),『韓国現代小説史』(竜渓書舎, 1975); 林鍾国, 大村益夫(訳),『親日文学論』(高麗書林, 1976); 宋敏鎬, 金学鉉(訳),『朝鮮の抵抗文学 - 冬の時代の証言』(柘植書房, 1977). (장사선(2003),「일본에서의 한국 현대문학 연구 - 역사적 반성 및 협동 연구 전망 - 」,『한국현대문학연구』30, 한국현대문학회, p.508에서 참조 및 저자의 추가 기입)

64 1970년대 일본에 번역된 현대문학 단행본의 목록은 다음과 같다. 金日成,『革命的文学芸術論』(未来社, 1971); 金石範,『ことばの呪縛』(筑摩書房, 1972); 安宇植,『金史良 - その抵抗の生涯』(岩波書店, 1972); 長璋吉,『韓国小説を読む』(草思社, 1977); 磯貝治良,『始源の光 - 在日朝鮮人文学論』(創樹社, 1979). (장사선, 위의 글, p.509)

65 『문학』38호(1970년 11월호)의 목차는 다음과 같다. 金石範 · 李恢成 · 大江健三郎,「日本語で書くことについて(座談会)」; 安宇植,「金史良論-1 - その抵抗の生涯」; 金達寿,「朝鮮文学におけるユーモアと諷刺 - 金笠と金芝河の詩を中心に」;

은 인지도를 가진『문학』이 조선문학 특집호를 구성한 것은 당시로서는 획기적인 일이었다.[66]

한국의 정세가 혼란스러워 질수록 조선문학에 대한 관심은 높아졌다. 당시 한국에서는 박정희정권의 통제로 연구는 고사하고 국내 정세조차 파악하지 못하는 상황에 처한다. 역설적으로 일본매체『세카이世界』를 통해 한국정세를 파악하는 모순적 상황이 발생한다.[67]

이런 상황에서 일본에서의 조선문학 연구는 한국에서 연구되지 않거나 연구할 수 없는 분야를 다루기 시작한다. 대표적 예는 김지하 연구였다. 당시 일본에서는 박정희 정권에 투쟁한 김지하에게 많은 관심을 보였으며 김지하의 번역서가 대거 출간된다.[68] 재일

竹内実,「「内鮮一体」の小説」; 山田明,「朝鮮文学への日本人のかかわり方」; 大村益夫,「奪われし野の奪われぬ心 - 解放前の朝鮮近代文学」; 梶井陟,「社会主義建設の人間像 - 解放後の北朝鮮文学」; 尹学準,「現実参与をめぐって - 今日の南朝鮮文学」; 張籌根・泉靖一,「古代的儀礼と神話の一形態 - 済州島巫歌の伝承とその構造をめぐって」; 許南麒,「雑感「春香伝」; 金時鐘,「諧謔,この朝鮮の内なる笑い」; 鄭貴文,「新しい「名刺」の一つとして -「日本のなかの朝鮮文化」のこと」; 宮本徳蔵,「さらに一つの視点を」.

66 川村湊(2004),「日本人による朝鮮文学研究(五人十一人)の始まり」,『異文化』5, 法政大学国際文化学部, p.41.

67 『세카이』 1973년 5월호부터 1988년 3월호까지 T・K생生이라는 가명의 작가가「한국으로부터의 통신韓国からの通信」을 연재한다. 연재에서는 당시 언론으로 접하기 어려운 한국 정부와 권력 관련 내용을 국제사회에 고발했다.

68 1970년대 일본에서 출간된 김지하 서적은 다음과 같다. 渋谷仙太郎(訳),『長い暗闇の彼方に』(中央公論社, 1971); 姜舜(訳),『五賊黄土蜚語』(青木書店, 1972); 姜舜(訳),『金芝河詩集』(青木書店, 1974); 金芝河作品集刊行委員会(訳),『民衆の声』(サイマル出版会, 1974); 姜舜(訳),『金芝河詩集 - 戯曲銅の李舜臣』(青木書店, 1974); 日本アジア・アフリカ作家会議国際救援委員会(編),『民衆の叫び - 金芝河らを救え』(日本アジア・アフリカ作家会議国際救援委員会, 1974); 日本カト

코리안에서도 사회 많은 관심을 나타냈다. 이회성은 김지하의 작품 「불귀不帰」를 비롯해 22편의 작품을 일본어로 번역했다. 종합지 『삼천리』는 창간호 특집을 「김지하金芝河」로 정하며 김지하에 대한 직접적인 관심을 나타냈다.

주목할 점은 일본의 조선문학 각 연구 분야에 재일코리안이 관여한 사실이다. 특히 한국어(조선어)의 일본어 번역을 비롯한 다양한 방식으로 개입되었다. 1950년대까지 분리되어 수행되었던 조선문학 연구가 1970년대부터 재일코리안과 일본인이 접점을 이루는 형태로 변화된 것이다.

이처럼 일본 내 조선문학 연구는 1950년대 중반까지 조총련이나 일본공산당 등 조직의 영향을 받으며 재일코리안과 일본인이 분리되었다. 그러나 1963년 〈조선문학의 회〉의 설립 이후 동인 중심의 연구풍토와 연대하는 양상이 나타난다. 이후 일본에서의 조선문학 연구는 한국에서 연구되지 않거나 연구할 수 없는 영역을 연구하

リック正義と平和協議会,『不帰』(中央公論社, 1975); 井出愚樹(訳),『良心宣言』(大月書店, 1975); 井出愚樹,『わが魂を解き放せ』(大月書店, 1975); 李恢成(訳),『不帰 - 金芝河作品集』(中央公論社, 1975); 富山妙子,『深夜』(土曜美術社, 1976); 室謙二,『金芝河』(三一書房, 1976); 井出愚樹,『金芝河作品集〈1〉』(青木書店, 1976); 井出愚樹,『金芝河作品集〈2〉』(青木書店, 1976); 季刊労働運動編集委員会,『アジアと日本労働運動 - 金芝河に応える途は何か』(柘植書房, 1976); 편저자불명,『金芝河を殺すな』(青年アジア研究会, 1976); 金芝河全集刊行委員会,『金芝河全集』(漢陽社, 1976); 井出愚樹,『獄中から』(大月書店, 1977); 浅尾忠男,『金芝河の世界』(清山社, 1977); 井出愚樹,『韓国の知識人と金芝河』(青木書店, 1977); 金芝河全集刊行委員会,『苦行 - 獄中におけるわが闘い』(中央公論新社, 1978).(장사선,「일본에서의 한국 현대문학 연구 - 역사적 반성 및 협동 연구 전망 - 」,『한국현대문학연구』 30(한국현대문학회, 2003) p.509 참조 및 저자가 추가)

는 독자적 행보를 그 과정에 재일코리안이 개입된다. 패러다임 변화의 시작에는 〈조선문학의 회〉와 재일코리안이 있었다.

3. 조선문학을 향한 일본의 시선과 문화매체

1) 〈조선문학의 회朝鮮文学の会〉의 등장

1970년대 일본 내 조선문학 연구의 시작에는 오무라 마스오大村益夫가 있었다. 1963년, 와세다대학早稲田大学 강사였던 오무라 마스오는 1964-1965년, 〈어학교육연구소〉에서 유학생을 대상으로 일본어를 가르친다. 1966년부터는 소속을 법학부로 옮겨 1978년까지 12년 동안 재직한다. 1978년부터는 조선문학 연구를 위해 〈어학교육연구소〉로 소속을 옮긴다.[69]

〈조선문학의 회〉 발족 이전에 와세다대학에는 두 종류의 조선어 관련 모임이 있었다. 첫 번째는 교직원 대상의 조선어 강좌였다. 1961년, 와세다대학측은 당시 재학생이자 고등학교 선생이었던 오무라 마스오에게 강사 추천을 요청한다. 오무라 마스오는 주조조선중고등학교十條朝鮮中高等学校교사 박정문朴正汶을 추천하고, 1961

---

69 퇴직 무렵, 〈어학교육연구소〉는 국제교양학부로 변경된다. 당시 연구소에서 학부로 소속이 바뀌는 경우는 더러 있었지만 학부에서 연구소로 소속이 변경되는 경우는 거의 없었다고 오무라 마스오는 회상했다.(장문석(2016), 「1960~1970년대 일본의 한국문학 연구와 '조선문학의 회朝鮮文學の會'」, 『한국학연구』 40, 인하대학교 한국학연구소, pp.174-175)

년 5월부터 강의를 시작한다. 얼마 지나지 않아 박정문이 그만두고 후임으로 『조선신보朝鮮新報』 스페인판 주임 기자 김호경金護經이 채용된다. 하지만 얼마 지나지 않을 시점, 일본인이 조선어로 어떻게 이용할지 모르겠다고 의심하며 강의를 그만둔다. 이후 1968년, 윤학준尹學準[70]이 채용되고 〈조선문학의 회〉와 깊은 관계를 맺게 된다.

두 번째 모임은 오무라 마스오, 가지이 노보루梶井陟[71], 이시카와 세쓰코石川節子[72], 다나카 아키라田中明, 이노구치 아키라井口晃[73], 윤학준이 참여하는 연구회였다.[74] 조선어와 조선문학에 관심을 가졌던 이들은 〈조선문학연구소朝鮮文学研究所〉를 설립하고 어학문학연구위원회語学文学研究委員会(이하 어문연)를 만든다.

1963년 11월, 18명으로 정식 발족한 〈조선문학의 회〉는 1964년 1월 『조선과 문학朝鮮と文学』 창간호를 발간한다. 3월에는 신입회원 3명과 함께 2호를 발간했으며 1965년 5월, 3호를 마지막으로 〈조선문학의 회〉 1기가 해체된다. 이후 오무라 마스오, 가지이 노보루를

---

70 윤학준(1933-2003). 재일코리안 문예평론가 · 연구자. 와세다대학에서 조선어 강의를 했고 호세이法政대학의 조선어 전임교원으로 재직했다. 경북 안동 출신이며 젊은 시절 공산주의에 심취했었다. 한국전쟁 말기인 1953년 4월 28일, 일본으로 밀항해 좌익운동과 반한反韓활동에 참여했다. 스스로 이데올로기에 대해 '파산선고'를 내린 1970년대 이후에는 국적을 한국으로 변경했으며 조선시대 양반문화 연구에 몰두했다.

71 가지이 노보루는 당시 중학교 이과 선생이었다.

72 이시카와 세쓰코는 당시 일본 전통 악기 샤미센三味線 선생이었다.

73 당시 주오대학中央大学 소속 중국어 교수

74 당시 이 모임에 대해 오무라 마스오는 특별한 이름 없는 '공부모임勉強会'이었다고 회상했다.

중심으로 2기 〈조선문학의 회〉[75]가 결성된다. 2기 〈조선문학의 회〉 구성원은 오무라 마스오, 가지이 노보루, 이시카와 세쓰코, 야마다 아키라山田明[76] 조 쇼키치長璋吉[77] 다섯 명이었으며, 이들 중 조선문학 연구가 직업인 사람은 없었다.[78] 이들은 모임 발족 이후 3년의 준비 기간을 거쳐, 1970년『조선문학 - 소개와 연구』를 창간한다. 조 쇼키치는 동인지 창간 이후 〈조선문학의 회〉에 정식으로 합류한다. 2호부터는 경제 전문지『도요케이자이東洋経済』의 기자 오구라 히사시小倉尚가 합류했다. 이들은 자발적으로 모임을 만들어 조선문학을 연구했으며 남북을 포괄해 한반도 문학 전반을 다루었다.[79]

---

75 오무라 마스오는 인터뷰에서 2기 〈조선문학의 회〉의 발족이 1970년 초가을이다고 설명했다. 반면 가지이 노보루는 1967년부터 3년간 조선문학 윤독회, 작품 번역을 했던 시기를 〈조선문학의 회〉의 성립 시기로 보고 있다. 이 책에서는 가지이 노보루의 설명에 기반하여 1967년 결성된 모임을 2기 〈조선문학의 회〉라고 지칭한다.

76 야마다 아키라는 아사히신문朝日新聞 저널리스트였으며 후에 다나카 아키라田中明로 개명했다. 서울 용산에서 중학교 졸업 이후, 야마다山田집안의 양자로 들어가 이름을 다나카 아키라田中로 개명한다. 1971년 12월『조선문학 - 소개와 연구』 5호까지 참여한 뒤 탈퇴한다. 이후 일본조선연구소가 발행한 우익 성향의 잡지『현대코리아現代コリア』발간에 참여했다.(장문석(2016),「1960~1970년대 일본의 한국문학 연구와 '조선문학의 회朝鮮文學の會'」,『한국학연구』40, 인하대학교 한국학연구소, pp.196-197)

77 조 쇼키치는 준비과정에는 모임에 참여하지 않았지만,『조선문학 - 소개와 연구』창간호 발매 이후 〈조선문학의 회〉에 참여했다.

78 川村湊(2004),「日本人による朝鮮文学研究(五人十一人)の始まり」,『異文化』5, 法政大学国際文化学部, p.37.

79 자료 입수의 어려움으로 인해 실제 번역은 북한보다 한국 작품이 주를 이루었지만, 창간의 말에서 "현재 조선은 부당하게 두 개로 분단되어 있지만, 우리들은, 조선은 하나로서 조선문학 역시 하나의 것으로서 이해하는 것을 명확히 해두고 싶다"는 대목에서 한쪽으로 치우치지 않으려 했던 의도를 파악할 수 있다.

〈조선문학의 회〉는 일본인으로만 구성되어 정치와 거리를 둔 채로 조선문학과 문화 연구를 추구했다. 오무라 마스오는 일본인만으로 구성된 〈조선문학의 회〉를 '독립선언'이라 자평하며[80] 모임의 특수성을 강조했다.

〈조선문학의 회〉는 결성 이후 일본의 조선문학 연구를 주도했다. 단적으로 1970년 11월 발행된『문학』38호 특집호 목차에서 영향력을 확인할 수 있다.『문학』38호는 조선문학 특집호로 김달수, 김시종, 김석범, 안우식, 이회성, 정귀문, 허남기 등 재일코리안의 글이 수록되었다. 그리고 이들과 함께 오무라 마스오, 야마다 아키라, 가지이 노보루가 이름을 올린다. 해당 사실에서 재일코리안 중심의 조선문학 연구 토대에 〈조선문학의 회〉가 개입된 정황을 확인할 수 있다. 〈조선문학의 회〉는『문학』외에도『삼천리』,『마당』등 재일코리안 지면에 글을 기고하며 재일코리안 사회와도 교감했다. 이들은 개별적으로 활동했기 때문에 조직이나 단체의 영향을 받지 않았다. 이러한 사실에서 1960년대 중반 이후 조선문학 연구 패러다임의 변화와 〈조선문학의 회〉의 역할로 확인할 수 있다.

연구풍토의 변화는 한국 문학자들과의 자유로운 교류로 이어진다. 1970년, 서울대학교 조교수였던 김윤식은 도쿄대학東京大学 〈동양문화연구소〉에 연구원으로 파견을 온다. 이후 김윤식은 일본 내 조선문학 연구자 및 연구동향, 각 도서관의 조선문학 자료 분포

80 장문석(2016),「1960~1970년대 일본의 한국문학 연구와 '조선문학의 회朝鮮文學の會'」,『한국학연구』40, 인하대학교 한국학연구소, p.188.

도, 도서관 이용법 등을 조사했다. 이 과정에서 오무라 마스오는 호세이대학法政大学 〈오하라연구소大原研究所〉의 사회주의 관련 자료, 무정부주의 잡지 『탈환奪還』, 재일코리안 노동자의 선전 삐라, 신문, 잡지와 와세대대학 출신 조선 유학생 자료, 이광수의 학적부(고등부 시절) 등을 열람할 수 있도록 도와주었다.[81] 김윤식은 오무라 마스오의 연구실에서 〈조선문학의 회〉 동인에게 한국문학에 대해 강연했다.

한국과 일본의 연구자간 교류는 『조선문학 - 소개와 연구』 4호와 7호에 김윤식의 글이 일본어로 수록되며 쌍방교류의 형태로 주체화되었다. 이 밖에도 오무라 마스오는 1974년 한국에서 발행된 김윤식의 『한일문학의 관련양상』[82]을 1975년 『상흔과 극복 - 한국문학자와 일본傷痕と克服 - 韓国の文学者と日本』[83]이라는 제목으로 번역했으며, 임종국의 『친일문학론』도 번역[84]하며 다양한 형태로 한국문학자들과 교류하였다.

이와 같이 〈조선문학의 회〉 구성원들은 일본의 조선문학 연구를 주도하고 한국 연구자들과 교류함으로써 새로운 조선문학 연구 풍토를 조성했다. 이후 이들이 발명한 『조선문학 - 소개와 연구』는 일본에서 큰 반향을 일으킨다.

---

81 김윤식(2005), 『비도 눈도 내리지 않는 시나가와 역』, 솔, pp.19-20, pp.218-219.

82 김윤식(1974), 『한일문학의 관련양상』, 일지사.

83 金允植(著), 大村益夫(訳)(1975), 『傷痕と克服 - 韓国の文学者と日本』, 朝日新聞社.

84 林鍾国(著), 大村益夫(訳)(1976), 『親日文学論』, 高麗書林.

2) 『조선문학 - 소개와 연구朝鮮文学 - 紹介と研究』의 등장과 전개

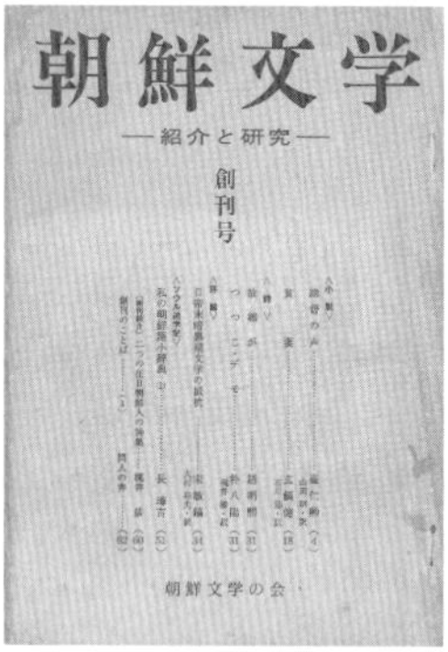

〈사진 2〉
『조선문학 - 소개와 연구』 창간호
(1970년 12월) 표지

〈조선문학의 회〉 구성원들은 1967년부터 조선문학 번역, 윤독회 등 3년의 준비기간을 거쳐 1970년 『조선문학 - 소개와 연구』 창간호를 발간한다.

『조선문학 - 소개와 연구』는 1970년 12월 창간호 발간을 시작으로 1974년 8월, 12호로 종간한 동인지이다. 휴간 없이 약 3년 8개월 동안 출간했으며 재일코리안과 일본인에게 큰 주목을 받았다. 발행처는 〈조선문학의 회朝鮮文学の会〉였으며 주소는 와세다대학 법학부 오무라 연구실내早稲田大学法学部大村研究室内였다. 인쇄소는 와세다대학 출판부 인쇄소를 이용하거나 오구라 히사시가 주선한 경제주간지 『도요게이자이東洋經濟』의 인쇄소, 다나카 아키라가 소개한 인쇄소 등을 상황에 맞도록 나누어 활용했다. 잡지는 편집인과 발행인을 구분해 편집인은 편집 실무를, 발행인은 사무소에서 인쇄소와의 연락, 교정업무를 담당했다. 재정을 창간 전의 회비로 운영했으며, 창간호 발매 이후에는 정기구독료, 타 잡지에 기고한 기사의 원고료를 활용했다.[85] 잡지 가격은 창간호(1970.12)부터 11호(1974.04)까지는 200엔,

---

85 1970년 11월에 발매된 『문학』 38호(조선문학 특집호)의 원고료도 『조선문학 - 소개

종간호(1974.08)는 300엔이었다. 정기구독료는 2호(1971.03)부터 6호(1972.03)까지는 연간 940엔, 7호(1972.06)부터 11호(1974.01)까지는 연간 1,000엔이었다. 제작부수는 각 호 약 1,000부였다. 판매량의 경우 창간호는 품절되었지만 2호부터는 재고가 남아 남은 수량을 버리기도 했다.[86] 판매와 배포는 주로 오사카, 고베, 교토, 와세다대학 생활협동조합과 일반서점에서 했다. 판매량은 도쿄가 가장 많았고 정기구독이 차지하는 비중도 상당했다.[87] 분량은 창간호부터 8호까지는 64페이지 내외, 9호부터 종간호까지는 75페이지 내외로 구성되었다. 목차는 각 호마다 차이는 있었지만 일반적으로「소설小説」,「시詩」,「평론評論」혹은「해설解説」,「서울 유학기ソウル遊学記」,「사랑방さらんばん」으로 구성되었다.

『조선문학 - 소개와 연구』의 준비과정에는 오무라 마스오, 가지이 노보루, 이시카와 세쓰코, 야마다 아키라가 참여했다. 창간호 발매 직후 조 쇼키치가 가입했고 2호(1971.03)부터 오구라 히사시가 참여했다. 5호(1971.12)를 마지막으로 야마다 아키라가 탈퇴해 한국으로 유학을 갔으며, 다카기 히데아키高木央明[88], 도모나가 노리朝長ノリ가 모임에 가입했다. 모임은 6인으로 유지되었고 9호(1973.03.)

와 연구』 재정으로 이용했다.

86 정확한 부수는 확인되지 않지만 1,000부 이하로 제작했었다고 오무라 마스오가 밝혔다.(장문석(2016),「1960~1970년대 일본의 한국문학 연구와 '조선문학의 회朝鮮文學の會'」,『한국학연구』 40, 인하대학교 한국학연구소, p.190)

87 1972년 3월 발매된『조선문학 - 소개와 연구』6호에서는 취급 서점 목록 일람을 첨부했다.

88 당시 덴리대학天理大学 학생.

발간시점에 마키세 아키코牧瀨曉子[89], 가지무라 마스미梶村真澄가 가입해 구성원은 총8명이 된다. 이후 도모나가 노리, 다카기 후미아키가 탈퇴했고, 종간호 발간 시점에는 최초 동인 4명과 오구라 다카시, 마키세 아키코, 가지무라 마스미까지 7명이었다.[90]

〈조선문학의 회〉는 조선문학을 일본문학의 하위문학으로 취급하는 태도를 비판했다. 다음은『조선문학 - 소개와 연구』창간호에 수록된「창간의 말創刊のことば」이다.

> 창간의 말
>
> (전략) 그러나 아주 초기를 제외하고 그것들의 업적에 일관되게 보이는 것은 조선을 대등한 위치에서 파악하려는 자세의 누락이었다. 특히 우리가 깊은 관심을 갖고 있는 근현대조선문학의 분야는 언제나 커다란 구멍이 뚫려 있었다. 하나의 나라, 하나의 민족을 올바르게 이해하기 위해서는 그 문학을 아는 것이 빠질 수 없는 조건이라 우리들은 믿고 있다.[91]

『조선문학 - 소개와 연구』의 창간사는 가지이 노보루가 초고를 작성하고, 이를 다나카 아키라가 수정해 완성된다. 인상적인 부분은 조선문학을 일본문학과 동등한 위치에서 파악하려는 태도를 보

---

89 일제강점기「소설가 구보씨의 일일」,「천변풍경」등을 발표한 소설가 박태원朴泰遠(1909-1986) 연구자이다.

90 川村湊(2004),「日本人による朝鮮文学研究(五人十一人)の始まり」,『異文化』5, 法政大学国際文化学部, p.41.

91 編集部(1971),「創刊のことば」,『朝鮮文学 - 紹介と研究』1, 朝鮮文学の会, p.2.

인 점이다. 이들은 일본에서의 조선문학 연구 상황을 '큰 구멍이 뚫려 있는 상태'로 평가한다. 일제강점기부터 조선인이 조선문학을 일본문학과 동등한 위치로 규정하려는 시도는 있었지만, 일본인이 조선문학을 일본문학과 대등한 위치로 평가하려는 태도는 당시 신선한 시도로 볼 수 있다. 다음 인용문에서도 유사한 태도가 드러난다.

> 일본을 일방적으로 조선에 강요했던 삼십여 년을 더하면 족히 반세기를 넘기고 있는 것이다. 우리들은 개개인이 조선문학에 처음 관심을 가졌을 때부터 지금까지, 조선을 자신의 눈으로 보려고 노력한 일본의 연구를 진지하게 배우려고 노력해왔다. (중략) 하지만 아주 초기의 것을 빼면, 그 업적에서 일관되게 보이는 것은, 조선을 대등한 위치에서 파악하려는 자세의 부족이었다.[92]

위의 인용문 역시 과거 일본의 조선문학 연구 태도를 비판하며 일본문학과 대등한 태도로 조선문학에 접근해야 함을 강조한다. 이러한 태도에서 〈조선문학의 회〉가 조선문학을 대하는 태도를 확인할 수 있는데, 이러한 의식은 타 지면에 기고한 구성원들이 기사에서도 확인할 수 있다. 다음은 가지이 노보루가 1970년『조선연구朝鮮研究』에 발표한 글이다.[93]

---

92 위와 같음.

93 가지이 노보루는 1970년부터 1971년까지『朝鮮研究』에 8회에 걸쳐「조선문학연구회의 행보朝鮮文学研究会の歩み」라는 칼럼을 연재했다.

> 아직 우리들은 조선에 대해 올바른 인식을 가졌다고 말할 수 없다. 특히 일본인 일반에게 그런 인식이 없다는 것을 자각하지 못하는 사람도 많다. 우리들은 일본의 36년에 걸친 조선의 식민지 지배라는 누구도 부정하기 힘든 역사적 사실에서 현대 일본에 살고 있는 우리들이 조선문학에서 무엇을 배울 것인지 공통의 문제로 출발하고 싶다.[94]

인용문에서는 일제 식민지배의 반성과 전후 일본의 조선문학을 대하는 태도를 비판하며, 조선문학을 올바른 인식으로 바라볼 것을 촉구했던 것을 확인할 수 있다. 이밖에도 가지이 노보루는 『신일본문학新日本文学』 1972년 8월호에 「조선문학의 회朝鮮文学の会」라는 글을 통해 일본의 조선문학 연구방법의 문제를 지적한다. 해당 사례만으로 일본문학계가 조선문학을 대등하게 보기 시작했다고 규정에는 무리가 있지만 〈조선문학의 회〉 설립 이후 조선문학을 기존과 다른 관점에서 다루려는 시도 자체는 확인할 수 있다. 이러한 사실에서 조선문학 연구 풍토 변화를 확인할 수 있으며, 이러한 변화가 나타난 시기가 마이너리티에 대한 사회적 관심이 증대된 1960년대 중반 이후라는 점에서 1970년대의 변화를 확인할 수 있다.

『조선문학 - 소개와 연구』 창간호 출간 이후 독자들의 반응은 뜨거웠다.

---

94 梶井陟(1970), 「朝鮮文学研究会の歩み-4 - 朝鮮文学の会」, 『朝鮮研究』 99, 日本朝鮮研究所, p.56.

기쁨과 당혹감 - 창간호를 내고 -

창간호가 당초의 우리 예상과 달리 의외의 반향을 불러일으켜 우리들은 무척 당황하고 있다. 우리의 연구수준은 높다고 말할 수 없으며 우리의 잡지 역시 훌륭하다고 할 수 없다는 것은 우리들이 가장 잘 알고 있다. 그럼에도 불구하고 독자들에게 약 121통의 편지를 받았다. 전화문의 역시 적지 않았다. 각종 신문에 잡지가 소개된 후에는 조금 과장해 말하자면 우리 모임의 전화가 쉴 새 없이 울렸다. (중략) 독자에게 온 소식은 일본인에게 온 것이 절반, 재일조선인에게서 절반 정도가 왔다.[95]

인용문에서는 『조선문학 - 소개와 연구』 창간호 발매 이후 반응을 확인할 수 있다. 당시 상황에 대해서 오무라 마스오는 “수많은 재일코리안 분들로부터 과도한 칭찬을 받아 솔직히 말해 몸이 오그라들 정도였다”[96]고 회상했으며, 이 대목에서 일본과 재일코리안 사회에서 얼마나 『조선문학 - 소개와 연구』에 열광했었는지 짐작할 수 있다. 또한 문의의 절반이 일본인이었던 사실에서도 조선문학을 향한 당시 일본인들의 높은 관심을 추론할 수 있다. 다음 인용문에서는 당시 반응을 알 수 있다.

---

95 大村益夫(1971), 「喜びと､とまといと - 創刊号を出して」, 『朝鮮文学 - 紹介と研究』 2, 朝鮮文学の会, p.61.

96 大村益夫(1971), 「喜びと､とまといと - 1を出して - 」, 『朝鮮文学 - 紹介と研究』 2, 朝鮮文学の会, p.62.

독자들의 반향이 예상 외로 컸던 이유 중의 하나는 신문 등이 이 잡지를 소개했기 때문이다. 『마이니치신문』 1970년 12월 18일 및 1971년 1월 25일, 『요미우리신문』 1971년 1월 8일, 『아사히저널』 1971년 1월 22일호, 『아사히신문』 1971년 1월 8일(임태일씨 투서), 『아카하타』 1970년 12월 25일 및 1971년 1월 31일, 그리고 『교도통신』을 통해 지방지로 소식이 나갔다고 추측되는데 독자들의 편지를 통해 『고베신문』 1970년 12월 25일, 『홋코쿠신문』, 『도쿠시마신문』 등에 소개되었다는 것을 알았다.[97]

인용문에서는 일본의 다양한 매체에서 『조선문학 - 소개와 연구』를 다룬 사실을 확인할 수 있다. 또한 독자투고란인 「사랑방」의 투고량이 증가한 사실에서도 당시의 뜨거운 반응을 알 수 있다.

『조선문학 - 소개와 연구』의 주목할 만한 특징은 12호에서 아동문학 특집을 구성한 점이다. 1970년대 당시 한일양국에서는 조선의 아동문학에는 별다른 관심을 보이지 않았다.[98] 그러나 『조선문학 - 소개와 연구』는 1973년, 아동문학 특집을 구성하며 선구적 행보를 보였다. 특집의 구성 이유에 대해서 오무라 마스오는 본인 스스로

---

97 大村益夫, 위의 글, p.63.

98 일본에서 1960-70년대 일본 아동문학은 활발히 연구되었지만, 한국 아동문학은 상대적으로 연구되지 않았다. 한국의 아동문학 연구는 1968년 한미비韓美妃의 「해외의 아동문학 - 한국의 아동문학海外の児童文学 - 韓国の児童文学」(『日本児童文学』 14(11), 日本児童文学者協会)과 다사카 쓰네요시田坂常和(1977)의 「문예프라자 한국의 아동문학계文芸プラザ 韓国の児童文学界」(『児童文芸』 23(12), 日本児童文芸家協会)정도에 불과했다. 이러한 상황에서 『조선문학 - 소개와 연구』가 특집호까지 구성해 아동문학을 다룬 것은 당시로서는 신선한 시도로 평가할 수 있다.

아동문학에 관심이 있었으며 애초에 조선문학에 관심을 가진 이유가 아동문학때문이었음을 스스로 밝혔다.[99] 해당 사실에서도 〈조선문학의 회〉가 조선문학에 대한 깊은 이해가 있었던 것도 확인할 수 있다.

1974년 8월,『조선문학 - 소개와 연구』는 12호로 종간한다. 종간 이유에 대해 오무라 마스오는 다음과 같이 설명한다.

> 폐간의 이유는 3년 반이 지나다 보니 많이 지쳐서이기도 했습니다. 가지이 씨가 폐간에 반대했지만, 결국 폐간이 되었습니다. 그동안 가지이 씨는 중학교 교사였기에 원고는 쓸 수 있었지만, 바빠서 교정이나 편집은 다른 동인들이 도맡아 해야 하는 상황이었습니다. 조 쇼키치 씨는 동인잡지란 이름 없는 사람들이 하는 것이라고 하였습니다. 그리고 우리는 이제 유명해졌으니, 폐간해도 괜찮다고 주장을 하였지요. 저 역시 이유는 다르지만 동의하였고, 결국 폐간을 결정하였습니다.[100]

『조선문학 - 소개와 연구』의 종간 이유는 동인들의 개인 업무 증가로 동인지에 집중이 어려웠기 때문이다. 종합지가 아닌 동인지라는 특성상 모든 업무는 자체적으로 해결해야 했지만, 잡지의 규모가 커지며 결국 폐간을 결정한다.

---

99 장문석(2016),「1960~1970년대 일본의 한국문학 연구와 '조선문학의 회朝鮮文學の會'」,『한국학연구』40, 인하대학교 한국학연구소, p.192.

100 장문석, 위의 글, p.194.

<조선문학의 회>는 다양한 결과물들을 만들었다. 1973년에는『조선문학 - 소개와 연구』에서 번역된 작품을 모아『현대조선문학선 1現代朝鮮文学選1』을, 1974년에는『현대조선문학선 2現代朝鮮文学選2』를 출간한다.[101] 조 쇼키치가 연재하던「서울 유학기ソウル遊学記」는 1973년 단행본『서울 유학기 - 나의 조선어 소사전ソウル遊学記 - 私の朝鮮語小辞典』으로 출간된다.[102] 이외에도 직접적인 결과물은 아니지만 가지이 노보루는 1971년『알기 쉬운 조선어 <기초·실력편>わかる朝鮮語 <基礎·実力編>』[103]을 출간했으며, 이를『조선문학 - 소개와 연구』의 표지 후면 광고란을 활용해 홍보하기도 했다.[104]

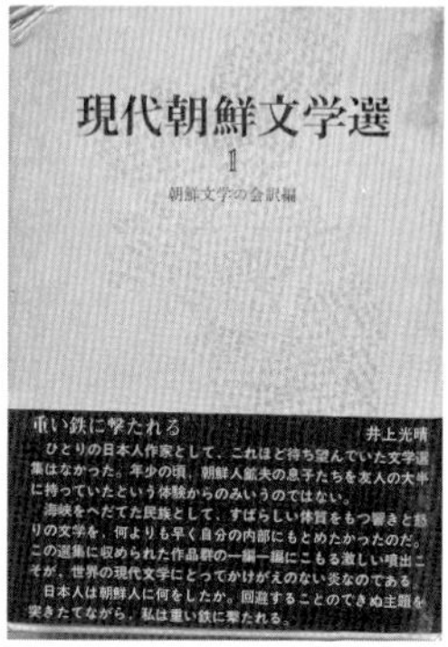

<사진 3>『現代朝鮮文学選』1권 표지

<사진 4>『現代朝鮮文学選』2권 표지

---

101 『조선문학 - 소개와 연구』종간호 광고에서는 총3권 발간예정으로 광고했지만 실제로는 2권까지만 출간되었다.

102 1973년 출간된 초판의 제목은『나의 조선어 소사선 - 서울 유학기私の朝鮮語小辞典 - ソウル遊学記』였다. 1978년 개정판이 출간되면서 제목이『서울 유학기 - 나의 조선어 소사선ソウル遊学記 - 私の朝鮮語小辞典』로 변경되었다.

103 1983년『알기 쉬운 조선어 <기초편>わかる朝鮮語<基礎·実力編>第2版』로 개정판이 출간되었다.

104 『조선문학 - 소개와 연구』2, 3호에는『알기 쉬운 조선어 <기초·실력편>わかる朝鮮語 <基礎·実力編>』를 소개했으며, 4호부터 6호까지는 김사량 작품집을 비롯한 조선 관련 광고를 수록했다. 9호부터는 자신의 단행본『현대조선문학선1現代朝鮮

이와 같이 〈조선문학의 회〉는 『조선문학 - 소개와 연구』를 통해 다양한 결과물로 일본의 조선문학 연구에 크게 공헌했다. 흥미로운 점은 〈조선문학의 회〉의 재편 과정에서 조선문학의 범위와 개념 변화가 나타났으며 그 중심에 재일코리안이 있었다는 점이다.

3) 『조선문학 - 소개와 연구』의 조선문학, 재일코리안 문학

〈조선문학의 회〉 1기가 발간한 『조선과 문학』과 2기가 발간한 『조선문학 - 소개와 연구』에서는 조선문학의 범위 규정에 차이가 있었다. 『조선과 문학』 1호에서는 「김달수와 그 작품에 관하여金達寿とその作品について」, 2호에서 「김달수와 그 작품에 관하여(상)金達寿とその作品について(上)」라는 기사로 재일코리안 작가를 다루다. 2호에서는 마쓰모토 이키오松本力生가 서평 「김달수 「현해탄」을 둘러싸고 - 토론을 위한 문제점金達寿「玄界灘」をめぐって - 討論のための問題点」을 수록한다. 해당 사설에서 『조선과 문학』의 경우 한반도 지역의 문학과 재일코리안 문학 모두 '조선문학'으로 상정했던 것을 알 수 있다. 반면 『조선문학 - 소개와 연구』에서는 상이한 양상이 나타난다.

『조선문학 - 소개와 연구』 창간호부터 6호까지는 최인훈, 하근찬, 김동리, 현진건, 이청준 등 한국작가의 작품소개와 번역이 주를

文学選1』(9 · 10호), 『私の朝鮮語小辞典ーソウル遊学記』(11호 · 종간호) 광고를 수록한다.

이루었으며,[105] 북한문학보다는 한국문학을 많이 다루었다.[106] 재일코리안 문학 관련 기사의 경우 창간호에서 김시종金時鐘과 강순姜舜의 신간을 소개한「두 개의 재일코리안의 시집二つの在日朝鮮人の詩集」을 제외하고 종간호까지 한국, 북한문학만을 다루며 조선문학의 범위를 한반도로 제한했던 것을 확인할 수 있다. 이러한 사설에서『조선과 문학』,『조선문학 - 소개와 연구』의 변화를 확인할 수 있다. 변화의 원인은『조선문학 - 소개와 연구』의 원칙에서 확인할 수 있다.

> 우리의 모임에 회칙은 없다. 하지만 최소한 이 모임이 (하나)일본인의 적어도 일본인을 주체로 한 모임이라는 것, (둘)백두산 이남, 현해탄에 이르는 지역에 살았던 그리고 살고 있는 민족이 만들어 낸 문학을 대상으로 하는 것을 원칙으로서 확인하자. 우리 마음 속에 삼팔도선은 없다.[107]

---

105 창간호 〈소설〉 최인훈, 현진건, 〈시〉 조명희, 박팔양, 평론 송민호, 2호 〈소설〉 하근찬, 김동리, 3호 〈소설〉 선우휘, 허충식, 〈시〉 김지하, 4호 〈소설〉 박시종, 안동수, 〈시〉 박두진, 5호 〈소설〉 윤정규, 류도희, 오영수, 6호 〈소설〉 서기원, 김유정, 이청준, 〈시〉 강인섭 순으로 출간되었다.

106 이러한 상황에 대해 가와무라 미나토는 단순하게 북한 작품의 입수가 어렵고, 일본독자를 대상으로 하기에 적당하다고 생각되는 작품이 적기 때문이지, 이데올로기적인 이유는 아니라고 설명했다.(川村湊(2004),「日本人による朝鮮文学研究(五人十一人)の始まり」,『異文化』5, 法政大学国際文化学部, p.38)

107 大村益夫,「進軍ラッパは聞こえない」,『朝鮮文学 - 紹介と研究』1(朝鮮文学の会, 1970), p.62.

창간호「동인의 변同人の弁」에서 오무라 마스오는 백두산 이남, 현해탄 지역의 문학을 다루겠다고 선언한다. 이 대목에서 2기〈조선문학의 회〉가 조선문학의 범위를 백두산이남, 현해탄에 이르는 지역 즉, 한반도에서 한국어(조선어)로 창작된 작품으로 제한하고 있음을 알 수 있다. 때문에 일본에서 일본어로 창작된 재일코리안 문학은 조선문학의 대상에서 제외되었음을 추론할 수 있다. 이러한 변화의 이면에는『조선과 문학』과『조선문학 - 소개와 연구』사이 달라진 재일코리안 문학의 위치가 있었다.

『조선과 문학』이 출간된 1964년 당시, 재일코리안 작가 대다수는 조총련에서 활동하고 있었다. 그러나 1960년대 중반 이후 재일코리안 작가들은 일본문단에서의 활동을 시작한다. 김학영의 데뷔가 1966년, 이회성이 1968년이었단 사실에서『조선문학 - 소개와 연구』가 창간된 1970년에는 재일코리안 문학의 상황이 1964년과 전혀 달랐던 것을 알 수 있다. 재일코리안 문학의 입지변화가 생기며〈조선문학의 회〉의 연구 범위 역시 달라질 수밖에 없었다. 이러한 상황에서〈조선문학의 회〉는『조선문학 - 소개와 연구』7호에서 처음으로 재일코리안 문학을 다루게 된다.

4) 조선문학과 재일코리안 문학의 상호연계

1972년 7월,『조선문학 - 소개와 연구』7호에서는 독자투고란「사랑방」의 부제를「한국에서 본 재일코리안 작가韓国から見た在日朝鮮人作家」로 정하며 재일코리안 문학을 언급한다.

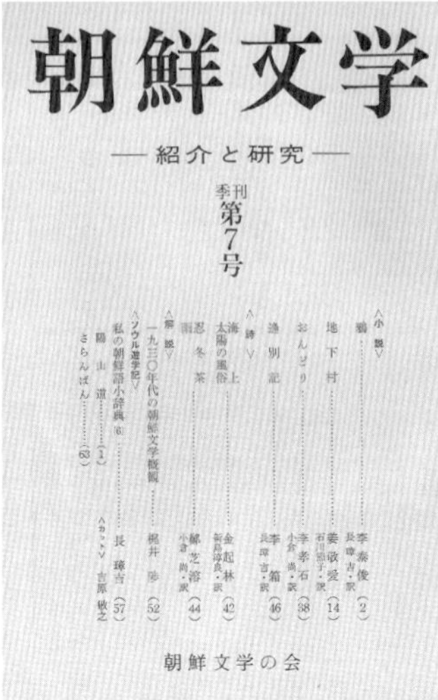

朝鮮文学
—紹介と研究—
季刊
第7号
朝鮮文学の会

〈사진 5〉『조선문학 - 소개와 연구』 7호 표지

さらんばん
韓国から見た在日朝鮮人作家

〈사진 6〉『조선문학 - 소개와 연구』 7호 사랑방 코너

이회성의 〈아쿠타가와상〉 수상 이후인 1972년 4월, 한국의 문예지 『세대』는 이회성의 작품 「반 쪽발이半チョッパリ」를 한국어로 번역해 수록한다. 이와 함께 김윤식의 「日本文壇과 在日僑胞作家」와 번역가 이호철李浩哲의 「譯者의 말」을 수록한다. 『조선문학 - 소개와 연구』 7호에서는 이 상황을 발빠르게 다룬다. 다음은 한국의 상황에 대한 오무라 마스오의 언급이다.

> 한국의 월간종합잡지 『세대』 1972년 4월호에 이회성의 『반 쪽발이』 전문 번역이 수록되어 있다. 이 번역에는 김윤식의 「일본문단과 재일교포작가 - 특히 이회성을 중심으로」라는 제목의 해제와 이호철의 「역자의 말」이 수록되어 있다. 김윤식씨는 중견 문예

평론가로 서울대학교 조교수, 이호철씨는 올해 39세 전후의 작가이다. 재일조선인 작가는 북한에서는 오히려 마이너스의 평가밖에 받지 못한다. 일본어로 작품을 쓰는 것 자체가 문제시되는 것 같다. 대한민국에서도 종래 재일조선인 작가의 작품을 정식으로 논한 적이 없다. 또한 번역된 적 자체가 없었다. 이런 의미에서『세대』지의 번역, 소개는 주목할 만하다.[108]

오무라 마스오는『세대』에 수록된 김윤식과 이호철의 글 전문을 일본어로 번역한다. 김윤식과 이호철의 글은 재일코리안 문학에 이해가 없던 한국 독자들을 위해『세대』측에서 준비한 글이었다. 박정희 정권 당시, 재일코리안과의 교류는 이적행위로 규정되는 것이 일반적이었기 때문에 재일코리안 작가의 작품 번역은 굉장히 이례적인 일이었다.『조선문학 - 소개와 연구』7호에서는 이회성의 작품 자체보다 한국에서 재일코리안 문학이 번역된 사실에 초점을 맞추었다. 또한 한국에서 재일코리안 문학이 한 번도 번역된 적 없던 사실, 재일코리안 작가에 대한 평가까지 조선문학에 대한 것을 이해하도록 보여주었다.

일반적으로『조선문학 - 소개와 연구』는 60-70페이지 분량이었기 때문에 지면적 제약이 있었다. 때문에 특집이 필요할 경우 조쇼키치의「나의 조선어 소사전」연재를 중단하거나「해설」,「평론」

108 大村益夫(1972),「韓国から見た在日朝鮮人作家」,『朝鮮文学 - 紹介と研究』7, 朝鮮文学の会, p.63.

을 활용해 특집을 수록했다. 그러나 7호에서는 특집이 아닌 독자투고란「사랑방」을 통해 한국의 상황을 소개했다. 이러한 영향의 그 배경에는 재일코리안 문학이 〈조선문학의 회〉 2기가 상정한 조선문학의 대상이 아니었던 점, 내용적으로 한국에서의 재일코리안 문학 번역 사실에 초점을 맞추었기 때문으로 추측된다. 실제로 7호 이후에는 재일코리안 문학을 다루지 않았다.[109] 7호 이후 재일코리안 문학에 대한 언급은 8호「사랑방」에서 7호에「반 쪽발이」전문이 한국에서 번역됐다는 사실관계 오류로 바로잡는 독자투고[110]와 종간호 후면 광고란[111]에 재일코리안 잡지『마당』4호 소개가 전부였다.

〈조선문학의 회〉는『조선문학 - 소개와 연구』에서는 재일코리안 문학을 다루지 않았지만 개인차원에서는 교류를 이어갔다. 〈조선문학의 회〉의 설립과『조선과 문학』,『조선문학 - 소개와 연구』출간의 주체는 일본인이었다. 때문에 〈조선문학의 회〉는 결성 당시

---

109 8호에서는「특집 · 1950년대 남조선문학特集 · 一九五〇年代南朝鮮文学」을 통해 송병수, 송창섭 등 1950년대 한국문학을 소개했다. 9호의 부제는「특집 · 1960년대 남조선문학特集 · 一九六〇年代南朝鮮文学」이었으며, 10호에서는「특집 · 조선민주주의인민공화국의 문학特集 · 朝鮮民主主義人民共和国の文学」을 통해 박태용, 조기천 등의 북한문학을 다루었다. 11호에서는 특집 없이 이병주, 최해군의 소설과 김현의 평론을 소개했고, 종간호에서는《특집 · 아동문학特集 · 児童文学》을 통해 한국의 아동문학을 상세히 소개했다.

110 小倉(1972),「李恢成「半チョッパリ」朝鮮語訳について」,『朝鮮文学 - 紹介と研究』8, 朝鮮文学の会, p.65.

111 『조선문학 - 소개와 연구朝鮮文学 - 紹介と研究』는 지면이 적었기에 때문에 뒷표지 광고면에 1, 2개 광고만을 수록했다. 종간호에서는 조 쇼키치의『나의 조선어 소사전 - 서울 유학기』와『마당』4호를 광고했다.

부터 어학적 한계가 있었으며 이를 극복하기 위해 재일코리안의 도움을 받았다. 다음은 당시 〈조선문학의 회〉 결성 당시인 1963년의 상황이다.

> 어문(어학문학연구부회)에서는 그 이름대로 문학 활동이 하나의 기둥이 되고 있었지만 설립총회가 열렸던 63년은 앞서 기술했던 예처럼 「환상의 조선가집」 때문에 4·5월까지 숨 돌릴 틈도 없이 바빴다. 이로서 생각해 보면 적어도 올 해 중반까지 어문연은 외부에서 재일조선인 강사를 불러 이야기를 듣는 형태로 근근이 지속되었던 것이 아닌가 생각한다.[112]

〈조선문학의 회〉에서 조선어 번역과 연구가 가능한 인원은 오무라 마스오, 가지이 노보루 정도에 불과했다. 이 둘이 부재할 경우 연구가 불가능했기 때문에 어학적 한계 극복을 위해 재일코리안 강사를 초빙한다. 해당 대목에서 결성 직후부터 지속된 〈조선문학의 회〉와 재일코리안 사회와 교류 사실을 확인할 수 있다.

초창기 협조적이었던 조총련은 1960년대 후반부터 일본인의 조선문학을 부정적으로 활용할 것을 우려했다. 또한 남북을 대등한 관점에서 연구하는 〈조선문학의 회〉에는 강사를 파견해주지 않았다.[113] 때문에 1960년대 후반부터 재차 어학적 한계에 봉착하는데

---

112 梶井陟(1970), 「朝鮮文学研究会の歩み-4 - 朝鮮文学の会」, 『朝鮮研究』 99, 日本朝鮮研究所, p.59.

113 당시 조총련의 문화운동의 강한 영향 아래 있던 재일코리안 지식인과 문학자들

이때 도움을 준 것이 재일코리안 윤학준이 었다. 당시 와세다대학에서 조선어를 강의하던 윤학준은 같은 학교 소속이었던 〈조선문학의 회〉와 교류한다.

> 윤씨는 수년간 이곳 와세다대학의 강사로 조선어를 가르치고 있다. 나도 그의 학생 중 한 명이었다. 윤씨는 동인은 아니었지만 번역의 의문점에 대답해주거나 가끔 번역원고와 원문을 대조해주곤 했다. (중략) 우리의 모임은 어디까지나 일본인 모임이라 우리가 주인이었다. 윤씨는 "이 사람들은 금세 차별하니까" 하고 농담을 했지만 집에 방문하면 부인이 무척 환대해 주었다. 하지만 윤씨의 도움은 거기까지였으며 그 이상은 아니었다.[114]

인용문에서는 윤학준이 〈조선문학의 회〉에게 원고 대조를 비롯한 각종 어학 자문 사실을 확인할 수 있다. 중요한 점은 이런 역할에도 불구하고 윤학준이 〈조선문학의 회〉의 동인이 아니었다는 점이다. 〈조선문학의 회〉는 일본인만으로 구성되었다는 특수성이 있었다. 이에 대해 오무라 마스오는 다음과 같이 설명한다.

은 일본이 조선문학을 연구하려는 것에 대해 비협조적이었다. 북한의 조직과 단체면 몰라도 일본인이 주체이며 남북에 치우침 없는 것을 강조하고 이데올로기상의 불편부당을 모임의 원칙으로 한「〈조선문학의 회〉」에게 강사를 파견하거나, 공부를 봐주거나, 협력하는 것은 있을 수 없었다.(川村湊(2004),「日本人による朝鮮文学研究(五人十一人)の始まり」,『異文化』5, 法政大学国際文化学部, p.43)

114 川村湊, 위의 글, p.42.

'〈조선문학의 회〉'는 '독립선언'이었다고 생각합니다. 아까 말씀드린『문학』1970년 11월호 '조선문학' 특집을 봐도 알 수 있듯 저와 다나카, 가지이 등 몇 명을 제외한 모든 필자들은 한국인이었습니다. 일본조선연구소처럼 정치단체의 활동도 있었지만, 우리는 한국의 문학과 문화를 연구한다는 생각이었습니다. '〈조선문학의 회〉'는 한국인들이 아닌 일본인들의 모임이자, 정치와는 거리를 둔 문학 연구 모임이었습니다. 그래서 사실 윤학준 씨의 가입은 거절했습니다. 그가 여러 점에서 도와준 것은 고마웠지만 결국 거절하였습니다.[115]

인용문을 통해 윤학준이 〈조선문학의 회〉 가입을 희망했지만, 거절당한 사실을 확인할 수 있다. 오무라 마스오는 〈조선문학의 회〉를 '독립선언'이며 일본인만의 단체로 존립해야만 했다고 말한다. 때문에 재일코리안은 가입할 수 없었으며 윤학준 역시 취지를 이해하며 개인적 차원에서 도움을 주었다.

윤학준은 어학 자문 외에도 〈조선문학의 회〉가 발행한『현대조선문학선1』,『현대조선문학선2』에 해설을 쓴다. 오무라 마스오〈조선문학의 회〉의 이름으로 단행본이 출간됐지만 실질적으로는 윤학준이 단행본 출간을 주도했다고 회상했다.[116] 이처럼 윤학준은 〈조선문학의 회〉와의 가교이자 조력자였으며 재일코리안 문학자

---

115 장문석(2016),「1960~1970년대 일본의 한국문학 연구와 '조선문학의 회朝鮮文學の會'」,『한국학연구』40, 인하대학교 한국학연구소, p.188.

116 장문석, 위와 같음.

로서 일본의 조선문학 연구에 기여했다.

1963년, 가지이 노보루를 비롯한 〈조선문학의 회〉는 「조선가곡집朝鮮歌曲集」 출간을 위해 문연어文硏語을 조직해 번역에 착수한다.[117] 이들은 조총련의 문예동文芸同[118]에 출판 자문을 구했으며, 이때 자문을 한 인물이 문예동 위원장 허남기와 동경부 위원장 최동옥崔東玉이었다. 당시 문예동에서는 「조선가집朝鮮歌集」 출간을 준비 중이었는데 이때 인연을 계기로 〈조선문학의 회〉와 허남기, 최동옥은 「조선가곡집」[119]을 함께 출간하고 일 년 후 「조선문화사朝鮮文化史」를 공동번역했다.[120]

〈조선문학의 회〉는 이회성과도 연결된다. 〈조선문학의 회〉는 1972년 7월 『조선문학 - 소개와 연구』 7호에서 처음 이회성을 언급

---

117 〈조선문학의 회〉는 일본인들이 가볍게 부를 수 있는 『조선가곡집』 출판을 계획했다. 출판 목적은 일본인들에게 조선을 깊게 이해시키는 것이었으며, 약 20곡의 조선현대가곡, 민요를 선정해 악보, 조선어를 일본 가나로 표기하고 번역과 해설을 첨부할 계획이었다.(梶井陟(1970), 「朝鮮文学研究会の歩み-2 - まぼろしの朝鮮歌集」, 『朝鮮研究』 97, 日本朝鮮研究所, p.56)

118 정식 명칭은 〈재일본문학예술가동맹在日本文学芸術家同盟〉이며 약칭 〈문예동〉이라 불렸다.

119 허남기와 최동옥 공편의 『조선가곡집』은 1964년 음악의 세계사音楽の世界社에서 출간되었다. 가지이 노보루가 번역한 곡은 〈빨치산의 뻐꾸기パルチサンの郭公〉 한 곡만 수록되었다고 밝히고 있다. 〈어·문연〉에서의 출간은 금전적 한계로 실행되지 못했으며, 〈문예동〉에 자문을 구한 인연으로 가지이 노보루가 참여하는 형태로 책이 출간되었다.

120 이밖에도 해방 직후 도쿠나가 스나오德永直, 무라야마 도모요시村山知義, 오다기리 히데오小田切秀雄 등은 『민주조선』에 조선문학 관련 논문을 발표한다. 그러나 이때 당시는 재일코리안이 출간하는 지면에 일본인이 참여하는 형태로 이루어졌으며 횟수도 적었다. 또한 조총련의 영향을 받는 지면이었기 때문에 내용적인 제약도 많았다. 그러나 『조선문학 - 소개와 연구』 발간 이후에는 일본인이 발행하는 지면에서 조직과 무관하게 조선문학을 연구를 진행했다.

한다. 그 전까지 〈조선문학의 회〉와 이회성의 친분관계는 없었다. 실제로 이회성이 〈아쿠타가와상〉을 수상한 것은 1971년 9월, 「다듬이질하는 여인」이 『문예춘추文藝春秋』에 실린 것이 1972년 3월이었다. 즉, 모임 설립 이후부터 1972년 7월까지 〈조선문학의 회〉와 이회성의 접점은 없었다. 시기적으로도 이회성은 1967년 조총련을 탈퇴하고 1968년부터 일본문단에서 활동했기 때문에 〈조선문학의 회〉와의 접점의 계기가 없었다. 즉, 〈조선문학의 회〉와 이회성의 관계는 한국에서의 작품 번역 이후 형성된 것으로 추론할 수 있다.

그러나 이회성은 그 전부터 『조선문학 - 소개와 연구』를 인지[121]하고 있었으며, 직접 언급하기도 했다.[122] 다음은 이회성이 『조선문학 - 소개와 연구』를 언급한 기사의 일부이다.

> 문학 동인지의 수는 세상에 내리는 별처럼 많지만 이 『조선문학』은 그것들과 달리 동인지라기보다는 일본인에 의한 조선문학 연구 기관지라 할 수 있다. (중략) 일본인에 의해 처음 세상에 나온 조선문학의 연구지이며 내가 아는 범위의 지식에서 아마 일본 근

---

121 이회성은 1971년 1월 22일 『아사히저널朝日ジャーナル』에 「계간 『조선문학』지의 창간季刊『朝鮮文学』誌の創刊」을 투고하며 〈조선문학의 회〉와 『조선문학 - 소개와 연구』를 언급했다. 이 대목에서 『조선문학 - 소개와 연구』 7호에 소개되기 전부터 해당 잡지를 인지했던 것을 알 수 있다.

122 단행본 『북이든 남이든 내 조국北であれ南であれわが祖国』에 「계간 『조선문학』지의 창간季刊『朝鮮文学』誌の創刊」이 수록된 것은 1974년이나, 단행본에서 이회성은 1971년 1월 22일자 『아사히저널朝日ジャーナル』이 초출임을 밝히고 있다. 『조선문학 - 소개와 연구』 창간호가 1970년 12월에 발매되었는데, 창간호 발매 직후 에세이를 기고한 사실에서 이회성이 『조선문학 - 소개와 연구』에 가진 큰 관심을 가지고 추측할 수 있다.

대 이후 최초의 일본인들에 의한 조선문학 관계 전문지이다.[123]

인용문에서 이회성은『조선문학 - 소개와 연구』를 일본 근대문학사에 남을만한 잡지로 평가한다. 나아가 "일본 근대 백년의 역사는 어제까지, 여지껏 조선문학 연구의 작은 책 한 권조차 갖지 못하고 있었다"[124]고 말하며『조선문학 - 소개와 연구』의 가치로 평가한다. 이회성의 기사「계간『조선문학』지의 창간季刊『朝鮮文学』誌の創刊」의 초출이 발표된 것은〈아쿠타가와상〉을 수상하기 전인 1971년 1월이었다. 즉, 이회성은 창간 당시부터『조선문학 - 소개와 연구』를 인지했음을 알 수 있다. 1972년 6월에는 한국에서『조선문학 - 소개와 연구』를 언급한다. 다음은『월간 중앙』1972년 8월호에 수록된 이회성과 소설가 서기원, 이호철의 좌담회의 일부이다.

> 요즈음 日本 사람들이 처음으로『朝鮮文學』이라는 잡지를 發刊해서 우리 작품을 번역하려고 계획하고 있어요. 아주 좋은 일이라고 생각합니다. 그래서『朝日新聞』에서 나오는 잡지에 匿名으로 글을 썼는데 이렇게 말했어요. 즉 南北의 作家를 소개해 달라, 그러면 우리 5천만의 민족이 무엇을 생각하는지를 알 것이다, 자꾸 한편만 紹介하면 그 한쪽의 색채만 나타나게 되니 全體을 알리기에 노력해 달라고 말한 바가 있읍니다.[125]

---

123 李恢成(1974),「季刊『朝鮮文学』誌の創刊」,『北であれ南であれわが祖国』, 河出書房新社, p.279.

124 李恢成, 위와 같음.

이회성은 『조선문학 - 소개와 연구』의 주체가 일본인임을 강조해서 이를 '아주 좋은 일'로 평가한다. 또한 자신이 익명으로 「아사히 저널의 문학란朝日ジャーナルの文学欄」[126]에 익명으로 『조선문학 - 소개와 연구』 관련 기사를 투고한 사실을 밝히게 한 후 남북 어느 한쪽으로도 치우치지 않길 바란다는 희망을 말한다. 이러한 사례를 통해 이회성이 〈조선문학의 회〉의 연구 방법을 긍정적으로 평가했으며, 〈아쿠타가와상〉 수상 이후 이회성과 〈조선문학의 회〉 외의 친분이 형성된 것을 추론할 수 있다.

〈조선문학의 회〉는 이회성의 〈아쿠타가와상〉 수상자라는 입지를 활용한다. 조 쇼키치는 『조선문학 - 소개와 연구』에서의 연재 「서울 유학기」를 1973년, 단행본 『서울 유학기 - 나의 조선어 소사전』으로 출간한다. 이때 이회성을 홍보에 활용한다. 다음은 책 띠지에 소개된 이회성의 추천사 전문이다.

> 상쾌한 타헬 아나토미아[127] - 이회성
>
> 보따리를 등에 지고 서울로 유학 온 양코씨는 이윽고 이토록 기발한 「조선어 소사전」을 엮어냈다. 처음 읽고, 다시 읽고, 나는

---

125 이회성(1972), 「조국의 흙을 만져보며」, 『월간 중앙』 53, 중앙일보사, p.200.

126 한국에서의 인터뷰에서는 '『朝日新聞』에서 나오는 잡지'라고 되어있지만, 한국에서의 대담을 일본어로 번역해 수록된 이회성의 대담집 「祖国の土の触れて」, 『参加する言葉』(講談社, 1974)에서는 '아사히 저널의 문예란『朝日ジャーナル』の文学欄'이라 밝히고 있다.

127 독일의 의사 요한아담 크루무스가 저술한 의학서 『Anatomische Tabellen』의 제목이며 네덜란드에서 『타헬 아나토미아』로 번역되었다. 일본에서는 『해체신서解体新書』라는 제목으로 번역되었다.

> 이 책을 통해 자유자재로 해부되어 있는 조선어회화 내부에서의 생생한 서울의 숨결과 탄식을 느낀다. 또한 우정과 비판을 기분 좋게 받아들일 수 있었다. 냉정한 리얼리스트의 눈과 경묘한 문명 비판 정신의 바닥을 흐르고 있는 어떠한 기원이야말로 이 유쾌한 인간소사전을 자유로운 것으로 만드는 것은 아닐까?[128]

『서울 유학기 - 나의 조선어 소사전』은 책 전면부에 이회성의 이름을 앞세워 홍보에 활용한다. 해당 『조선문학 - 소개와 연구』 7호 이후 이회성과 친분이 형성된 것을 확인할 수 있다. 또한 조선관련서에 이회성을 활용한 대목에서 〈아쿠타가와상〉 수상 이후 이회성의 입지를 짐작할 수 있다.

〈사진 7〉『ソウル遊学記ー私の朝鮮語小辞典 표지

〈조선문학의 회〉는 『조선문학 - 소개와 연구』 종간 이후에도 재일코리안 사회와 교류를 이어간다. 오무라 마스오는 1975년 6월, 『마당』 6호에 「조선의 소화(상)朝鮮の笑話(上)」을 발표한다. 기사제목이 상上이었던 사실에서 후속편 연재 계획을 추론할 수 있지만, 잡지가 6호에서 종간하는 바람에 후속 기사는 볼 수 없었다. 이밖에도 가지이 노보루, 조 쇼키치는 『삼천리』에 기사

---

128 長璋吉(1973), 「帯」, 『私の朝鮮語小辞典 - ソウル遊学記』, 北洋社刊.

를 수록하는 등 종간 이후에도 재일코리안 매체를 통해 교류를 이어간 사실을 확인할 수 있다.[129]

〈사진 8〉『ソウル遊学記ー私の朝鮮語小辞典 개정판 표지

〈조선문학의 회〉의 등장 이후 일본에서의 조선문학 연구 패러다임의 전환이 일어났으며, 그 이면에는 재일코리안이 있었다. 조선문학 연구에 재일코리안의 영향력이 커진 배경에는 이회성의 〈아쿠타가와상〉 수상과도 밀접한 관련이 있다. 1970년대 조선문학과 재일코리안 문학의 관계성 이해와 재정의를 위해서는 〈아쿠타가와상〉의 정치성에 대한 규명이 필요하다.

---

129 1975년 2월에 발간된 『삼천리』 2호에서 조 쇼키치는 「최인훈의 소설 - 한국문학을 본 기록崔仁勳の小説 - 韓国文学見てある記 - 」을 발표했고, 가지이 노보루는 김지하의 「고행…1974苦行…1974」를 일본어로 번역했다.

제2장

전환기 재일코리안 문학의 재해석

1. 재일코리안 인권운동과 「우리 청춘의 길목에서われら青春の途上にて」

1) 이회성의 등장과 재일코리안 문학의 전개

이회성은 1935년 2월 26일, 현現 러시아 사할린 지역인 가라후토樺太 마오카真岡에서 5남매 중 3남으로 태어났다. 아버지 이봉섭李鳳燮은 황해남도 출신이며 어머니 장술이張述伊는 경상북도 출신으로 일본에서 만나 결혼해 1930년 사할린으로 건너갔다. 1920년부터 1934년까지 일제는 조선을 식량공급지로 만들기 위해 산미증식계획을 실시한다. 이를 계기로 많은 농민들이 이농을 시작했으며 북으로는 만주와 시베리아, 남으로는 일본으로 이주한다.

이회성의 유년기 시절, 아버지는 협화회協和会[1] 간부였다. 그러나 1947년, 소련이 사할린을 점령하고 스탈린 비밀경찰들은 협화회 간부들을 총살하거나 시베리아 수용소로 보내기 시작한다. 생명의 위협을 느낀 이회성의 아버지는 가족과 함께 일본인으로 위장해 홋카이도北海道로 밀항한다.

전쟁이 끝난 1946년 12월 19일, 일본은 미소귀환협정을 통해 자국민 약 30만 명을 일본으로 귀환시킨다. 하지만 사할린에 거주하던 조선인 4만여 명에게는 해방국민이라는 이유로 어떠한 지원도 하지 않았다. 일본정부는 강화조약체결 전까지 식민지 출신자의 일본국적은 유효하다는 입장을 취했지만, 1947년 천황의 마지막 칙령인 외국인등록령을 발표하며 식민지 출신자를 외국인으로 간주했다. 신변의 위협을 느낀 이회성의 가족들은 밀항을 선택했다. 유대계 소련인의 도움으로 간신히 사할린을 탈출한 이회성의 가족은 나가사키현長崎県 하리오針尾 수용소에서 부산행 이송선을 기다리던 중, 한국전쟁 발발과 분단 소식을 듣고 귀국 대신 삿포로札幌 정착을 선택했다. 「다듬이질하는 여인」과 「백 년 동안의 나그네百年の旅人たち」 등 이회성 작품 다수의 배경이 사할린인 이유에는 이러한 자전적 경험과 같은 관련이 있다.

이회성은 유년기 시절 재일코리안임을 숨기기 위해 기시모토岸本라는 통명을 사용했다.[2] 중·고등학교시절까지 통명을 사용하던

---

1 협화회는 항일세력에 대한 귀순 공장 및 밀정 활동을 관장하는 조직이었으며 감시가 용이한 집단부락으로의 재편을 위해 작은 오지 마을이나 단독가옥을 철거시켜 주민들을 평야지대로 강제이주시켰다.

이회성은 1956년 4월, 와세다대학 진학 이후 본명을 사용한다. 또한 조총련 산하조직 재일코리안유학생동맹在日朝鮮人留学生同盟에서 간부로 활동한다. 1956년부터 북송사업을 담당했으며 본인 역시 북으로 가고자 했지만 조직에서 남아서 일할 것을 명령해 일본에 남게 된다. 이회성은 대학 졸업 후 조총련 중앙교육부에서 학생 대책을 담당하며 조총련 기관지 『조선신보朝鮮新報』에서 일한다. 그러던 중 1967년 1월 1일, "일을 열심히 하든 안하든 돈이 나오는 경쟁 없는 사회주의의 내부 모순이 이상하게 보였다"[3]고 말하며 조총련을 탈퇴하고 일본문단에서 활동을 시작한다.

이회성은 1968년 「또 다시 이 길을」로 제12회 〈군조신인문학상〉을 수상하며 작가로 등단한다. 등단 이후에도 본명을 그대로 사용했는데 일본에서는 이회성을 한글발음인 이회성イ・フェソン으로 부르지 않고 일본식으로 리 가이세이リ・カイセイ로 불렀다.[4] 일본에서 활동을 시작한 이회성은 1971년 「다듬이질하는 여인」으로 〈아쿠타가와상〉을 수상하며 이름을 알리기 시작한다. 이회성은 재일코리안 문학 전성기의 시작이자 장르로서 재일코리안 문학 성립의

---

2 기시모토의 어원은 자신의 조선성인 李를 풀어 木子와 本貫의 本을 따와 기네모토木子本로 표기하다 이후 岸本를 사용했다. 이회성은 자신이 木子本대신 岸本를 사용한 것은 일본에서 긴 세월 동안 인간, 문화처럼 이름 역시 풍화風化했다고 이유를 밝혔다.

3 이회성(1995), 「[이 사람의 삶] 23년 만에 조국 찾은 재일 동포 작가 이회성」, 『시사저널』 1995.11.23., ㈜시사저널사.

4 이회성은 자신의 이름이 이렇게 불린 이유를 과거 기시모토라는 통명 사용당시 한자를 恢成에서 恢也로 바꾸고 다시 快成로, 마지막에 快也로 바꿨기 때문에 문단에서 리 가이세이로 불린 것이 아닐까 추측했다.

과정의 중심에 있던 작가였다. 이회성은 자신이 일본문단에서 활동한 이유를 일본에서 이질적 존재인 재일코리안들은 세대를 거듭하여 일본에서 살아야하는 상황에서 자신들만의 민중문화가 필요했기 때문이라고 설명했다.[5]

이회성은 초기작「또 다시 이 길을」,「우리 청춘의 길목에서われら青春の途上にて」,「청구의 집青丘の宿」,「가야코를 위하여伽倻子のために」,「반 쪽발이半チョッパリ」등 에서 일본에서 재일코리안이 겪는 차별과 정체성 묘사에 주력했다. 〈아쿠타가와상〉 수상 이후인 1976년부터 1979년까지는 장편『못다 꾼 꿈見果てぬ夢』[6]을 발표하며 작품으로 한국정권을 비판한다. 1970년대 작가로서 활발히 활동하던 이회성은 1983년, 사할린 취재기『사할린 여행サハリンの旅』을 마지막으로 활동을 중단한다.

4년 후인 1987년 11월, 이회성은 재일코리안 종합지『민도民涛』[7]를 창간하며 주필로 활동한다. 1992년에는 약 10년 만에 장편소설『유역으로流域へ』를 발표한다. 1989년 8월 이회성은 중앙아시아 구소련작가 동맹의 초청으로 받아 약 한 달 동안 중앙아시아에 방문했는데, 당시 경험을 바탕으로 카자흐공화국의 고려인을 통해 디아스

---

5 李恢成・白楽晴・梁民基(1988),「民族文学と在日文学をめぐって」,『民涛』3, 民涛社, p.37.

6 이회성은 1976년부터『군조』에 3년간「못다 꾼 꿈見果てぬ夢」을 연재한다. 해당 작품은 1977년 고단샤講談社에서 단행본 1권 출간을 시작으로 1979년, 6권으로 완결된다. 한국에서는 1988년 미래사에서『금단의 땅』이라는 제목의 세 권의 단행본(번역자: 김석희)으로 번역된다.

7 『민도民涛』(1987-1990). 이회성이 주필이었던 재일코리안 종합지이다.

포라를 다룬다. 1994년에는 사할린 탈환기를 작품화한 『백 년 동안의 나그네百年の旅人たち』를 발표하고 외국인 최초로 〈노마문예상野間文芸賞〉을 수상한다. 이밖에도 1990년대에 「죽은 자와 산 자의 도시死者と生者の市」, 「팔 월의 비八月の碑」를, 2000년 1월부터는 『군조群像』에 『지상생활자地上生活者』[8], 2004년 『사계四季』를 발표하며 문학가로서의 활동을 이어갔다.

이회성의 초기작 「우리 청춘의 길목에서」는 일본의 열악한 환경에서 살아가는 재일코리안의 모습을 보여준다. 그 과정에서 1968년 발생한 김희로 사건을 모티프로 활용한다.

2) 김희로 사건과 담론의 전개

1968년 2월 20일, 재일코리안 2세 김희로金嬉老(본명 권희로權禧老)는 빚 독촉을 하던 야쿠자 두 명을 라이플로 사살한다. 사건현장에서 45㎞ 떨어진 시즈오카静岡 스마타쿄寸又峡 온천마을의 후지미야ふじみ屋여관으로 도주한 김희로는 경영자와 투숙객 13명을 인질로 삼아 경찰과 대치한다. 언론은 헬기를 동원해 사건을 생중계하였으며 일본 대중들은 텔레비전으로 인질극을 실시간으로 보게 된다. 사건 발생 나흘 후인 2월 24일, 김희로는 기자로 위장한 수사관에게 체포되며 88시간에 걸친 인질극이 마무리된다. 이후 재판이 진행되

---

8 2000년 1월부터 『군조群像』에서 연재한 작품으로, 2005년 고단샤講談社에서 단행본 1권 출간을 시작으로, 2011년에 4권으로 완결되었다.

었고 1971년 1심, 1974년 2심을 거쳐 1975년 11월, 일본 최고재판소는 김희로에게 무기징역을 선고한다.

사건 발생 직후, 일본 언론은 김희로에게 엄청난 관심을 보였다. 인질극이 벌어진 1968년 2월 21일부터 24일까지 『아사히신문』은 72회, 『요미우리신문』은 60회 기사를 보도한다. 주목할 점은 김희로를 대하는 당시 일본 언론의 태도이다. 다음은 『요미우리신문』의 보도 중 일부이다.

〈사진 9〉 『요미우리신문』
1968.02.21. 석간

〈사진 10〉 『요미우리신문』
1968.02.23. 조간

기사에서는 김희로를 '라이플 마ライフル魔'로 지칭하고 있다. 즉, 김희로를 '라이플을 든 악마' 이미지로 표상화한 것이다.[9] 동시

---

9 특이한 점은 『요미우리신문』의 온라인 검색사이트 〈요미다스ヨミダス〉에서는 기사가 '라이플마ライフル魔'가 아닌 '라이플범ライフル犯'으로 변경되어 서비스되고 있다. 하지만 신문 이미지에는 1968년 당시 '라이플마'로 보도했던 사실이 여전히 남아 있다.

기 더 많은 기사를 보도했던 『아사히신문』이 김희로를 '라이플 남ライフル男'으로 지칭한 것과는 분명한 차이가 있다. 체포 이후에도 일본 언론은 자극적인 표현으로 부정적 표상을 형성한다.

〈사진 11〉『週刊朝日』 1968.03.08. 기사

『주간 아사히週刊朝日』는 '공포의 88시간恐怖の88時間', '라이플마와 인질ライフル魔と人質たち' 등의 표현으로 사건을 보도한다. 해당 사실에서 '라이플마 김희로의 공포의 인질극'이라는 표상을 형성했음을 확인할 수 있다. 당시 미디어의 태도에 대해 김희로는 "「메스컴」은 보도를 통해 경찰과 같은 자세를 취하면서 여관에서 장기 체제했던 숙박객들을 「인질」이라 불렀고, 그 인질들이 생명에 위협을 받고 있는 듯한 인상을 주기 위해 『흉악한 '조센징' 살인범』이라는 '이미지'로 각사에서 모두 『'라이플'魔』 또는 『「라이플」 사나이』라는 호칭으로 보도했다"[10]고 말하며 당시 일본 언론의 태도를 회상했다.

이와 대치되는 움직임도 나타났다. 김희로 체포 이후, 일본의 시민단체는 즉각 움직임을 보였다. 1968년 4월, 가지무라 히데키梶村秀樹, 오사와 신이치로大澤眞一郎, 구보 사토루久保覺 등 간사 8인은 〈김희로 공판대책위원회金嬉老公判対策委員会〉를 설립한다. 위원회에는 이회성, 김시종金時鐘, 김달수金達寿, 고사명高史明과 같은 재일코리안 문인들도 참여했으며, 이들은 1971년 12월 17일 재판에 특별변호인으로 나서기도 했다.[11] 김희로 공판대책위원회는 1968년 6월 24일부터 1976년 10월 2일까지 「김희로 공판대책위원회 뉴스金嬉老公判対策委員会ニュース」를 총40회 보도했으며, 이를 엮어 3권의 단행본으로 발표했다.[12] 이밖에도 1969년부터 1973년까지 『김희로 문제 자료집金嬉老問題資料集』 10권출간, 1982년 『김희로 문제 자료집성金嬉老問題資料集成』 상, 하권을 출간하며 사건 기록을 남겼다.

〈사진 12〉
『김희로공판대책위원회 뉴스』
상권 표지

10 김희로(1968), 「일본 「메스컴」과 김희로사건」, 『너는 너 나는 나: 金嬉老의 獄中手記』, 홍익출판사, p.306.

11 김달수의 경우 위원회가 발족한 1968년 4월부터 특별변호인으로 참여했었지만 이회성, 고사명, 김시종은 처음 발족 멤버로는 참여하지 않았다. 이회성의 경우 작가로 등단한 이후 참여한 것으로 보이며 이들은 김희로 재판 당시 변호인단의 증인으로 참석했다.(이들의 증언 속기록은 1972년 출간된 『別冊経済評論』 증간호에서 확인할 수 있다)

12 3권 합본이었으며 정가는 4,000엔이었다.

한국에서도 김희로 사건에 많은 관심을 나타냈다. 이 과정에서 한국 언론은 '민족차별'을 강조/고발하는 언설을 재생산하며 김희로를 차별에 저항한 영웅으로 표상했다.[13] 출판계에서는 김희로 관련서들이 출간된다. 1968년에는 김희로의 옥중수기『너는 너 나는 나 金嬉老의 獄中手記』[14],『金喜老事件(88시간의 투쟁)』[15]이 출간됐으며 1970년에는 김희로공판대책위원회가 일본의 상황을 정리한『분노는 폭포처럼』[16]을 출간했다. 1991년 11월에는 사건 당시 취재기자였던 혼다 야스하루本田靖春가『김희로 나의전쟁』[17]을 출간했다.

〈사진 13〉『분노는 폭포처럼』 표지

〈사진 14〉『김희로 나의전쟁』 표지

한국의 시민단체도 움직임이기 시작했다. 1990년 부산 자비사의 승려 박

13 임상민(2014),「김희로 사건과 내파하는 한일 미디어 - 츠츠이 야스타카筒井康隆의「신킨타로晋金太郎」를 중심으로」,『인간과 문화 연구』25, 동의대학교 인문사회연구소, pp.17-18.

14 김희로(1968),『너는 너 나는 나: 金嬉老의 獄中手記』, 홍익출판사.

15 김희로(1968),『金喜老事件(88시간의 투쟁)』, 삼진출판사.

16 김희로공판대책위원회(1971),『분노는 폭포처럼』, 章苑文化社.

17 혼다 야쓰하루, 강무홍·박정선 역(1991),『김희로 나의전쟁』, 춘추원.

삼중과 이재현은 석방운동을 전개하며, 약 10만 명의 서명을 받아 규슈의 갱생호보위원회에 전달했다. 1993년에는 1만 3천여 명의 서명을 받아추가로 갱생보호위원회와 일본법무성에 전달한다. 1995년에는 천주교 정의평화위원회가 석방운동에 참여했다. 천주교 단체와 시민단체는 1996년 3월, 약 3만 명의 서명을 받아 일본법무성에 전달한다. 국내외 언론과 국제사회의 구명운동이 이어지자, 결국 1999년 9월 7일, 김희로는 일본으로 재입국하지 않는 조건으로 31년 6개월의 복역을 마치고 한국으로 오게된다.

김희로 사건은 문학과 영화, 드라마의 소재로 활용된다. 1991년 4월 5일 일본 후지테레비フジテレビ는 기타노 다케시北野武 주연의 드라마 〈김의 전쟁金の戦争〉을 방영했다. 한국에서는 1992년 유인촌을 주연으로 〈김의 전쟁〉이 제작됐으며,[18] 김희로가 귀국한 1999년에는 영화 수익금 전달을 위한 재상영이 결정된다.

일본문학계에서도 움직임이 나타났다. 일제강점기 조선에서 태어난 작가 가지야마 도시유키梶山季之는 1968년 6월 「나는 반도인 - 소설 · 김희로俺は半島人 - 小説 · 金嬉老」를 발표한다.[19] 쓰쓰이 야스타카筒井康隆는 1969년 1월 김희로 사건을 패러디하여 「신킨타로晋金太郎」를 발표하며 타자에 의해 가공된 아이덴티티가 자기 파괴

---

18 1992년 한국에서 개봉된 「김의 전쟁」은 1991년 일본에서 방영된 드라마를 강하게 의식하여 만들어진 영화이며 두 작품 모두 혼다 야쓰하루의 『사전私戦』(1978년 3월, 潮出版社)를 원작으로 제작되었다.(임상민(2011), 「金嬉老事件と〈反共〉- 映画「金の戦争」論」, 『일본문학학보』 51, 한국일본문화학회, p.306)

19 임상민(2012), 「梶山季之と金嬉老 -「俺は半島人 - 小説 · 金嬉老」論」, 『동북아문화연구』 30, 동북아시아문화학회, p.434.

로 이어지는 모습을 형상화했다.[20] 재일코리안 문학계에서도 움직임이 나타난다. 김학영은 1969년 11월, 「시선의 벽まなざしの壁」을 통해 사건 이후 재일코리안이 '중간자' 포지션을 확립해가는 과정을 그려냈다.[21] 그리고 이회성은 김희로 사건을 모티프로「우리 청춘의 길목에서」를 통해 발표한다.

3) 재일코리안 청년과 「우리 청춘의 길목에서」

「우리 청춘의 길목에서」는 등단 후 이회성의 첫 작품으로 『군조群像』 1969년 8월호에 수록되었다. 작품에서는 재일코리안의 열악한 삶, 차별 등 재일코리안 문학의 전형성이 특성이 전형적으로 드러난다.

작품 속 아파트 1호실에는 재일코리안 여섯 명이 살고 있다. 주인공 남수南洙는 입시에 실패한 19세 재일코리안 청년이다. 남수는 형이 사는 도쿄로 가출하지만 형이 사는 아파트를 보며 놀란다. 다다미 네 장 반 크기의 작은 방에는 사촌 이치로一郎, 지로二郎, 재일코리안 백종구白種九, 일본인 후타로風太郎, 형 야마자키 신이치山崎真一까지 다섯 명이 살고 있다. 형은 잘생긴 외모로 여자에게 돈을 갈취해 생계를 유지하는 건달, 소위 '자신의 성기로 살아가는 인물'이다.

---

20 임상민(2014), 「김희로 사건과 내파하는 한일 미디어 - 츠츠이 야스타카筒井康隆의 「신킨타로晋金太郎」를 중심으로」, 『인간과 문화 연구』 25, 동의대학교 인문사회연구소, p.23.

21 임상민(2016), 「〈재일문학〉과 김희로 사건」, 『일본문화학보』 69, 한국일본문화학회, p.251.

사촌형 이치로는 히로시마 원폭 피해자이며, 지로는 대학 시절 남수에게 오스트로프스키의 「강철은 어떻게 단련되었는가?」를 권했다. 운동권이었지만 현재는 절망에 빠져 살고 있다. 백종구는 일본공산당원이었지만 현재는 일본공산당과 조총련 모두에게 질타 받는 실패한 운동가이다. 유일한 일본인 후타로는 원인모를 대인기피증 환자이다. 이들은 막노동과 같은 일용직으로 생계를 유지하는 니코욘ニコヨン[22]이며 조국과 일본 어디에도 속하지 못한 채 밑바닥 인생을 살고있다.

작품에서는 재일코리안이라는 이유로 받는 차별이 그려진다. 아파트 1호실에 사는 이들은 제대로 된 직장조차 구할 수 없으며 신문배달, 우유배달, 막노동으로 생계를 이어가고 있다. 작품에서는 차별 원인을 국적에서 찾는다.

> 아아, 일본인으로 태어났다면 얼마나 좋았을까. 그것도 일본인으로 태어나야 가능하겠지. 취직만 되면 좋겠다. 나도 괜히 바보 같은 여자의 엉덩이를 좇아다니며 돈이나 뜯어내고 싶지는 않아…….[23]

---

22 '二個四'에서 유래했으며 날품팔이꾼, 일용고용노동자를 일컫는 말. 1949년 6월 도쿄도東京都의 실업자대책사업으로 실업안정소가 지불한 하루 품삯이 240엔이었다. 당시 지급받는 돈이 100엔짜리 두 개, 10엔짜리 4개였던 사실에서 생겨난 말이다. 현재는 사용되지 않는 사어死語이다.

23 李恢成(1969), 「われら青春の途上にて」, 『群像』 1969.8, 講談社, p.68.

남수는 몸을 팔며 사는 형에게 제대로 된 일을 찾으라 권한다. 하지만 오히려 형은 남수를 세상 물정 모르는 인간으로 취급하며 자신이 일본인으로 태어났다면 이렇게 살지 않았을 것이라 말한다. 이와 같은 형의 발언에서 자신이 처한 비참한 삶의 원인을 '국적'에서 찾고 있음을 알 수 있다. 작품 후반부에 등장하는 하루지春治 역시 마찬가지이다.

하루지는 남수가 공사판에서 만난 동갑 재일코리안 청년이자 남수의 어두운 이면을 상징하는 인물이다. 하루지는 자신이 불행한 이유가 조선인이기 때문이라 말하며 부모를 원망한다. 남수의 형과 하루지로 대표되는 재일코리안 청년들은 국적때문에 받는 차별로 괴로워한다. 1960년대 중반 이후, 재일코리안들은 조국이 해결책이 될 수 없음을 깨닫는다. 이러한 상황에서 일본정부는 재일코리안을 비롯한 마이너리티 대상의 적극적인 동화정책을 추진한다. 재일코리안 사회에서는 일본에서 태어난 2세대를 중심으로 귀화하고도 조선인으로 사는 '제3의 길' 가치관이 확산된다. 차별에도 불구하고 재일코리안들은 일본에서 살 방법을 모색한 것이다. 작품 속 인물들 역시 일용직 인생을 살더라도 일본에 남고자 한다.

작품에서는 재일코리안 가정폭력이 그려진다. 이회성은 남수와 하루지를 대비시켜 보여준다. 남수는 대학에 진학하기 위해 막노동을 하지만, 하루지는 가족의 생계를 책임지기 위해 막노동을 한다. 남수는 동갑내기 하루지에게 동질감을 느끼지만 하루지는 남수를 무시한다. 그러나 어느 날 남수는 하루지가 과거의 자신처럼 아버지의 폭력에 노출된 사실을 알게 된다. 남수는 아버지를 피해 도쿄로 도망쳤지만 하루지는 폭력이 있는 집으로 돌아간다. 늘

술에 취해 집으로 돌아가는 하루지에게 술은 가정폭력이라는 고단한 현실에서 도피할 수 있는 수단인 것이다. 어느 날 남수는 사촌형 지로와 함께 술에 취한 하루지를 집에 데려다 준다. 하루지가 사는 S구 H마을은 집이라 부를 수조차 없는 조악한 판잣집 대여섯 채가 모인 빈민촌이다. 남수는 하루지의 동네를 보며 고향집을 떠올린다.

남수는 하루지의 동생에게 하루지가 학교에서 퇴학당한 사실을 듣게 된다. 아버지의 거듭되는 폭력에 삐뚤어진 하루지는 일본인 불량배 친구들과 3인조로 여자를 폭행해 학교에서 퇴학당한다. 하루지의 일탈 배경에는 가정폭력이 있었다. 남수는 하루지의 모습에서 과거 자신이 아버지에게 느꼈던 감정을 떠올린다.

> 남수는 오히려 집에서의 아버지를 경멸하고 있었다. 그런 경멸심은 일본인에게 아버지가 느끼는 멸시와는 다른 조선인 자식이 자기 부모에게 느끼는 감정을 말할 수 있는 것이었다. 집안에서 아버지는 완전히 봉건 군주이고 폭군이었다. 큰소리를 지르고 닥치는 대로 화를 내고 손찌검을 하는 아버지는 남수에게 수치심을 불러 일으켰다. 그것은 조선인에 대한 수치심이자 아버지를 향한 경멸도 되었지만 또한 자신을 향한 모독으로 이어졌다. 왜냐하면 자신이 그 조선인이기 때문이다.[24]

24 李恢成(1969),「われら青春の途上にて」,『群像』1969.8, 講談社, p.91.

남수는 가정에서 멸시당하고 조선인이라는 사실에 수치심을 느낀다. 수치심은 정체성 혼란으로 이어져 결국 조선인 자체를 부정하는 결과로 이어진다. 이회성은 다양한 청년들의 모습을 구현함으로써 국적으로 인해 발생하는 차별과 가정폭력이라는 이중의 고통을 그려낸다.

작품 발표 이후 일본문학계는 작품에 구현된 사회차별에 주목했다. 〈아쿠타가와상〉 심사평 역시 이를 언급한다. 다음은 오오카 쇼헤이大岡昇平의 심사평 중 일부이다.

> 일상적인 생활의 사소한 사건이 인물이 조선국적을 가졌다는 사실에 의해 갑자기 긴장감을 갖게 만들어 놀라움을 금치 못했다. 이는 일본 사회가 가진 특수성을 통해 문학적 소재로서의 존재이유를 주장할 수 있을 것이다.[25]

오오카 쇼헤이는 일상적인 사건에 조선국적이 개입된 것만으로도 작품이 긴장감을 갖게되었다 말하며 재일코리안 문학의 효과를 언급한다. 동시대평 역시 비슷한 반응을 보였다. 사사키 기이치佐々木基一는 “일본인의 경우 그런 소재로 이렇게 써서 이정도의 신선한 리얼리티가 나올지 생각해보면 역시 이건 조선인이기 때문에 강한 리얼리티가 나왔다는 느낌이 든다”[26]고 말하며 재일코

25　大岡昇平(1970), 「芥川賞選評」, 『文藝春秋』 1970.03, 文藝春秋社, p.338.

26　佐々木基一(1969), 「創作合評 - 大岡昇平「ミンドロ島ふたたび」李恢成「われら青春の途上にて」井上靖「月の光」(座談会)」, 『群像』 1969.9, 講談社, p.331.

리안 작가의 특수성을 높이 평가한다. 즉, 재일코리안의 존재를 통해 문학적 일상성이 비일상성으로 전환되어 새로운 형태로 구현되는 것이다.

보다 주목할 부분은 작품 후반부의 인질극 장면이다. 이회성은 1968년 일본인들이 주목했던 사건을 구현한다.

4) 「우리 청춘의 길목에서」와 김희로 사건

『군조』 1969년 9월호 동시대 평론가 사사키 기이치는 「우리 청춘의 길목에서」에 대해 다음과 같이 발언한다.

> 이 하루지라는 인물은 고마쓰가와 사건의 이진우가 떠오른다. 이건 아마도 픽션으로 생각되지만 작자 역시 이진우를 염두하고 거기에서 힌트를 얻어 쓴 것이 아닌가.[27]

사사키는 작품 후반부의 인질극 장면이 이진우의 고마쓰가와 사건이 연상된다고 말한다. 히다카 쇼지日高昭二 역시 2014년 출간된 단행본 『우리 청춘의 길목에서 · 청구의 집われら青春の途上にて · 青丘の宿』에서 다음과 같이 말한다.

---

27 佐々木基一, 위의 글, p.332.

그와 함께 일하는 니코용의 군상 스케치도 그렇고 그곳에서의 디테일한 파악은 잊혀져 가는 전후 일본의 풍경을 입체화하는 긴장감으로 가득 차 있다. 하지만 동시에 그 시선은 때로는 6.25전쟁 후에 일어난 고마쓰가와 사건을 떠오르게 하는 에피소드와 화염병 투쟁의 여파까지 인식하면서 '집'을 나온 조선인 즉, '조국'을 떠나 사는 '재일'의 모습으로 반전한다.[28]

사사키 기이치와 히다카 쇼지는 「우리 청춘의 길목에서」를 읽고 공통적으로 고마쓰가와 사건을 연상한다. 고마쓰가와 사건이 해방 이후의 대표적인 재일코리안 인권운동임은 분명하지만, 「우리 청춘의 길목에서」는 고마쓰가와 사건이 보다는 김희로 사건을 모티프로 활용한 흔적을 확인할 수 있다.[29] 다음으로 작품 속 장면 일부이다.

> 하루지가 자신의 아버지를 찌르고 그 아름다운 여자의 방을 습격했다고 말했다. (중략) 공터는 벌써 완전무장을 한 경관들로 포위되고 사람들이 빙 둘러서 있었다. 몇 천 명, 몇 만 명의 일본인

---

28 日高昭二(2014), 「作家案内 - 李恢成」, 『われら青春の途上にて 青丘の宿』, 講談社, p.346.

29 실제로 초출인 『군조』 1969년 8월호, 1970년 발행된 단행본 『우리 청춘의 길목에서われら青春の途上にて』(講談社, 1970), 1972년 출간된 『현대의 문학 36現代の文学 36』, 1973년 동명의 단행본 『우리 청춘의 길목에서われら青春の途上にて』(講談社, 1973), 2014년 출간된 『우리 청춘의 길목에서 청구의 집われら青春の途上にて 青丘の宿』(講談社, 2014)에서 작품에 관한 이회성의 언급이나 후기는 없었다.

들의 시선이 그 아름다운 여인의 방으로 응축됐다. 그런데 바로 거기에 하루지가 있었다. (중략) 경찰관들이 언제라도 일제사격을 할 수 있도록 권총과 가스총을 준비하고 있었다. 스피커가 울렸다. "잡고 있는 인질을 바로 풀어주시오. 저항을 그만두고 바로 나오시오." 반복합니다. 쓸데없는 저항을 그만두고 바로 나오시오." (중략) 하루지는 스피커를 향해 울부짖었다. "나는 그것만이 자랑이었다. 자랑스러운 것이 없어졌다. 펜던트를 찾아 줘. 그렇지 않으면……." 남수는 눈앞에서 경찰들이 총을 쏠 태세를 하는 것을 보고 하루지를 향해 소리쳤다.[30]

위의 인용문은 남수의 꿈 중 일부이며 하루지가 아버지를 칼로 찌른 뒤, 여성을 인질로 경찰과 대치하고 있다. 언론은 현장을 생중계하고 있으며 경찰은 투항을 권하고 있다. 이와 같은 격렬한 대치 상황에 하루지는 언론과 경찰을 향해 소리친다. 실제로 이 장면은 김희로 사건의 장면과 유사하다.

1960년대 일본에서는 가정 내 텔레비전이 보급이 증가했으며 언론은 사건을 생중계 하며 일본시민들은 실시간으로 사건을 목격한다. 이런 상황에서 김희로는 생중계를 교묘하게 이용했다. 실제로 김희로 사건은「우리 청춘의 길목에서」속의 묘사처럼 경찰이 현장을 둘러싸고 언론을 통해 생중계되었고, 반면 고마쓰가와 사건의 경우 살해현장의 목격자는 없었으며, 사건 발생 사흘 후에야 사

---

30 李恢成(1969),「われら青春の途上にて」,『群像』1969.8, 講談社, p.93.

체가 발견된 인질극과는 무관한 사건이었다. 즉, 작품 속 묘사는 고마쓰가와 사건보다는 김희로 사건에서 유사점을 찾을 수 있다.

김희로 사건이 모티프인 근거는 작품 서사에서도 찾을 수 있다. 다음은 본적本籍으로 발생하는 취업차별에 관한 묘사이다.

> 형은 어처구니없다는 듯이 말했다. 남수는 형이 왜 화를 내는지 쉽게 이해되지 않았다. "본적을 그대로 쓰는 놈이 어디 있냐? 이대로라면 꼭 채용하지 말라고 너 스스로 부탁하고 있는 것 같잖아." (중략) 본적이 문제가 된다니 알 수가 없다. 그럼 문제는 바로 거기에 있던 것인가?[31]

남수는 아르바이트를 지원하지만 채용되지 않는다. 면접에서 호의적이었던 업주들도 남수의 이력서를 보면 태도가 바뀌며 채용을 거부한다. 이들은 본적이 때문임을 결코 언급하지 않으며 교묘히 다른 이유를 들며 채용을 거부한다. 형은 남수가 채용되지 않는 이유가 본적 때문이라 말하며, 이력서에 조선 본적을 기입하는 것은 자신을 채용하지 말라는 것과 다름없다고 훈계한다. 이처럼 이회성은 작품에서 국적으로 인해 발생하는 취업차별을 다룬다. 다음은 김희로 재판 당시 이회성이 증인으로 참석했을 때의 발언 중 일부이다.

---

31 李恢成, 위의 글, pp.53-54.

> 취직할 때 조선인이란 사실을 이력서에 썼을 때 우선 형에게 크게 혼났습니다. 너 조선인이라고 쓰면 취직시켜주지 말아주세요 하고 부탁하러 가는 거라고 혼난 적이 있는데, 실제로 참을 수 없이 곤란한 것은 본적이라는 항목입니다. 본적에 조선이라고 쓰면 나는 거의, 아니 전혀 성공하지 못했습니다.[32]

법정에서는 이회성에게 김희로 사건과 같은 재일코리안 인권차별 문제를 작품에서 추구하냐고 물었으며, 이외에도 질문에 위와 같이 답한다. 이회성은 취업활동 당시, 이력서 본적란에 조선으로 기입했을 때 취업이 되지 않았던 실제 경험을 증언하며 이력서의 본적란 자체가 인권차별이라 발언한다. 이러한 진술은 실제 작품에서 형이 남수에게 "본적을 그대로 쓰는 놈이 어디 있냐? 이대로라면 꼭 채용하지 말라고 너 스스로 부탁하고 있는 것 같잖아."[33]라고 말한 대목과 일치한다. 즉, 작품 속 본적에 부분은 자전적 경험의 반영으로 추론할 수 있다.

가출이라는 소재 역시 김희로 사건을 차용한 근거로 볼 수 있다. 이회성은 고등학생 시절 가정과 조선인에 대한 혐오가 커져 도쿄로 가출했던 청소년기의 경험을 말한다.[34] 폭력적인 아버지의 모습 역시 작품에 고스란히 반영되어있다. 이회성은 김희로가 생존을 위해

---

32 李恢成(1974),「抑圧される側の論理　金嬉老裁判証言」,『北であれ南であれわが祖国』, 河出書房新社, p.178.
33 李恢成(1969),「われら青春の途上にて」,『群像』1969.8, 講談社, p.53.
34 李恢成, 위의 글, p.173.

도쿄에 갔지만 재일코리안이란 이유로 받았던 차별과 무시가 살인이라는 극단적 형태로 나타날 수밖에 없었다고 말한다. 나아가 살인은 결코 용서받을 수 없는 행위지만 억압받는 사람의 입장에서 김희로를 봐달라고 호소했다. 이러한 발언에서 아버지의 폭력을 피해 도쿄로 가출했던 이회성의 자전적 경험이 남수를 통해 구현되었음을 알 수 있다. 즉, 이회성이 생각하는 김희로 사건의 근본원인을 작품의 서사구조에서 찾을 수 있는 것이다. 이 외에도 이회성이 〈김희로 공판대책위원회〉에 참여했던 사실, 작품 발표 시점인 1969년 8월이 김희로 사건 발생 1년 6개월 후라는 사실 역시 「우리 청춘의 길목에서」가 김희로 사건을 모티프로 했음을 추론할 수 있다.

그러나 해당 장면은 작품전체에 부정적 영향으로 작용한다. 다음은 62회 〈아쿠타가와상〉 심사평 중 일부이다.

> 이회성씨의 「우리 청춘의 길목에서」는 조선에서 처음 도쿄에 온 주인공 소년의 눈에 비친 아파트의 합숙생활, 조선인의 니코욘 일용노동자들의 생활은 젊은 필체로 훌륭했지만 후반에는 필체가 흐트러져 서툰 소설이 되어 아쉬웠다.[35]

다키이 고사쿠瀧井孝作는 작품 후반부에 갑작스러운 전개로 필체가 흐트러지며 서툰 소설이 되었다고 평가한다. 「창작합평」에서 야스오카 쇼타로, 우에다 미요지 역시 비슷한 반응을 보였다.

---

35 瀧井孝作(1970), 「芥川賞選評」, 『文藝春秋』 1970.03, 文藝春秋社, p.338.

야스오카 : 그건 그렇지만 그런 식으로 말한다면 애초에 꿈으로 묘사한 것은 매우 무리했지.

우 에 다 : 저도 그건 반대에요. (중략)

야스오카 : 소설 속에서 꿈같은 걸로 표현하는 건 매우 방법이니까 사실 아무리 힘들어도 꿈이 아닌 걸로 써야만 해요.[36]

야스오카와 우에다는 해당 장면이 꿈의 형태로 표현된 것이 소설의 완성도를 떨어뜨렸다고 지적하며, 해당 장면은 꿈이 아닌 방식으로 표현되었어야 한다고 말한다. 〈아쿠타가와상〉 심사평과 동시대평 모두 작품 전반부는 긍정적으로 평가했지만 후반부에 무리하게 삽입된 인질극 장면이 작품 전체에 부정적으로 작용했음을 알 수 있다.

그렇다면 이런 결점이 있음에도 불구하고 「우리 청춘의 길목에서」가 〈아쿠타가와상〉 최종심에 오른 이유는 무엇일까? 「우리 청춘의 길목에서」는 재일코리안이라는 요소를 통해 리얼리티와 특수성을 확보한다. 오오카 쇼헤이의 "일상적인 생활의 사소한 일에 인물이 재일코리안 국적을 가지고 있다는 사실로 갑자기 긴장감을 갖는다는 것에 경탄했다"[37]는 발언 역시 이를 뒷받침해준다. 마찬가지로

---

36 安岡章太郎・上田三四二(1969), 「創作合評 - 大岡昇平「ミンドロ島ふたたび」李恢成「われら青春の途上にて」井上靖「月の光」(座談会)」, 『群像』 1969.9, 講談社, p.332.

37 大岡昇平(1970), 「芥川賞選評」, 『文藝春秋』 1970.03, 文藝春秋社, p.338.

"통속적인 소설에 조선인 문제가 개입되며 통속적이지 않은 소설이 되었다"는 우에다 미요지의 평가,[38] "일본인이 썼다면 신선한 리얼리티가 나올지 의문이 생기지만 조선인이 썼기 때문에 강한 리얼리티가 나왔다"는 사사키 기이치[39]의 발언 역시 이를 뒷받침한다.

이와 같이 이회성은 「우리 청춘의 길목에서」를 통해 일본의 차별과 가정 폭력에 노출된 재일코리안 청년문제를 다룬다. 그 과정에서 김희로 사건을 모티프로 재일코리안의 인권, 차별, 정체성, 가정폭력 같은 재일코리안 문제를 전면화하여 〈아쿠타가와상〉 최종 후보라는 문학적 성취를 거둔다.

그러나 이러한 성취는 일본문단의 의도적 행보라는 관점에서의 접근이 필요하다. 일본에서는 김희로 사건을 비롯한 각종 인권운동 발생 이후, 마이너리티 대상의 정책이 시행된다. 문학계 역시 이에 조응하며 문학상을 활용한 마이너리티 문학 포섭을 시도한다. 이회성은 1971년 「다듬이질하는 여인」으로 외국인 작가 최초로 〈아쿠타가와상〉을 수상한다. 그렇다면 「다듬이질하는 여인」은 이회성의 동시대 작품들과 어떤 차이점을 보이고 있을까?

---

38 上田三四二, 앞의 글, p.330.

39 佐々木基一(1969), 「創作合評 - 大岡昇平「ミンドロ島ふたたび」李恢成「われら青春の途上にて」井上靖「月の光」(座談会)」, 『群像』 1969.9, 講談社, p.331.

2. 만들어진 조선朝鮮과 「다듬이질하는 여인砧をうつ女」

1) 「다듬이질하는 여인砧をうつ女」의 탄생과 전개

「다듬이질하는 여인」은 『계간 예술季刊藝術』 1971년 6월호에 수록됐으며 같은 해 9월, 제66회 〈아쿠타가와상〉을 수상한다. 이회성은 본상 수상전까지 62회(1969년) 「우리 청춘의 길목에서」, 63회(1970년) 「증인이 없는 광경」, 64회(1970년) 「가야코를 위하여」, 65회(1971년) 「청구의 집」으로 4회 연속 〈아쿠타가와상〉 후보에 오르지만 모두 최종심에서 탈락한다. 「다듬이질하는 여인」은 이회성의 다섯 번째 후보작이었으며, 4전 5기 끝내 〈아쿠타가와상〉을 수상한 작품이었다.

「다듬이질하는 여인」은 일제강점기 가라후토(현 사할린)에 거주하는 한 조선인 가정의 모습을 형상화한다. 작품은 현재(1970년대)를 사는 주인공 조조가 9살이었던 1944년을 회상하며 시작된다. 5형제 중 3남인 주인공은 어머니가 특히 아끼는 자녀였다. 야뇨증이 있던 주인공은 초등학생이 되어서도 이불에 오줌을 싸 어머니에게 혼나곤 했다. 어머니는 아들이 이불에 오줌을 싸면 모국의 관습에 따라 이웃집에 소금을 얻어오라고 시켰고, 주인공은 큰어머니에게 엉덩이를 맞고 울면서 돌아온다. 어머니는 그런 아들을 놀리면서도 따듯하게 안아준다. 그러던 어머니는 1944년, 여섯 째를 낳던 중 사망한다. 주인공은 어머니 사망 이후 근처에 사는 할아버지와 할머니 집에 찾아간다. 조조를 만난 할머니는 신세타령을 하고 그 순간 작품 배경이 어머니가 18살이었던 1929년으로 돌아간다.

어머니는 처녀시절 아름답고 당찬 여성으로 주변 남성들의 많은 구애를 받았다. 하지만 어머니는 돈을 벌기 위해 일본으로 떠나 현재 남편과 결혼하다. 십 년 후인 1939년, 어머니는 셋째 아들인 주인공과 함께 조선으로 돌아온다. 어머니는 자신이 일본으로 떠난 이유가 친어머니와 새어머니와의 갈등 때문이었다고 할아버지에게 밝힌다. 그 순간 주인공은 자신의 할머니가 친할머니가 아니란 사실을 알게 된다. 어머니는 할아버지와 할머니에게 조선을 떠나 자신이 사는 일본으로 가자고 권한다. 고민 끝에 할아버지, 할머니는 조선을 떠나 딸이 사는 가라후토로 향한다.

현재의 주인공은 어느새 돌아가신 어머니보다 나이가 많아지고 33살이라는 이른 나이에 돌아가신 어머니의 죽음을 안타까워한다. 이야기는 초등학교 2학년이었던 1943년으로 돌아간다. 주인공은 친구들과 함께 팥빵을 훔쳐 먹고 집에 돌아온다. 이 사실을 안 어머니는 아들을 크게 혼내고 마을사람이 보는 앞에서 팥빵장수에게 사과시킨다. 주인공은 이 장면을 통해 '내 아들'로 키우고 싶어 했던 어머니의 사랑을 회상한다.

작품 종반부에서는 어머니와 아버지의 갈등이 나타난다. 아버지는 아내가 부모보다 자신에게 헌신하길 바랐다. 어머니는 아버지가 민족을 탄압하는 협화회를 그만두길 바랐고 아버지는 누군가는 해야 할 일이기에 기회가 왔을 때 잡아야 한다고 주장했다. 전쟁에서 수세에 몰린 일본은 조선민족을 압박했다. 조선을 상징하는 흰 옷을 입던 할아버지, 할머니는 더 이상 흰 옷을 입지 못했고, 아버지와 어머니와의 갈등을 깊어진다. 갈등은 폭력으로 이어진다. 아버지는 어머니와 싸움 중 어머니의 입을 찢는다. 삶에 염증을 느낀 어머니는 집을 떠나기로 결심한다. 옷장에 보관된 일본 옷 모두를 찢고 벽장에서 빛바랜 조선 저고리, 치마를 꺼내 입고 집을 나선다. 하지만 자식들이 어머니를 잡고 애원하고 어머니는 떠나지 못한다. 그렇게 10개월을 더 살던 어머니는 아이를 낳던 중 사망한다. 어머니의 사망 이후 아버지는 어느 날 옷장을 열고 정돈된 가족들의 옷을 본다. 어머니는 죽음을 예감하며 죽기 전 가족들의 옷을 모두 정돈해 놓았다. 자신이 없어도 언제든 가족이 불편함 없이 지내도록 마지막까지 최선을 다한 것이었다. 아버지는 옷을 부여잡고 흐느낀다. 몇 년 후 아버지는 어머니의 불단 앞에서 혼잣말을 한다. 이야기는 다시 어머니가 죽기 직전의 장면으로 돌아간다. 어머니는 아버지의 손을 잡고 "흘러가지 말아요"라는 유언을 남기며 작품이 마무리된다.

이와 같이「다듬이질하는 여인」은 1940년대 일제강점기의 불행한 삶을 산 조선인 가족의 모습을 보여준다.

2) '어머니'와 조선

「다듬이질하는 여인」 서사의 중심에는 장술이가 있으며, 작품에서 어머니, 아내, 자식 세 축의 삶으로 구현된다. 이회성은 자신의 어머니를 형상화하며 일제강점기를 산 불우한 민족의 표상으로 구체화된다.

실제로 이회성의 어머니는 36살에 사망했으며 당시 이회성은 9살이었다. 또한 작품에서 어머니의 본명인 장술이를 그대로 사용한 점, 어린 시절 어머니가 사망한 설정, 다섯 형제 중 셋째인 주인공

등 다양한 설정에서 어머니를 모티프로 활용한 흔적을 확인할 수 있다.

아버지는 어머니와 대척점에 선 인물이다. 어머니는 아버지 때문에 삶에 염증을 느끼고 가정을 떠나기로 결심한다.

> 상처를 마스크로 숨긴 채 어머니는 묵묵히 짐을 챙겼다. 장롱을 열어 트렁크에 자기 짐을 챙기는 것이었다. 갑자기 어머니는 집어넣은 일본 옷을 꺼내 갈기갈기 찢어버리고 벽장의 고리짝에서 빛이 바랜 저고리, 치마를 꺼내 넣었다. (중략) 어머니는 우리들이 완전히 안중에 없는 것 같았다. 그때서야 겨우 우리들이 버려진다는 것을 느꼈다. 일제히 우리들은 비난과 애원이 섞인 날카로운 소리를 질렀다. 그 소리가 어머니에 귀에 들어박히자 힘없이 어머니는 그 자리에 쭈그려 앉아버리는 것이었다.[40]

어머니는 일본 옷을 모두 찢고 저고리, 치마를 입는다. 일본에서의 생활을 정리하고 조선으로 돌아가려는 것이다. 고단한 삶과 남편의 폭력은 일본에서의 삶을 포기하게 만들지만, 순간 귓가에 들려오는 것은 자식들의 비명소리였다. 자신을 향해 울며 달려오는 자식들을 보며 그녀는 삶을 이어가기로 결심한다. 이 대목에서 모성애를 가진 어머니로 형상화되는 것을 확인할 수 있다.

동시에 그녀는 남편을 염려하는 헌신적인 아내로 표상된다. 작

---

40 李恢成(1971), 「砧をうつ女」, 『季刊藝術』 18, 講談社, pp.227-228.

품에서는 개가 집 앞마당을 파면 집 주인이 죽는다는 모국의 미신 때문에 평소 아끼던 개에게 매질한다. 장술이는 항상 남편을 염려하며 죽기 직전까지 가족에 헌신한다.

> 아이들과 함께 남겨진 아버지는 어느 날 벽장을 열고 고리짝을 꺼내자, 갑자기 왁하고 울음을 터뜨린 일이 있었다. 아버지는 아이들의 속옷을 차례차례 꺼내, 고리짝을 닥치는 대로 비우고는 계집처럼 흐느꼈다. 어느 옷가지고 깨끗하게 기워져 있고, 어느 때고 입을 수 있게 되어 있었다.
>
> "그것은 자기가 죽을 줄 알고 있었어. 그래서 무리를 해서 이렇게……."[41]

죽음을 예상한 장술이는 죽기 직전까지 가족에게 최선을 다한다. 자식으로서는 부모님을 사할린까지 모시고 올 정도로 효심 깊은 모습을 보인다. 이처럼 이회성은 작품에서 장술이를 훌륭한 어머니, 아내, 효심 깊은 자식으로 묘사하며 조선의 여인상을 구현한다. 실제로 이회성은 자신의 어머니에 대해 다음과 같이 언급한다.

> 어머니를 어떻게 쓰면 좋았을까. 어찌되었든 간에 그녀는 식민지 시대의 불행한 풍경의 하나였다. 그 시대 조선의 여자들은 다듬이질 하듯 보상받을 수 없는 인생을 땀을 흘리며 일하다 죽어

---

41 李恢成, 위의 글, p.228.

> 갔다. 어머니를 쓸 때 나는 그 추억 때문에 붓이 자주 멈추곤 했다. 하지만 그 추억에 휩쓸리지 않고, 어머니의 생애를 남녀의 역학관계와 사회의 억압이라는 이중의 멍에 속에서 포착하려고 노력했다. 그렇게 하는 것만이 그녀의 짧은 인생의 무게에 어울리는 거리와 방법이었다고 지금도 생각하고 있다.[42]

이회성은 자신의 어머니를 불행한 식민지 시대를 힘겹게 살아간 조선 여성이자 풍경이라 말한다. 이 대목에서 어머니를 비롯한 일제강점기 조선여인들에 대한 이회성의 의식을 확인할 수 있다. 당시 조선여성들은 식민지의 일부였으며, 그들의 삶은 불행으로 귀결되었다. 이회성은 「다듬이질하는 여인」 창작 과정 중 일본군에 의해 엉망이 된 강을 건너는 조선인 부녀자들의 사진을 보았는데, 웃으며 강을 건너는 여인들을 보며 위안부가 떠올라 비참함을 느꼈다고 말했다.[43] 어머니를 비롯한 조선 여인들의 삶은 불행한 조선민족의 삶으로 귀결된다. 작가는 어머니의 죽기직전 장면으로 메시지를 전달한다.

작품 종반부의 어머니의 유언 "흘러가지 말아요流されないでー"는 작품의 궁극적인 주제이다. 어머니는 죽기 직전 아버지에게 흘러가지 말고 살라는 유언을 남긴다. 아버지는 협화회 임원으로 일제강

---

42 이회성(1991), 「著者から読者へ、どうかわか故郷を訪ねてほしい」, 『またふたたぶの道、砧をうつ女』, 講談社, p.274.

43 李恢成(1974), 「「砧をうつ女」のこと」, 『北であれ南であれわが祖国』, 河出書房新社, p.236.

점기에 순응하고 조선인을 핍박했다. 반면 어머니와 할아버지, 할머니는 일본의 최북단 가라후토에 살면서도 조선의 원형을 지키며 살아가는 인물이다. 아버지는 이들과 대립항에 위치하며 일본을 대변한다. 어머니는 그런 아버지에게 민족적 정체성을 갖고 민족 안에서 살아갈 것을 유언으로 남긴다. 민족의 편에서 시대에 저항하며 살아가기를 당부하는 것이다.

이처럼 이회성의 「다듬이질하는 여인」은 어머니와 아버지의 대비를 통해 민족성을 지키며 살아갈 것을 말하고 있으며, 어머니의 유언 "흘러가지 말아요"는 이를 함축한다고 볼 수 있다. 이러한 상황에서 이회성은 조선이라는 요소를 의도적으로 활용해 조선상朝鮮像, 서정성을 획득한다.

3) 구현되는 '조선상'

「다듬이질하는 여인」에서는 조선의 관습, 풍경 등 각종 조선상이 구체화된다. 이회성은 어머니와 함께 조선을 방문했을 다섯 살 당시 다듬이질 소리, 한복 입은 여성, 개울가에서 빨래하는 아녀자들의 모습을 목격한다. 이 광경은 이회성에게 조선을 대표하는 이미지로 강하게 각인되었고 「다듬이질하는 여인」의 창작배경이 되었음을 스스로 밝혔다.[44] 조선에서의 경험을 바탕으로 이회성은 작품

---

44 李恢成(1974), 「「砧をうつ女」のこと」, 『北であれ南であれわが祖国』, 河出書房新社, p.236.

에서 조선색色을 전면화한다. 특히 의도적으로 신세타령身上打鈴[45] 이라는 모국어 단어를 차용하고 후리가나振り仮名를 달아 작품에서 활용한다. 이밖에도 조선의 장례식 풍경, 관습, 미신, 다듬이질 등 조선적 요소로 서사를 전개하여 일본 독자들에게 이국적 감각을 보여준다.

> 자다가 오줌을 싸는 아이는 조선의 방식대로 소금을 얻으러 가도록 하는 것을 가르쳐주는 것이다.[46]

> 예를 들어 충치가 빠졌을 때 어머니는 나에게 이렇게 말했다. "지붕 위야, 그건" 윗니가 빠졌을 때였다. 아랫니라면 "마루 밑이야"하고 지휘했다. 물론 나는 충실하게 들은 대로 버리러 갔다. 잘못되면 덧니가 나기 때문이다.[47]

「다듬이질하는 여인」에서는 자다가 오줌을 싼 아이에게는 이웃집에 가서 소금을 얻어오도록 시키고, 이가 빠지면 지붕과 마루 밑에 묻는 조선의 관습이 소개된다. 또한 널뛰기 장면, 조선의 미신 등을 소개하고 메주, 김치 등 향토성 강한 요소를 차용한다.

---

45 그것이 속세에서 말하는, 신세타령(신세 이야기, 가락을 붙여 말한다)이라는 것은 나중에야 알았다.(李恢成(1971),「砧をうつ女」,『季刊藝術』18, 講談社, p.218)

46 李恢成, 위의 글, p.212.

47 李恢成, 위의 글, p.216.

> 할머니가 옆에 오면, 메주 냄새가 나서 나는 어떻게든 떨어지려고 한다.[48]

> 나무 문 앞에 서면, "열려라 참깨"라고 외치고 싶은 유혹에 빠진다. 나무문을 열면, 어둑어둑하고 크고 작은 항아리가 눈에 띈다. 그것은 김치를 담근 항아리로 강한 냄새를 풍기고 있다.[49]

인용문에서는 조선의 음식인 메주, 김치 등을 작품에 차용한 것을 확인할 수 있다. 동시에 메주 냄새, 김치 냄새 등을 묘사하며 후각적 요소와 다듬이질로 대표되는 시각적 요소를 함께 사용한다.

> 빨랫감에 둘러싸인 어머니는 손가락에 침을 발라 다리미의 온도를 확인했다. "비켜봐"라고 말하며 입에 물을 가득 머금고, 물을 방석 위의 옷에 뿜어내는 것이다. 다리미의 자루에 힘을 주어, 하나하나 주름을 펴 나가면서, 한숨을 푹 쉬고 기둥시계를 바라보곤 했다. 다리미질을 하지 않는 날은 포개둔 옷종류를 천을 덮어, 느긋하게 다듬이질을 하는 것이다. 매일처럼 보는 광경이었다. 싫증나도록 보았을텐데 어머니가 통통, 통통 치는 것을 보는 것은 즐거운 일이었다. 고향의 강주변에 본 흰 옷의 여성들을 어렴풋이 생각해내고, 멀리 끌려들어가는 기분이 되어갔다.[50]

48 李恢成, 위의 글, p.218.
49 李恢成, 위의 글, p.217.
50 李恢成, 위의 글, p.227.

「다듬이질하는 여인」에서는 어머니의 다듬이질 장면 묘사를 통해 조선의 여인상, 전통의 시각적, 청각적 요소를 복합적으로 구현한다. 어머니의 다듬이질은 조선의 여인과 풍경을 연쇄적으로 소환한다. 어머니 묘사가 시작으로 조선 풍경 전체로 확장되는 것이다. 이를 통해 일본 독자들은 향토적인 조선을 연상해 이국적 감각을 느끼고 조선의 서정성과 가족에 집중하게 된다.

이러한 현상은「다듬이질하는 여인」을 기존 이회성의 작품과 전혀 다른 성향의 작품으로 인식되는 계기가 된다. 작품 발표 이후 동시대평과 〈아쿠타가와상〉 심사평에서는 조선이라는 단어가 유독 많이 언급된다. 동시대평[51] 역시 작품 속 신세타령, 어머니의 인물상, 가부장적 가족 형태에 집중했다. 동시대평에서 사사키 기이치佐々木基一는 대담의 화두를 신세타령으로 던졌으며, 엔도 슈사쿠遠藤周作 역시 이를 언급한다. 엔도 슈사쿠는 가족의 형태를 함께 언급하며 작품 속 인물이 유형적이라 평가한다.[52] 이 외에도 가족의 일, 조선의 가족주의 등을 말하며 거듭 '조선' 관련 내용을 언급한다. 동시대평 외에도「다듬이질하는 여인」연구 상당수가 조선의 전형성에 집중해 어머니를 조선의 여인으로 분석하는 흐름 역시 같은 맥락에서 해석 가능하다.[53] 이에 대해 이회성은 "나는 그녀가 일본에 건너온 이유를 일부러 정치적 관계로 환원하는 것을 피하려고

---

51 遠藤周作(1971),「創作合評 - 庄野潤三「宝石のひと粒」,李恢成「砧をうつ女」, 山本孝夫「アテンション」, 藤枝静男「怠惰な男」」,『群像』26, 講談社, pp.279-283.

52 遠藤周作, 위의 글, p.280.

53 일본에서 미즈타니 아키오, 야마사키 마사즈미는 조선의 여인, 어머니상에 초점을 맞추며 '조선'과 '여인'에 집중하는 양상을 보였다.

했다"[54]고 말하며「다듬이질하는 여인」의 정치적 독해를 우려했다. 하지만 조선인 장술이가 기모노着物를 입고 고향을 방문할 수밖에 없는 상황과 어머니를 보고 한탄하는 할머니의 모습은 궁극적으로 일제강점기의 조선인이라는 정치성으로 귀결된다.[55]

이처럼 이회성은「다듬이질하는 여인」에서 조선적 요소와 오감을 활용해 독자들이 서정성과 목가적 느낌을 받도록 만들었다. 나아가 어머니로 조선인 여인상을 확립해 일본인 독자들에게 이국적 느낌을 주어 동시대 작품들과 차별화를 이루었다. 동시에 작품에서는 조부모, 아버지, 나의 시선을 다층적으로 구성해 재일코리안 2세대 작가의 특수성을 구현한다.

4) 재일코리안을 통해 새롭게 구축된 조선

이회성은「다듬이질하는 여인」에서 장술이를 전형적 형태의 조선 여인으로 구현했다. 동시에 다른 등장인물을 활용하여 다양한 형태로 표상화한다. 장술이는 할머니에게는 자식으로, 아버지에게는 아내, 나와 형제에게는 부모를 상이하게 표상된다. 즉, 작품에

---

54 李恢成(1974),「「砧をうつ女」のこと」,『北であれ南であれわが祖国』, 河出書房新社, p.237.

55 단카短歌, 센류川柳, 하이쿠俳句 등의 사례에서도 "조선성, 조선적인 것, 조선인상" 등 조선적 이미지 형성에 식민지기 "조선색" 담론의 기여 사례를 확인할 수 있다. 구체적 사례로『조선센류朝鮮川柳』(1922),『조선하이쿠일만집朝鮮俳句一萬集』(1926),『조선고유색사전朝鮮固有色辭典』(1933),『조선풍토가집朝鮮風土歌集』(1935),『조선풍토하이시선朝鮮風土俳詩選』(1941) 등의 자료에서 확인할 수 있다.

서 장술이는 자식 / 아내 / 부모의 역할로 표상되는 것이다. 이회성은 이를 활용해 과거와 현재를 자유롭게 넘나든다.

할머니는 과거 회상을 통해 젊은 시절 장술이의 모습을 보여준다.

> 조숙한 애였어. 봄이 되면, 꽃잎으로 살그머니 손톱을 물들이기도 하고, 내게 머리를 땋게 하고 댕기의 길이가 어쩌니 저쩌니…… 그건 홀딱 반할 살결이었어 (중략) 동네 총각이 가만히 있을 리가 있나. 이 놈도 저 놈도…… 아이고 총각들이 들일이 손에 안 잡힐 지경이었어. 논두렁길에서 마주치는 날이면 모두 쭈뼛거리며 아무 말도 못 했지. 황소를 멈추고, 멍청하게 바라보며, 나중에는 한숨뿐이었어. 멀리 서울에서도 양반이 그 애를 달라고 왔었지. 첩으로 삼겠다고 말이야.[56]

처녀시절 장술이는 꽃잎으로 손톱을 물들이고, 길을 걷던사람들이 멈추고 돌아 볼 정도로 아름다운 소녀였다. 하지만 일본에서 사망해서 할머니에게 한恨의 정서로 남는다. 즉, 할머니에게 장술이는 아름다운 소녀이자 자식이며, 한의 정서로 표상된다.

아버지에게 장술이는 부인이자 대립적 관계로 표상된다. 아버지는 협화회 임원이었으며 조선인에게 해를 가하는 인물이다. 즉, 일제 치하에서 민족적 정체성을 잃고 시대에 순응하며 살아가는

---

56 李恢成(1971), 「砧をうつ女」, 『季刊藝術』 18, 講談社, p.219.

조선인의 표상이다. 아버지가 흘러가는 대로 살아가는 인물이라면, 어머니는 시대에 저항하는 인물로 위치한다. 어머니는 일본 땅에 살더라도 동굴이라 불리는 공간에서 흰 옷을 입고, 김치와 메주를 담그며 민족의 원형을 유지하며 살아간다. 즉, 장술이와 아버지는 한 공간 속에서 대치되는 삶을 살아가는 인물로 표상되는 것이다.

아버지는 자신보다 부모를 신경쓰는 아내를 비난한다. 아버지는 협화회 간부라는 이유로 같은 민족에게 비난 받는다. 가정에서만큼은 장술이에게 위안받고 싶은 남편이다. 하지만 아내 역시 남편을 비난한다. 둘의 갈등은 가정폭력으로 구현된다. 남편은 부인에게 "사내를 망치는 여우같은 여자"라 비난하며 폭력을 가한다. 이 장면은 "남녀의 역학관계와 사회의 억압"[57]이며 궁극적으로 제국일본과 식민지의 관계로 환원된다.

나와 형제들에게 장술이는 부모로 표상된다. 그 전까지 장술이는 자식이자 부인이었지만, 자식들이 태어나면서 헌신하는 어머니로 변모한다. 하지만 폭력 앞에서 어머니는 동정의 대상이자 약자로 전락한다. 어머니는 아버지에게 폭행을 당해 입이 찢어진다. 마스크로 얼굴을 가린 어머니는 장롱을 열고 일본 옷을 모두 찢고 가정을 떠나기로 결심한다.

---

57 李恢成(1991), 「著者から読者へ - とうかわが故郷を訪ねてほしい」, 『またふたたびの道・砧をうつ女』, 講談社文芸文庫, p.275.

> 어머니는 우리들이 완전히 안중에 없는 것 같았다. 그제서야 우리들은 겨우 자기들이 버려진다는 것을 느꼈다. 일제히 우리들은 비난과 애원이 섞인 날카로운 소리를 질렀다. 그 소리가 어머니에 귀에 들어박히자 힘없이 어머니는 그 자리에 쭈그리고 앉아버리는 것이었다.[58]

어머니는 떠날 결심을 했지만 자신을 향해 달려오는 자식들을 보며 떠나지 못한다. 이 장면을 통해 장술이는 모성애를 가진 어머니로 형상화되는 동시에 자식에게 위안 받는 인물로 위치한다. 어머니로서의 장술이는 엄하지만 다정하며, 자식들로 인해 마음의 위안을 얻는다. 이 대목에서 장술이와 자식들의 상호관계가 성립된다. 이와 같이 「다듬이질하는 여인」에서 장술이는 할머니, 아버지, 나의 관점에 따라 제각기 다른 표상으로 구현된다.

이회성은 1911년부터 1944년까지 일제강점기를 살아가는 가족을 통해 시대상을 그려낸다. 「다듬이질하는 여인」은 조선표상을 전면화하지만, 여기서 그려진 조선은 일본인들이 알고 있는 전형적 형태로 구현된다. 실제로, 이회성은 의도적으로 작품의 소재로 조선을 활용했지만, 정작 일본에서 태어난 이회성은 조선경험이 없다. 따라서 작품 속 조선의 정서는 당사자가 아닌 일본인 독자들에게 익숙한 전형적 형태의 조선으로 구체화되는 것이다. 즉, 작품 속에서 전면화 된 조선은 일본인 독자들이 전형적으로 인식하고

---

58 李恢成(1971), 「砧をうつ女」, 『季刊藝術』 18, 講談社, pp.227-228.

있는 이미지로 구현되었기 때문에 일본인 독자들이 강한 조선색을 느끼게 되는 것이다.

이와 같이 「다듬이질하는 여인」은 어머니를 축으로 할머니를 통해 한의 정서를, 아버지를 통해 제국과 식민지의 대립을, 나를 통해 동심 속 어머니의 모습을 총체적으로 구현하고 있다. 이를 통해 할머니, 아버지, 나로 이어지는 3세대의 감각을 모두 구현하며 전 세대를 아우르는 문학적 특성을 발현한다. 즉, 「다듬이질하는 여인」을 통해 재일코리안 2세대 작가의 복합적 층위가 구현되는 것이다.

이처럼 「다듬이질하는 여인」은 재일코리안 2세대 작가의 시선으로 제국과 식민지, 조선의 한을 총체적으로 다루었다. 그렇다면 이회성은 어째서 1970년대에, 1940년대 조선표상을 활용했을까? 이는 당시 일본사회의 마이너리티 문제를 재일코리안 문학과 연결함으로써 확인할 수 있다.

3. 〈아쿠타가와상芥川賞〉과 이회성李恢成

1) 〈아쿠타가와상〉의 '정치성'과 오키나와沖縄 문학

1960년대 중반 일본에서는 각종 인권운동이 발생하며 마이너리티 문제가 사회적 화두가 된다. 문학계 역시 마이너리티 문학 대상의 행보가 나타난다. 1960년대 일본문학계는 나쓰메 소세키夏目漱石의 「마음こころ」으로 대표되는 메이지明治 백 년을 일본의 근대적

주체성으로 규정하며 국민문학을 설정한다. 이런 분위기에서 "오에 겐자부로大江健三郎를 제외한 작가 대부분이 보수 권력 측에서 발언하며 문학계의 보수화 경향이 나타난다."[59] 한편, 일본 사회에서는 일본의 아시아 침략 규탄, 가해 책임 논쟁이 발생한다. 동시에 단일민족론을 비판하는 목소리가 커지며 마이너리티에 대한 관심이 나타난다. 이러한 당시 현상에 대해 다카하시 도시오高橋敏夫는 "일본은 단일민족"이라는 무지와 오인을 훨씬 뛰어넘는 제국주의적인 방만함이 두드러지는 말이 더 이상 통용되지 않는 문화 환경이 일본에 조성되었다[60]고 평가한다.

이러한 상황에서 일본문단은 재일코리안, 오키나와 문학을 일본문학의 한 장르로 '포섭'하려는 움직임을 보였으며, 이는 문학상 수여의 방식으로 구체화된다. 1967년, 오시로 다쓰히로大城立裕는 「칵테일파티カクテル・パーティー」로 오키나와 출신 작가 최초로 제57회 〈아쿠타가와상〉을 수상한다. 1969년에는 대만계 작가 진순신陳舜臣[61]이 『청옥사자향로青玉獅子香爐』로 제60회 〈나오키상直木賞〉[62]을, 1971년에는 이회성이 재일코리안 작가 최초로 〈아쿠타가

---

59 박유하(2003), 「〈재일문학〉의 장소와 교포 작가의 〈조선〉표상」, 『일본학』 22, 동국대학교 일본학연구소, p.188.

60 다카하시 토시오(저), 곽형덕(역)(2014), 『아무도 들려주지 않았던 일본현대문학』, 글누림, p.376.

61 진순신(1924-2015)은 대만계 소설가로 대만과 일본국적을 가지고 있다. 1961년 장편소설 「마른 풀 뿌리枯草の根」로 〈에도가와 란포상江戸川乱歩賞を受賞〉을 수상하며 작가생활을 시작했으며, 1968년 하반기 『청옥사자향로青玉獅子香炉』로 제60회 〈나오키상直木賞〉을 수상한 이후 나오키상 심사위원으로 활동했다.

62 1935년 문예춘추文藝春秋에서 기쿠치 간菊池寛의 발의로 제정된 상으로, 소설가 나오키 산주고直木三十五의 대중문학 업적을 기리기 위해 제정되었다. 상・하반

와상〉을 수상하며 재일코리안, 오키나와인, 대만계 작가가 일본의 저명한 문학상을 받는다.

오시로 다쓰히로의 「칵테일파티」는 1967년 『신오키나와문학新沖縄文学』[63] 4호에 수록된 작품으로 오키나와 출신 주인공, 일본 본토 출신 신문기자 오가와小川, 중국인 변호사 손孫, 미군사관 미스터 밀러를 중심으로 전개되는 소설이다. 오시로는 작품 속 인물들의 구도를 통해 미국, 중국, 일본, 오키나와가 얽힌 상황을 보여준다.

주인공의 딸은 오키나와에 주둔 중인 미군 병사 로버트 할리스에게 성폭행을 당하던 중, 그를 절벽으로 밀어 체포된다. 이후 딸은 피해자에서 가해자로 입장이 뒤바뀐다. 작품에서는 미군과 소송을 하더라도 류큐琉球법정에 세울 수 없는 사실과 영어로 재판이 진행되는 부조리한 상황을 언급한다. 오시로는 「칵테일파티」에서 일본과 미국의 대립구도를 통해 오키나와인의 정체성을 말한다. 이를 통해 '점령/피점령', '지배/피지배'와 같은 이항대립에 기반한 미국과 오키나와 간의 불합리한 권력구조를 적나라하게 드러낸다.[64] 실제로 오시로는 미군이 오키나와에 주둔 중인 상황에서 미군기지와

기로 나누어 1월과 7월, 두 차례 시상하는데, 신진작가 중 우수한 소설·희곡 작품을 발표한 자를 선정해 수상한다. 〈아쿠타가와상〉이 순문학상, 〈나오키상〉은 대중문학상이라는 인식이 있었으나, 점점 경계가 약화되며 최근에는 순문학, 대중문학의 구분 없이 수여하는 경향을 보이고 있다.

63 『신오키나와문학』은 「오키나와 문학은 불모지인가」라는 자극적이며 도발적인 제목을 내걸고 1966년 창간되었다.(다카하시 토시오(저), 곽형덕(역)(2014), 『아무도 들려주지 않았던 일본현대문학』, 글누림, p.375)

64 손지연(2011), 「류큐·오키나와(인)의 아이덴티티 형성사 - 문학 텍스트를 중심으로」, 『일본학연구』 33, 단국대학교 일본연구소, p.223.

오키나와 문제를 전면화한다. 수상 이후 오시로는 오키나와 문학의 상징적 인물이 되는데, 그 배경에는 오키나와 출신 최초의 〈아쿠나가와상〉 수상자라는 타이틀과 밀접한 관련이 있다.

1967년은 오키나와가 일본 반환 5년 전으로 베트남 전쟁(1960-1975)의 병참기지였던 시기였다. 1945년 8월 15일, 일본이 포츠담선언을 수락하고 일본이 샌프란시스코 강화조약에 조인하며 오키나와 제도는 미군정하에 놓인다. 류큐처분 이후 일본과 중국 사이에서 정체성 혼란을 겪던 오키나와인들은 패전 이후, 미국과 일본 사이에서 유사한 경험을 한다. 1945년 제2차 세계대전 패전 이후부터 1972년 시정권 반환에 이르기까지 오키나와의 여론은 크게 일본에서의 '독립'을 지지하는 오키나와 독립론과 일본으로의 '복귀'를 희망하는 일본 복귀론으로 양분된다.[65] 이런 상황에서 일본문단은 오시로 다쓰히로에게 1967년 〈아쿠타가와상〉을 수여한다. 다음은 「칵테일파티」의 심사평[66] 중 일부이다.

> 곤란한 오키나와의 상황에서 이 정도의 작품이 나온 것은 경하할 일이다. 내지에는 없는 심각한 상황이 취급되어 있고 절박한

---

65 당시 일본은 한국전쟁을 계기로 경제적 호황을 누리고 있었고, 오키나와 현지에서는 미국의 무차별적인 기지건설로 폐해가 끊이지 않았으며 이로 인해 일본 복귀론이 부상하였다.(손지연, 위의 글, p.220)

66 〈아쿠타가와상〉은 본심에서 각 작품에 ○에는 1점, △에는 0.5점, ×에는 0점을 부여하며, 심사위원들의 점수표를 합산하여 결과를 산출한다. 본 글에서는 심사평에 대한 평가에 대해 임의로 ○를 찬성, △를 중립, ×를 반대라는 표현으로 서술하였다.

소설적 흥미를 불러일으키고 있다. 이 작품의 기저에는 표면에 드러나지 않은 많은 것들이 있다는 느낌이다. 그것을 어떤 식으로 쓸 것인지에 작자 장래의 문제가 걸려있다 생각한다.[67]

오오카 쇼헤이는 「칵테일파티」를 '내지'에서 알 수 없는 상황이 잘 드러난 작품으로 평가한다. 즉, 미국과 일본 사이에 있는 오키나와 문학의 특수성을 평가한 것이다. 주목할 점은 '내지'라는 표현을 사용한 부분인데, 이 대목에서 오키나와를 '외지'로 분류해 일본문학 / 오키나와 문학을 이분법적으로 사고한 것을 알 수 있다. 다음은 가와바타 야스나리川端康成의 심사평이다.

나는 고민할 것도 없이 오시로 다쓰히로의 「칵테일파티」를 추천했다. 이 작품이 다수결로 수상될 것으로 예상해 선고회에 출석했지만 그대로 되었다. 비교적 간단명료한 결정이었다. 이것은 '오키나와 문제'를 다루고 있지만 나는 그 제재를 위해 추천한 것은 아니다. 오키나와에 동정해 선택한 것도 아니다. 오히려 나는 문제소설이라는 점에서 문제의 도식에 편승한 점에서 처음부터 다소 의문을 가질 정도였다. (중략) 「칵테일파티」라는 제목부터 우의적인 것처럼 중국어로 이야기하며 일본인, 미국인, 중국인이 교우라는 설정 역시 현재 오키나와의 상황을 두고 '국제친선'이라는 비극을 쓰기에 적절했다. 그리고 단순히 오키나와의 문제에 그치지

---

67 大岡昇平(1967), 「芥川賞選評」, 『文藝春秋』 1967.09, 文藝春秋社, p.319.

않고 넓혀간 점을 이 작품에서 느낄 수 있어 성공적이다.[68]

가와바타 야스나리는 오키나와 문제를 직접 언급한다. 특히 '오키나와 문제를 동정해 선택한 것이 아니다'라는 부가서술에서 오시로의 선정을 정치적 문제와 분리하려는 태도를 취했다. 후나바시 세이이치舟橋聖一 역시 유사한 입장을 취했다.

> 「칵테일파티」는 가드를 세우고 쓰면 얼마든지 센세이셔널해질 수 있는 제재를 잘 억제해 정성들여 쓰고 있다. 오키나와 점령하의 고통은 우리들이 이십 년 전 경험했던 상황과 비슷해서 아무리 외쳐도 어쩔 수 없는 중압 속의 도민생활을 용기내어 작품화한 점에 호의를 느낀다. 다만 나가이 씨 발언이 있었기 때문에 이 작품의 정치적 입지 조건에서 오는 기대 때문에 선발된 것이 아닌 어디까지나 작품 본위로 선정된 것을 나 역시 증명하고 싶다.[69]

후나바시 세이이치는 오키나와 점령의 고통스러운 상황이 잘 표현되었다고 긍정적으로 평가한다. 후나바시 역시 오시로 다쓰히로의 선정이 '작품의 정치적 입지 조건에서 오는 기대 때문에 선발'된 것이 아닌 '작품 본위'에서 선정되었다는 부연설명을 한다. 이밖에도 나가이 다쓰오永井龍男와 니와 후미오丹羽文雄가 작품에 호평하며 찬성표를 던졌다.[70] 반면 심사평 대부분에서 정치와 무관한

---

68 川端康成, 앞의 글, p.322.
69 舟橋聖一, 앞의 글, p.321.

선발이었다고 부연설명을 먼저 하고 있다는 점에서 오히려 정치 문제와 연결되었다는 의심이 든다.

찬성한 다섯 명의 심사위원 외에도 판단 보류 혹은 반대표를 던진 심사위원의 역시 상당했다. 다음은 미시마 유키오三島由紀夫와 이시카와 준石川淳의 심사평이다.

> 다른 심사위원은 칭찬할 테니 나는「칵테일파티」의 결점을 확실히 말하겠다. 극적으로 잘 짜인 소설이지만「광장의 고독」이래 상투적이고 주인공이 양심적이며 반성적이며 양심적이며 성실하고 피해자인…… 이러한 성격묘사가 마음에 들지 않는다. 나는 이러한 점이 작품의 설득력을 떨어트린다고 생각한다. 주인공의 사교능력 결여가 사건을 복잡하게 만드는 요인 중 하나지만 작가는 그것을 모두 커다란 정치적 퍼즐 속에 녹여버린다. 물론 나는 안티고네의 비극을 안티고네의 융통성 없는 성격 때문이라 비난하지는 않는다. 왜냐하면 안티고네는 융통성의 결여 그 자체에 위대한 무언가를 숨기고 있기 때문이다. 그것과 비교하는 것은 조금 불쌍하지만 이 주인공에게서는 어떤 스테레오 타입의 빈약한 양심이 느껴질 뿐이다.[71]

---

70 작품에 담은 기백의 힘으로, 오키나와의 현재라던가 정치적 문제를 다룬 소재에서 직접 오는 것은 아니다.(永井龍男, 앞의 글, p.319)
가장 읽는 맛이 있었다. 마지막이 가장 인상적이었다. 승산이 없는 고소를 할 수밖에 없는 주인공의 마음이 가슴을 울린다. 그리고 이 기분이 오키나와 사람들을 시작으로 우리들의 가슴 속을 통한다.(丹羽文雄, 앞의 글, p.317)

71 三島由紀夫, 앞의 글, p.322.

「칵테일파티」는 쓰는 선에서 일단 쓰고 있지만 아무 것도 쓰려고 하지 않는 부분에서 나는 마음에 들지 않는 곳이 있었다. 여러 가지 것들을 생각하는 작중 주인공의 사고 공백이라고 할까, 태만이라고 할까, 어째서 이걸 깊게 생각하지 않고 그대로 써버렸을까 생각한 부분도 있다. 그것에 관해서는 선고 자리에서 사견을 적었다. 지금 그것을 상세하게 쓸 지면이 없다. 또한 이미 상은 정해진 이후이기 때문에 이제와 쓸 필요도 없다.[72]

미시마 유키오는 작품의 결점을 확실히 논하겠다고 운을 떼며 작품 속 주인공을 소포클레스Sophocles의 「안티고네Antigone」와 비교한다. 나아가「칵테일 파티」를 "안티고네와 비교하는 것은 미안한 일"이라며 혹평했다. 이시카와 준 역시 작가가 쓸 수 있는 만큼은 썼으나 정작 중요한 부분은 아무것도 쓰려하지 않은 부분이 마음에 들지 않는다며 혹평한다. 나카무라 미쓰오中村光夫는 표면적으로 중립이었지만정작 심사평에서는 "의식 있는 시작은 인정하더라도 한 작품으로의 가치를 부여하는 것은 주저한다"[73]고 말하며 부정적

72 石川淳, 앞의 글, p.320.

73 「칵테일파티」는 우리들의 관심을 끌 수밖에 없는 소재를, 단순히 있는 그대로의 사실이 아닌 주인공의 의식문제로 전개하고 있다는 점에서 확실히 새로움이 있습니다. 하지만 본래부터 무척 어려운 수법이기 때문인지 주인공의 의식과 현실 사이의 드라마가 작품의 중심이어야 하는데, 아주 불충분해 보이고 주인공의 반성과 성찰이 여러 독자가 순순히 공감하기 힘든 경박함이 느껴집니다. 즉, 어쩐지 뒷맛이 좋지 않아 의식있는 시작임을 인정해도 하나의 작품으로 가치를 부여하는 것은 주저합니다.(中村光夫(1967), 「芥川賞選評」, 『文藝春秋』 1967.09, 文藝春秋社, p.318)

으로 평가했다. 이 외에도 다키이 고사쿠瀧井孝作[74]와 이시카와 다쓰조石川達三 역시 중립적 태도를 보였다. 여기서 주목할 점은 이시카와 다쓰조의 발언이다. 이시카와 다쓰조는 오키나와 '지역'을 언급하며 일본문학의 범위에 대해 언급한다.

> 칵테일파티는 (나)로 시작하는 도중부터 (너)라는 제2인칭으로 바뀐다. 하지만 이 (너)는 전반의 (나) 이다. 이러한 필연성이 어떻게 해도 납득이 되지 않았다. 나는 나에게 너라고 불러야만 할 이유는 없다 생각한다. 그 때문에 작품이 쓰기 어려워진 것은 아닐까. (중략) 단지 오키나와다운 생활사정의 불합리함이 일상적인 것도 잘 알았다고 생각한다. 상이 멀리 오키나와까지 날아간 것은 재미있다. 문학이 도쿄문단 중심이랄 것은 없다.[75]

이시카와 다쓰조는 작품 속 시점(인칭)이 일관되지 않은 점에 아쉬움을 표한다.[76] 가장 흥미로운 부분은 "상이 멀리 오키나와까지 날아간 것은 재미있다. 문학은 도쿄문단 중심이랄 것은 없다"는 대목이다. 위 대목을 통해 일본문학의 영역을 오키나와까지 확대하려는 시도를 짐작할 수 있다.

---

74 묘사에 군더더기가 없고 간결하게 잘 그려져 있다. 다 읽고 난 다음 구성도 좋았다. 눈앞의 미국점령치하에서 제압된 비애를 잘 알았다. 하지만 이 소설은 중국인 손 변호사 등을 등장시켜 여러 가지 일들이 오버랩 되어 줄거리 진행이 지나치게 훌륭하고 능숙해 가짜같다는 불안감도 들었다.(瀧井孝作, 앞의 글, p.320)

75 石川達三, 앞의 글, p.317.

76 심사평은 부정적이었지만, 중립표를 던졌다.

또 하나 주목할 점은 찬반 여부와 관계없이 심사평 대부분에서 '오키나와'와 '정치'에 대한 발언이 상당하다는 점이다. 오오카 쇼헤이[77]는 '내지'와 '외지'를 구분했기에 후나바시 세이이치는 '작품 본위', '정치적'이란 표현을 언급했다. 나가이 다쓰오는 '오키나와의 현재'와 '정치적 문제'를, 미시마 유키오는 '작가가 거대한 정치적 퍼즐 속으로 끌고 들어가고 있다'고 서술했다.[78] 다른 심사위원 역시 일본과 오키나와를 구분하는 양상을 보였다. 니와 후미오[79]의 심사평 중 "오키나와 사람들을 시작으로 우리들의 가슴 속을 통한다"는 대목에서는 일본인과 '외지-오키나와인'을 무의식적으로 분리하려는 태도가 엿보이며, 이시카와 다쓰조는 도쿄와 오키나와 문단을 구분하고 있다.[80] 일반적으로 일본 내 작품을 지칭할 경우 지역명을 언급하지 않는 것이 일반적이지만「칵테일파티」의 심사평에서는 오키나와와 일본을 의식적으로 분리하고 있는 것을 확인할 수 있다.

실제로 오시로 다쓰히로의 〈아쿠타가와상〉 수상 이전에 오키나와 문학은 일본문학의 범주만 안에는 없다. 1968년에 발간된『신

77 곤란한 오키나와의 상황에서 이 정도의 작품이 나왔다는 것은 경하해야 할 일이다. 내지에는 없는 심각한 상황이 취급되어 있다.(大岡昇平(1967),「芥川賞選評」,『文藝春秋』1967.09, 文藝春秋社, p.319)

78 오키나와의 현재라던가 정치적 문제를 다룬 소재에서 직접 오는 것은 아니다.(永井龍男, 위와 같음) 주인공의 사교능력 결여가 사건을 복잡하게 만드는 요인 중 하나지만 작가는 그것을 모두 커다란 정치적 퍼즐 속에 녹여버린다.(三島由紀夫, 앞의 글, p.322)

79 주인공의 기분이 가슴을 친다. 그리고 이 기분이 오키나와 사람들을 시작으로 우리들의 가슴 속에 통한다.(丹羽文雄, 앞의 글, p.317)

80 상이 멀리 오키나와까지 날아간 것은 재미있다. 문학이 도쿄문단 중심이라는 것은 없다.(石川達三(1967),「芥川賞選評」,『文藝春秋』1967.09, 文藝春秋社, p.317)

초일본문학소사전新潮日本文学小辞書』에 오키나와 문학 항목이 없었던 사실에서도 1960년대까지 오키나와 문학을 일본문학의 영역으로 취급하지 않았던 태도를 확인할 수 있다. 그러나 1967년 오시로 다쓰히로에게 〈아쿠타가와상〉을 수여함으로써 1960년대 이후 일본문학에 오키나와 문학을 편입시키려는 일본문단의 정치적 의도를 파악할 수 있다.

오키나와에서 1950년대부터 시작된 일본 복귀론은 1960년대에도 계속되고 있었다. 이런 상황에서 「칵테일파티」는 일본의 입맛에 맞는 서사를 구현한다. 오시로는 미군에 의한 오키나와 소녀의 성폭행 사건의 구현을 통해 '점령/피점령', '지배/피지배'에 기반한 미국과 오키나와 간의 불합리한 권력구조를 적나라하게 드러낸다.[81] 미군이 오키나와를 점령하고 있는 1967년 일본의 현실에서 「칵테일파티」는 일본문단의 요구에 부응하는 작품 경향을 보인다. 즉, 일본문단이 오시로 다쓰히로에게 〈아쿠타가와상〉을 수여한 것은 일본과 미국 사이에 놓인 오키나와가 일본의 영토임을 공공연하게 만드는 행보로 해석할 수 있다는 것이다.

1988년 일본에서는 『증보개정신초일본문학소사전増補改訂新潮日本文学小辞書』가 출간된다. 증보판에서는 '오키나와 문학' 항목이 '아이누 문학'과 함께 새롭게 추가된다. 1968년에 발간된 『신초일본문학소사전』에는 없었던 오키나와 문학이 추가된 것이다. 과거 일본문학의 영역이 아니었던 오키나와 문학은 이십 년 후, 일본문학

81 石川達三, 앞의 글, p.223.

에 편입된다.

1967년 오시로 다쓰히로의 〈아쿠타가와상〉 수상은 일본문단의 정치성을 보여주는 구체적 사례라 할 수 있다. 이와 같은 움직임은 재일코리안 문학에도 비슷하게 적용된다.

2) 일본문단의 요구와 「다듬이질하는 여인」

이회성의 〈아쿠타가와상〉 수상 이후 일본에는 '재일코리안 문학'이라는 용어가 알려지기 시작한다. 실제로 재일코리안 문학이 장르 형태로 일본문단에 처음 알려진 것은 1960년대 중반부터였으며,[82] 이에 대해 김석범은 1976년 재일코리안 문학이 "하나의 사회적 성격을 부여받게 되었다"[83]고 말하며 장르로서 재일코리안 문학의 성립을 말한다. 1980년대에는 일본문학전집과 일본문학사에 재일코리안 작가의 작품이 수록되며 정석으로 일본문학의 한 장르로 재일코리안 문학이 자리 잡는다. 재일코리안 문학이 일본문학의 한 장르로 성립될 수 있던 결정적 사건은 이회성의 〈아쿠타가와상〉 수상이었다.

이회성은 일본문단 등장 이후 활발한 작품 활동을 전개한다. 본상 수상전까지 4회 연속으로 〈아쿠타가와상〉 후보에 올랐단 사실만으로도 이회성의 문학적 순도를 짐작할 수 있다. 이회성의 초기

---

82 磯貝治良(1996), 「在日朝鮮人文学 - 50年の変遷」, 『越境する視線』, せらび書房, p.59.

83 金石範(1981), 「在日朝鮮人文学」, 『「在日」の思想』, 筑摩書房, p.118.

작 대부분은 전부 일본의 사회문제와 재일코리안의 현실을 주로 다루었다. 반면「다듬이질하는 여인」에서는 1940년대 조선을 다루며 기존 작품들과 전혀 다른 양상을 보인다. 〈아쿠타가와상〉 심사평 역시 변화에 대해 언급한다. 다음은 심사평의 일부이다.

> 「다듬이질하는 여인」을 추천한다
>
> 이회성씨는 몇 번이고 〈아쿠타가와상〉의 후보가 되어 재일조선인 문제를 다루는 독특한 에너지를 느끼게 하는 작품을 몇 편인가 읽었는데 나는 이번에 다소 지금까지와 다른 자질을 느끼게 하는 작품이 가장 좋았다고 생각한다.[84]

이노우에 야스시井上靖는「다듬이질하는 여인」을 '지금까지와는 다른 자질'로 평가한다. 또한 이회성씨는 "몇 번이고 〈아쿠타가와상〉의 후보가 되어 재일코리안 문제를 다루는 독특한 에너지를 느끼게 하는 작품을 몇 편인가 읽었는데"라는 대목에서 재일코리안 문제를 전면화했던 이회성의 기존작들을 읽었던 것을 유추할 수 있다. 오오카 쇼헤이 역시 유사한 반응을 보였다.

> 나는 이회성씨의 작품이 후보에 처음 올랐을 때부터 지지했다. 거기에는 재일조선인이 본 재일조선인의 생활이 그려져 있다. 이것은 지금까지 일본문단에는 없던 것이었다. 재일조선인이 포

84 井上靖(1972),「芥川賞選評」,『文藝春秋』1972.03, 文藝春秋社, p.313.

착한 일본의 현실은 우리가 알아차리지 못하는 것이 있어 감복했다. 「다듬이질하는 여인」과 같이 정감 있는 것이 아닌 작품을 기대해왔다. 하지만 이걸 추천하는 위원이 있다면 강하게 반대할 이유는 없었다.[85]

평가의 호불호 여부를 떠나 두 심사위원은 공통적으로 「다듬이질하는 여인」이 기존 이회성의 작품들과 다르다고 언급하고 있다. 과거 후보작들을 보면 62회 후보작 「우리 청춘의 길목에서」는 김희로 사건이 연상되는 소재로 일본의 사회차별을 다루었다. 63회 후보작 「증인이 없는 광경」에서는 일제강점기 일본인이었던 조선인 김문호金文浩와 일본인 야다 오사무矢田修의 전후 정체성 변화를 그려냈다. 64회 후보작 「가야코를 위하여伽倻子のために」는 일본인 부모에게 버림받고 재일코리안 가정에서 자란 가야코와 재일코리안 임상준이 국적 때문에 이별하는 내용을 통해 재일코리안과 일본인을 대비시켰다. 65회 후보작 「청구의 집青丘の宿」에서는 재일코리안 자녀의 교육문제를 통해 조선과 일본을 대비시켰다. 즉, 기존 후보작들이 조선과 일본의 대립구도였던 사실을 확인할 수 있다.

반면 「다듬이질하는 여인」에서는 조선과 일본의 대립구조가 드러나지 않는다. 실제로 일본에 대한 부정적 기술은 '도둑놈의 나라'[86] 정도에 불과하며 이마저도 근본원인이 조선의 망국에 있다고

---

85 大岡昇平, 앞의 글, p.315.

86 李恢成(1971), 「砧をうつ女」, 『季刊芸術』 18, 講談社, p.219. 이밖에도 본문에서 盗っ人 옆에 후리가나로 トドンノム적은 대목에서 조선어로 도둑놈의 나라라고

말하여 일본도 부정적으로 그리지 않았다. 일반적으로 재일코리안 문학은 국가 이데올로기와 식민과 피식민, 지배와 피지배, 중심과 주변이라는 이분법적 개념을 부각시키며 인간의 내면 성찰과 보편적 가치에 대한 탐색이 상대적으로 약하다는 평가를 받았다.[87] 이회성의 기존 〈아쿠타가와상〉 후보작들은 이러한 특성이 드러났지만 「다듬이질하는 여인」은 이분법적 구도에서 벗어난 것을 확인할 수 있다. 이러한 구성은 일본인 독자에게 '충격'을 주지 않고 안심하며 접할 수 있는 텍스트로 인식되도록 만들었고,[88] 독자와 심사위원들은 작품 속 조선에 집중하게 된다. 그러한 구성을 이회성의 '전략'이라는 관점에서 볼 필요가 있으며 이를 입증하기 위해 작품의 배경인 1940년대에 주목할 필요가 있다.

「다듬이질하는 여인」은 1944년 11월 겨울이 배경이다. 조선인에게 1944년은 중요한 시기였다. 일제는 1938년 4월 1일 국가총동원법国家総動員法을 발효하고, 1939년 6월에 중앙공화회中央共和会를 설립한다. 7월 8일 국민징용령国民徵用令을 발효 이후에는 상당수 조선인이 내지로 이주한다. 조선인 이주의 급격한 증가에 따라 정치적으로는 언어, 풍속, 습관이, 문화적으로는 이그조티시즘exoticism[89]

부르려 했던 시도를 확인할 수 있다.

87 김환기(2011), 「전후 재일 코리언 문학의 변용과 특징」, 『일본학보』 86, 한국일본학회, p.168.

88 朴裕河(2003), 「1960年代における文学の再編 -「国民文学」と「在日文学」の誕生」, 『思想』 955, 岩波書店, p.115.

89 이국정서, 이국취미, 이국풍을 의미하며 이국에 대한 동경을 갖게 하고 때로는 예술적 효과를 주는 것을 의미한다.

이 확산된다. 실제로 당시 일본 매체 상당수는 특집이나 특집에 준하는 기획을 구상하며 조선에 대한 관심을 구체화했다.[90] 즉, 해당 시기는 독자에게 특정한 이미지를 새겨 넣기 유효한 시기였으며,[91] 일본인들 사이에서 '조선적'이라는 개념이 생겨나기 시작한 시기였다. 이런 상황에서 이회성은 일본인들에게 가장 전형적인 이미지를 가지고 있는 1940년대 조선을 배경으로 설정함으로써 효과를 극대화한다.

일례로 1973년 출간된 조 쇼키치의『나의 조선어 소사선 - 서울 유학기』에서는 한국과 서울 사진이 수록된다.[92] 본문에서는 한국을

---

90 『모던일본モダン日本』은 1939년 11월호와 다음 해 8월호에 한 권을 통째로「조선판」으로 구성하였다.『테아트로テアトロ』에서는「춘향전비판좌담회春香伝批判座談会」(1938년 12월)를『문학계文学界』에서도 좌담회「조선문화의 장래朝鮮文化の将来」(1939년 1월)과「조선 · 만주를 둘러싸고朝鮮 · 満州を巡りて」(1939년 9월)가 있었고, 시마키 겐사쿠島木健作는「조선의 농촌朝鮮の農村」(1939년 1,2,3,5)를 게재했다. 그리고『문예文藝』지상에서는「조선문학특집朝鮮文学特集」(1940년 7월)과「조선문학의 장래朝鮮文学の将来」(1942년 2월)이라는 대담을 구성했고「신조新潮」(1940년 2월)에서는「애송조선시편愛誦朝鮮詩篇」과 다음 달 3월호에는「속애송조선시편続愛誦朝鮮詩篇」이 게재되었다. 게다가, 1940년 3월호에는『조선문학선집朝鮮文学選集』(장혁주 편, 赤塚書房, 전 3권)과『조선고전이야기朝鮮古典物語』(1941년 2월 · 赤塚書房)가 출판되었고, 김사량의「빛 속으로光の中へ」가 1940년도 상반기 〈아쿠타가와상〉 후보작으로 선정되었다.(林相珉「仕方なくやる」生-李恢成「砧をうつ女」,『比較社会文化研究』19, 九州大学大学院比較社会文化学府, 2006, p.146)

91 林相珉, 위와 같음.

92 첨부된 사진은 총 11장이었으며 제목은 〈서울 여자 상업중고등학교의 무용축제에서ソウル女子商業高等学校の舞踊祭にて〉, 〈서울 연세대학교 문학부의 입구에서 본 구내ソウル延世大学文学部の入口から見た構内〉, 〈서울 장충단 공원의 나무 밑에 모여 있는 쉬는 노파들ソウル奬忠壇公園の木陰に憩う老婆たち〉, 〈시장 중앙에서 돈을 내고 있는 것이 하숙의 이순희 아주머니市場中央でお金を払っているのが下宿の李筍熙アジュモニ〉, 〈대구 달성 공원을 산책하는 노인들大邱の達成公園を散策する老人たち〉,

대표하는 상징으로 김치, 다듬이질, 한복을 소개했으며, 사진 속 인물들은 모두 한복을 입고 있었다. 일본인이 1973년에 출간한 조선 관련서에「다듬이질하는 여인」과 유사한 이미지가 수록된 점은 흥미로운 대목이다. 해당 사실에서 1970년대 일본인들이 인식하고 있는 전형적 조선 이미지가 일제강점기 조선인 상像이라는 사실을 유추할 수 있다.

'다듬이砧'라는 소재 역시 다각적으로 해석이 가능하다. 작품에서 다듬이는 조선을 상징하는 도구이다. 하지만 다듬이는 일본인에게도 익숙한 소재이다. 일본의 고전 장르 노能에서는 멀리 떠난 남편이나 연인의 귀환을 애타게 기다리는 여인들이 등장한다. 그 중 무로마치室町시대의 제아미世阿弥의 작품으로 추정되는「기누타砧」에서는 여인의 한을 승화하고 슬픔을 이겨내는 소재로 다듬이질을 활용한다.[93] 즉, 다듬이는 조선의 상징물인 동시에 일본 여인의 한을 상징하는 소재인 것이다.

「다듬이질하는 여인」의 동시대평에서 평론가들은 신세타령과 가족의 형태에 집중한다. 사사키 기이치佐々木基一는 대담의 화두[94]

〈경상북도 안동군, 이조의 대학자 이퇴계의 도산서원 앞에서 흐르는 강慶尙北道安東郡、李朝の大儒李退溪の陶山書院まえを流れる川〉, 〈대구 시내의 민가. 보이지 않는 방위를 달성공원내에서 바라봄大邱市内の民家。ひらけていない方角を達成公園内から望む〉, 〈3·1운동 기념일, 서울 시청앞 광장을 배경으로 저자3·1運動記念日、ソウル市庁まえ広場を背景に著者〉, 〈김치를 담구다キムチをつける〉, 〈다듬이질을 하다キヌタを打つ〉, 〈수동 미싱으로 수선手回しミシンで繕う〉이었다.

93 김충영(2016),「노能에 그려진「기다리는 여인들」의 恨」,『일본학보』106, 한국일본학회, p.213.

94 佐々木基一(1971),「創作合評 - 庄野潤三「宝石のひと粒」、李恢成「砧をうつ女」、山本孝夫「アテンション」、藤枝静男「怠惰な男」」,『群像』26, 講談社, p.280.

를 신세타령으로 던졌으며 엔도 슈사쿠遠藤周作 역시 신세타령을 언급한다.[95] 엔도 슈사쿠는 다음과 같이 말한다.

> 역시 이 아버지를 보면 우리가 생각하고 있는 조선의 아버지란 이렇구나 하는 아버지군요.[96]

엔도는 작품 속 아버지가 일본인들이 생각한 조선인의 모습으로 구현되었다고 평가한다. 이밖에도 작품 속 인물이 유형적이라는 평가[97]에서도 당시 일본인들이 생각하는 조선인들의 전형적 모습이 구현된 것을 확인할 수 있다. 이밖에도 가족의 일,[98] 조선의 가족주의[99] 등을 언급하며 조선적 요소에 집중한다. 이러한 현상에 대해 임상민은 "원화(오리지날)로서의 '조선적인 것'이 이미 존재하고「다듬이질하는 여인」은 '우리들이 생각하고 있는 조선'을 그대로 복제해 재현했다"고 설명했다.[100]

이와 같이 이회성은 일본인들이 정형화 된 이미지로 인식한 1940년대 조선을「다듬이질하는 여인」의 배경으로 설정하여 달리 일본인들이 작품을 거부감 없이 수용하게 만들었다. 때문에 작품이

---

95 遠藤周作, 위와 같음.
96 遠藤周作, 앞의 글, p.281.
97 遠藤周作, 앞의 글, p.280.
98 遠藤周作, 앞의 글, p.281.
99 遠藤周作, 앞의 글, p.281.
100 林相珉(2006),「仕方なくやる」生ー李恢成「砧をうつ女」,『比較社会文化研究』19, 九州大学大学院比較社会文化学府, p.145.

일제강점기 속 조선인이란 정치적 요소를 내포하고 있음에도 불구하고 기존 작품과 다른 평가를 받을 수 있었다. 이처럼 「다듬이질하는 여인」은 조선을 전략적으로 활용한 작품으로 볼 수 있는데, 그렇다면 어째서 이회성은 이런 전략을 구사했을까?

1935년 제정된 〈아쿠타가와상〉은 이회성 이전에 한 번도 외국인은 상을 받지 못했다.[101] 〈아쿠타가와상〉 수상 이후 이회성은 한일 양국에서 주목하는 작가가 되었다. 일례로 조총련 탈퇴 이후 조총련의 위협[102]을 받던 이회성에게 한 지인이 "잘됐어. 이걸로 자네는 살해당하지 않겠어"[103]라고 말했던 대목에서 높아진 이회성의 입지를 가늠할 수 있다.

이회성은 1972년 6월, 『다듬이질하는 여인』 번역본 출간을 위해 한국일보사 초청으로 한국에 입국한다. 당시 상황에 이회성의 방한은 굉장히 이례적인 사건이었다. 1972년 당시 남북관계는 경색되어 있었으며, 재일코리안 문학자 상당수는 조선 국적이었기에 한국 입국이 불가능했다. 이들이 한국에 입국할 수 있는 유일한 방법은 영주권 신청뿐이었다.[104] 실제로 이회성 스스로 자신이 〈아쿠타가와상〉

---

101 1939년, 김사량이 〈아쿠타가와상〉 후보에 오른 적은 있지만 본상 수상에는 실패했다.

102 이회성이 조총련을 탈퇴한 이후, 일본문단에서 활동하는 것에 대해 조총련은 조국에 대한 이적행위라 말하며 위협을 가했다.

103 李恢成(2002), 「芥川賞の頃」, 『可能性としての「在日」』, 講談社文芸文庫, p.183.

104 이회성은 『북이든 남이든 내 조국北であれ南であれわが祖国』에서 나는 '조선'국적을 유지한 채 한국에 가게 되었다. 이것은 특수한 경우다. 보통 '조선'국적의 외국인 등록증을 가지고 있는 작가 한국 땅을 밟는 것은 불가능하다. '한국'국적과 영주권 신청자에 한해 그것이 가능하며, 일반적으로 국적의 선택이 입국허가를 받는 것을 의미하기 때문이라고 밝혔다.

을 수상했기 때문에 한국에 입국할 수 있었다 말하며, 〈아쿠타가와상〉이 문학자로서의 자유로운 길을 열어주었다고 회상했다.[105]

1960년대 일본 사회에서는 거듭된 인권운동이 거듭 발생하며 마이너리티에 대한 사회적 관심이 높아진 시기였다. 문예춘추사는 1971년 제66회 〈아쿠타가와상〉 수상자로 이회성과 히가시 미네오 東峰夫를 공동 선정한다. 당시 상황에서 수상자가 재일코리안과 오키나와인이라는 점은 굉장히 시사적이다. 이러한 특성을 반영하듯 심사평에서는 두 작품의 문체가 언급된다.

> 이회성씨의 일본어는 미숙하고 불안정한 느낌이 신선했지만 이 「다듬이질하는 여인」은 좋은 의미로 거만한 느낌이었다.[106]

다키이 고사쿠는 외국인이 구사하는 일본어를 긍정적으로 평가한다. 니와 후미오 역시 유사한 평가를 한다.

> 오랜만에 신선한 감동을 받았다. 오키나와 일상어를 대담하게 구사해 색다른 느낌을 받았지만 신선하다고 형용하는 것은 어폐가 있을지도 모른다.[107]

---

105 李恢成(2002), 「芥川賞の頃」, 『可能性としての「在日」』, 講談社文芸文庫, p.182.
106 瀧井孝作(1972), 「選考経過, 選評」, 『文藝春秋』 1972.3, 文藝春秋社, p.316.
107 丹羽文雄, 위와 같음.

두 심사위원 모두 작품에서 문체를 언급하며 조선인과 오키나와인이 구사하는 일본어만의 특색을 평한다. 그러나 심사평 전반적으로는 두 작품 모두 부정적 평가가 많았다. 아홉 명의 심사위원 중 이회성에게 찬성표를 던진 위원은 이노우에 야스시, 야스오카 쇼타로安岡章太郎, 다키이 고사쿠 세 명에 불과했고 반대도 세 표[108]가 있었다. 다음은 니와 후미오와 요시유키 준노스케吉行淳之介의 평이다.

> 작품으로 조금 더 정리를 원했다. 욕심을 말하자면 예를 들어 「가야코를 위해서」, 「청구의 집」, 「우리 청춘의 길목에서」와 같은 작품으로 수상하기를 바랐다. 그 점이 아쉬웠다.[109]

> 또 한 명의 당선자 이회성씨의 수상에 나는 반대이지만 나쁜 작품이라고 말하는 것은 아니다. 실제로 상업잡지에서 통용되고 있다. 하지만 새로운 문학을 담당해야 할 사람이 이런 경향의 작품으로 수상하는 것은 곤란하다고 생각했기 때문이다.[110]

니와 후미오는 작품의 수상자체를 반대하지는 않지만 「다듬이질하는 여인」이 기존 작품들에 비해 부족하다고 평가한다. 요시유

---

108 나카무라 미쓰오中村光夫, 요시유키 준노스케, 오오카 쇼헤이는 반대표를 던졌으며, 나가이 다쓰오, 니와 후미오, 후나바시 세이이치는 중립 입장을 취했다.

109 丹羽文雄(1972), 「選考経過,選評」, 『文藝春秋』 1972.3, 文藝春秋社, p.317.

110 吉行淳之介, 앞의 글, p.313.

키는 이회성의 수상을 반대했으며, 오오카 쇼헤이는 다른 위원이 이 작품을 추천한다면 특별히 반대하지 않겠다[111]는 중립적 논조로 평했지만 실제로는 반대표를 던졌다. 히가시 미네오의 경우도 크게 다르지 않았다. 히가시 미네오의 수상에 찬성하는 표는 2표[112]에 불과했으며 반대는 찬성보다 많은 4표였다.

「다듬이질하는 여인」의 동시대평 역시 비슷한 양상을 보였다. 다음은 『군조』 1971년 9월호 수록된 엔도 슈사쿠의 평이다.

> 나는 이것 외에는 읽지 않았지만 조금 더 깊이가 있는 소설다운 소설, 즉 보통 소설다운 소설이라고 하면 어머니의 삶은 점도 쓰거나 이것저것 합니다. 쓰지 않은 상태로도 완성된 느낌을 주지만 깊이 있는 다른 소설도 있습니까?[113]

엔도 슈사쿠는 이회성에게 깊이 있는 다른 소설이 있기는 한거냐며 혹평한다. 히가시 미네오에 대한 평가 역시 비슷했다. 『문화평론文化評論』 1972년 6월호에서 조 스스무城侑는 작품에서의 방언이 읽기 힘들었다고 말하며 혹평했다.[114] 이들 사례에서 확인할 수 있는

---

111 大岡昇平(1972), 「選考経過選評」, 『文藝春秋』 50, 文藝春秋社, p.315.

112 니와 후미오와 요시유키 준노스케는 찬성표를 던졌으나, 나카무라 미츠오, 오오카 쇼헤이, 후나하시 세이치舟橋 聖一는 반대표를 던졌다. 그 외의 심사위원은 중도이었다.

113 佐々木 基一・遠藤 周作・上田 三四二(1971), 「創作合評 - 庄野潤三「宝石のひと粒」、李恢成「砧をうつ女」、山本孝夫「アテンション」、藤枝静男「怠惰な男」」, 『群像』 1971.9, 講談社, p.281.

114 저는 오키나와 방언이 마지막까지 읽기 힘들었던 것이 솔직한 기분이에요. 그게

것처럼 이회성과 히가시 미네오 모두 〈아쿠타가와상〉 심사평과 동시대평에서는 부정적 평가가 우세했다.

일반적으로 〈아쿠타가와상〉은 후보작이 경우 수상자를 선정하지 않는다. 직전 회차인 65회에서도 수준 미달을 이유로 수상자를 선정하지 않았다. 63회의 경우 수상자 후루야마 고마오古山高麗雄의 경우 11명의 심사위원 중 7명이 찬성했으며, 반대표는 한 표도 없었다. 공동수상자 요시다 도모코吉田知子의 경우에도 11명 중 5명의 심사위원이 찬성했다.[115] 마찬가지로 64회 수상자 후루이 요시키치古井由吉는 열한 명의 심사위원 중 9명이 찬성했으며 한 표의 반대도 없었다. 이와 같은 사례를 보았을 때 이회성과 히가시 미네오 모두 찬성보다 반대가 많았으며, 히가시 미네오에 비해 상대적으로 평가가 좋았던 이회성의 단독수상이 아니란 점은 의문이 남는다. 심사평을 보면 기존 수상자들에 비해 평가가 좋지 않은 두 작품의 선정이 과연 작품의 완성도로 선정된 것인지 생각해 볼 여지가 있다.

67회의 경우도 마찬가지이다. 67회는 미야하라 아키오宮原昭夫

걸려 작품 속 들어갈 수 없었던 적이 있었어요. 단지 일전에 오키나와에서 느낀 건데 일본의 고어가 오키나와에는 많이 남아있더라고요. 본토에서는 이미 고어가 된 죽은 단어가 이 작품에 종종 얼굴을 드러내는 것이 재미있다고 느꼈지만 작품평가에 들어갈 수 없었다는 점에서 이건 작자의 책임만이 아닐지도 모르지만…(桜井幹善・中野健二・城侑(1972),「李恢成「砧をうつ女」・東峰夫「オキナワの少年」」,『文化評論』1972.6, 新日本出版社, p.163)

115 요시다 도모코의 경우 찬성 다섯 표, 중립 세 표, 반대가 네 표였다. 후루야마 코마오에 비해 평가가 부정적이었지만, 이회성의 경우처럼 반대가 찬성보다 많지는 않았다.

와 하타야마 히로시畑山博의 공동수상이었지만 의문스러운 측면이 있다. 미야하라 아키오의 경우 9명의 심사위원 중 7명이 찬성하고 한 표의 반대도 없었다. 반면 하타야마 히로시는 찬성이 3표에 불과했고 반대 역시 3표였다. 미야하라 아키오의 우세가 명확함에도 불구하고 결과는 미야하라 아키오와 하타야마 히로시의 공동수상이었다. 이런 상황에서 하타야마 히로시의 수상작 「언젠가 기적을 울려いつか汽笛を鳴らして」가 재일코리안 문제를 다루고 있다는 점은 수상작 선정에 사회적 관심이 반영된 것은 아닌지 의심이 든다. 이밖에도 1976년 발표된 74회 수상자가 부락민 문제를 다룬 나카가미 겐지의 「곶岬」이라는 점도 비슷한 해석이 가능하다. 이러한 일련의 상황을 종합해 보았을 때 〈아쿠타가와상〉 선정에 정치성 개입을 의심할 수 있으며, 이회성과 히가시 미네오 모두 마이너리티 작가라는 사실 역시 뒷받침해준다.

1970-80년대 〈아쿠타가와상〉 심사위원이었던 요시유키 준노스케, 카이코우 다케시開高健, 미우라 테쓰오三浦哲郎, 미나카미 쓰토무水上勉, 다쿠보 히데오田久保英夫, 후루이 요시키치는 1982년 특별 좌담회[116]를 가진다. 대담에서 이들은 〈아쿠타가와상〉은 한 사람을 넘어 가족전체의 운명을 좌우할 수 있는 힘이 있기 때문에 수상자 선정에 심사숙고가 필요하다고 말하며 〈아쿠타가와상〉의 영향력에 대해 언급한다. 해당 발언에서 〈아쿠타가와상〉 수상 이후의 영향을 인지한 상태에서 이회성과 오시로 다쓰히로를 선정한 것을

116 吉行淳之介 他(1982), 「芥川賞委員はこう考える」, 『文學界』 41, 文藝春秋.

예상할 수 있다.

〈아쿠타가와상〉은 1940년대에도 유사한 정치적 행보를 보였다. 1941년부터 1945년까지 〈아쿠타가와상〉최종 후보에는 경성, 상하이 등 외지가 그려진 작품 상당수가 올랐다. 1941년 13회 〈아쿠타가와상〉 수상작 다다 유케이多田裕計의 「장강 델타長江デルタ」는 이회성, 오시로 다쓰히로의 경우와 유사한 양상이 나타난다. 「장강 델타」는 당시 심사위원 중 요코미쓰 리이치横光利一, 구메 마사오久米正雄, 가와바타 야스나리 세 명만이 찬성했고 사토 하루오佐藤春夫, 우노 코지宇野浩二, 무로 사이세이室生犀星는 중립을, 고지마 마사지로小島政二郎, 기쿠치 간은 반대의사를 보였다. 심사평만을 본다면 아이노다 도시유키相野田敏之의 「메아리山彦」가 호평이었음에도 불구하고 수상의 영예는 다다 유케이에게 돌아갔다. 이에 대해 홍선영은 "「장강 델타」가 '현지문학'임을 천명하고 '동양주의'라는 시국에 부합하는 담론을 채택하해 '수상'이라는 비평적 기준을 통과할 전략적 선택을 취했다"고 평가했다.[117] 이러한 '중앙'문단의 움직임은 1930-40년대의 소위 '외지'문학이 '화려했던' 시기에 〈아쿠타가와상〉으로 대표되는 문학상이 '외지문학의 융성'에 기여하는 동시에 외지를 포섭하려는 움직임으로 볼 수 있다.[118] 해당 사례에서도〈아쿠타가와상〉의 정치성을 확인할 수 있다.

---

117 홍선영(2014), 「1940년대 아쿠타가와 문학상 수상작과 도쿄문단 - 외지문학의 중앙문단 진출과 "문화역류"의 의미」, 『일본연구』 22, 고려대학교 글로벌일본연구원, p.478.

118 홍선영, 위의 글, p.475.

다음 인용문에서는 1960년대 이후 일본문단이 문학상을 정치적으로 이용했던 행보를 직접적으로 확인할 수 있다. 1968년 나오키상을 수상했던 진순신陳舜臣은 당시 상황을 다음과 같이 회상했다.

> 중국인과 조선인을 '회유'하는 것은 이제 그만두라는 호소였다. 이회성과 진순신 같이 제대로 일본어도 쓰지 못하는 인간에게 〈아쿠타가와상〉과 나오키상을 주는 것은 회유책이지만 이제는 그럴 필요가 없다는 주장이 담겨 있었다.[119]

인용문은 당시 나오키상 심사위원이었던 진순신의 집에 온 익명의 편지이다. 편지에서는 당시 마이너리티 작가들의 문학상 수상을 언급하며, 문학계의 행보를 '회유책'으로 표현한다. 나아가 이회성, 진순신의 실명을 직접 거론하며 이들의 수상을 일본문학계의 회유책으로 규정했다. 이 대목에서 마이너리티 포섭을 위해 문학상을 활용한 일본문단의 움직임을 부정적으로 평가했던 사회 분위기를 추론할 수 있다.

문학상은 작품의 정통성을 인정하는 핵심적인 제도로 〈아쿠타가와상〉은 제정 이후 시대상황에 따라 '외지', '오키나와', '재일코리안'에게 상을 수여해 제도권에 포섭하려는 행보를 보였다. 일제강점기에 '내지'와 '외지'를 구분했던 시선은 해방 이후 '오키나와', '재일코리안'으로 이동했으며, 결과적으로 이들 문학을 일본문학에

119 陳舜臣(1991), 「怪文書」, 『走れ蝸牛』, 二玄社, p.250.

포섭된다. 즉, 〈아쿠타가와상〉은 정치적 포섭을 통해 일본문학의 외연 확장에 기여했다. 이에 대한 근거는 일본문학사를 통해 확인할 수 있다. 1980년대 출간된 일본문학사에는 재일코리안 문학과 오키나와 문학 항목이 정식으로 등장한다.[120] 문학상 수상 이후 재일코리안 문학, 오키나와 문학이 일본문학 내에 편입된 것이다.

이와 같이 이회성의 〈아쿠타가와상〉 수상은 1960년대 일본 내 마이너리티 문제의 억제책이자 포섭책으로 해석할 수 있다. 반면 이회성은 이를 오히려 이용한 것으로도 해석할 수 있다.

3) 새롭게 해석되는 「다듬이질하는 여인」

〈아쿠타가와상〉 수상 이후 이회성은 수상소감에서 김사량을 언급한다.

> 예전에 문학자들이 모인 어느 자리에서 나는 전쟁 전 김사량을 언급하며 그가 〈아쿠타가와상〉을 받지 못한 것은 매우 유감스러운 일이라고 논한 적이 있다. 긴 세월이 지나 뜻밖에 이 상을 내가 수상하게 되었지만 뭔가 김사량 대신 받은 것 같은 기분이 든다.[121]

---

120 1988년 출판된 『증보개정신조일본문학소사전』에는 '오키나와 문학'이라는 항목이, '아이누 문학'과 한 쌍을 이루는 형태로 새롭게 추가되었다.(다카하시 토시오(저), 곽형덕(역)(2014), 『아무도 들려주지 않았던 일본현대문학』, 글누림, p.376)

121 李恢成(1972), 「受賞のことば」, 『文藝春秋』 50, 文藝春秋社, p.319.

이회성은 본인의 〈아쿠타가와상〉 수상을 '김사량 대신 받은 것 같은 기분'이라 발언한다. 실제로 이회성은 『문예文藝』 1970년 10월호에 「김사량의 빛金史良の光」이라는 기사로 김사량과 시대상황을 언급한다. 김사량이 활동했던 1939년은 일본이 태평양전쟁에 돌입해 문학이 탄압 받던 시대로 '이러한 시대의 주박이 김사량에게 닥치지 않았을 리가 없다'[122]고 말한다. 즉, 자유로운 문학 활동이 불가능했던 전 시기 김사량의 상황을 설명한다. 다음 인용문에서도 유사한 태도를 확인할 수 있다.

> 이 두 작품을 읽으며 비교한 나는 시대가 김사량의 편이 되지 않았다는 느낌을 강하게 받았다. 만일 군국주의 시대가 아니었으면 문학 작품의 순도만으로 김사량은 선정 결과를 기다려도 좋았을 것이다.[123]

이회성은 1939년에 김사량이 〈아쿠타가와상〉을 받지 못한 이유가 문학적 순도 때문이 아닌 군국주의라는 시대적 흐름과 맞지 않았기 때문이라 말한다. 이 대목에서 〈아쿠타가와상〉 수상을 위해서는 작품이 시대적 요구에 부합해야 한다는 사실을 인지하고 있음을 알 수 있다. 실제로 이회성은 한국 방문이라는 목적을 위해 수상 가능한 경향의 작품을 창작한 것으로 해석할 수 있다.

---

122 李恢成(1974), 「金史良の光」, 『北であれ南であれわが祖国』, 河出書房新社, p.247.
123 李恢成(1989), 「歴史の中の芥川賞」, 『文学界』 43, 文藝春秋社, p.594.

> 나는 〈아쿠타가와상〉에 어떤 기대를 걸고 있었다. 그건 이 상을 계기로 다시 남쪽 조국 한국에 갈 수 있는 기회가 생길지도 모르기 때문이었다. 솔직히 말하면 나는 그걸 위해 〈아쿠타가와상〉을 받을 작정이었다.[124]

위 인용문에서는 이회성이 한국방문이라는 명확한 목적이 있었던 것을 알 수 있다. 그러나 당시 조선국적이었던 이회성은 한국에 입국할 수 없었다. 이러한 상황에서 이회성은 조선국적을 유지하면서 한국에 입국하기 위해서는 〈아쿠타가와상〉 수상자라는 권위가 필요했다고 판단했던 것으로 추정된다. 즉, 한국 입국이라는 목적을 위한 수단으로 〈아쿠타가와상〉을 선택했음을 유추할 수 있다. 이회성은 네 편의 후보작으로 시행착오를 겪는다. 「가야코를 위해서」로 64회 〈아쿠타가와상〉 후보에 올랐을 당시 오오카 쇼헤이는 다음과 같이 말한다.

> 이 씨의 작품을 나는 지금까지 지지해 왔지만 그건 재일조선인이라는 특이한 조건에서 생겨나는 리얼리티를 존중했기 때문이다. 이번 작품에는 부분적으로 그런 리얼리티는 있지만 초점이 애정관계에 있기 때문에 다소 편의적으로 사용되었다. 그리고 그 애정관계는 판에 박혀있어 나에게는 재미있지도 우습지도 않았다.[125]

---

124 李恢成, 위의 글, p.595.
125 大岡昇平(1971), 「芥川賞選評」, 『文藝春秋』 1971.03, 文藝春秋社, p.294.

오오카 쇼헤이는 심사평에서 재일코리안 작가만의 특수성을 요구한다. '재일코리안의 특수한 조건에서 생겨나는 리얼리티'가 반영된 작품창작을 요구한 것이다. 이 과정에서 이회성은 재일코리안 작가에게 요구하는 일본문단이 경향을 인지한 것으로 보인다. 이회성보다 앞서 일본문단에서 등장했던 김학영은 70회, 71회, 76회, 79회〈아쿠타가와상〉 후보에 오르지만 끝내 수상에 실패한다. 76회 심사평에서 오에 겐자부로大江健三郎는 장편창작을 권하는 심사평을 남긴다.[126] 이 대목에서도 이회성의 사례와 마찬가지로 재일코리안 작가에게 요구했던 특수성을 확인할 수 있으며, 이회성의 후보작 모두가 중편 이상이었다는 수상에 긍정적으로 작용했음을 예상할 수 있다.

이회성은 일본 내 재일코리안의 삶을 그린 작품으로 4회 연속 〈아쿠타가와상〉 후보에 오른다. 이 과정에서 이회성은 당시 사회 분위기와 재일코리안 작가에게 요구되는 특징을 반영해「다듬이질하는 여인」을 창작한 것으로 보인다. 즉,「다듬이질하는 여인」은 이회성이 일본문단이 요구하는 경향에 부합하도록 의도적으로 창작한 작품으로 볼 수 있는 것이다.

「다듬이질하는 여인」에서 이회성은 일본인이 인지하고 있는 전형적 형태의 조선을 구현해 〈아쿠타가와상〉을 수상한다. 일본문학

---

126 김씨가 이 수법으로 재일코리안 젊은이의 전후사를 장편으로 써주기를 바란다. (大江健三郎(1976),「芥川賞選評」,『文藝春秋』1976.11, 文藝春秋社) 이 심사평에 대해 박유하는 자기 규정이 강한 단편을 쓰는 김학영에게 '조선', '민족', '사회'의 민족서사를 강요하는 것이라 평가했다.(朴裕河(2003),「1960年代における文学の再編 -「国民文学」と「在日文学」の誕生」,『思想』955, 岩波書店, p.112)

계는 사회적 상황에 따른 수상을 결정했지만 이회성은 의도적으로 시대적 요구에 부응하는 작품을 창작해 상을 받은 것이다. 이러한 상황에서 외도와 별개로 제국과 식민지, 조선의 한이 표상된 작품을 창작하며 재일코리안 2세대 작가의 특수성을 보여준다. 그 결과 문학적 성취와 목적을 달성하며 재일코리안 문학의 전성기를 이끌게 된다.

이회성의 〈아쿠타가와상〉 수상 이후 재일코리안 문학은 전성기를 맞이한다. 이러한 상황이 이회성의 〈아쿠타가와상〉 수상에서 촉발되었음을 부정할 수 없다. 한국에서는 이회성의 수상 사실을 대대적으로 알린다. 한국대중들은 열광했고 이회성의 작품은 한국어로 번역된다. 이후 이회성은 그토록 열망하던 한국입국이라는 목적을 달성한다. 이 지점에서 〈아쿠타가와상〉의 영향력이 증명된다. 〈아쿠타가와상〉의 영향력은 한국에서 이회성의 행보를 통해서도 확인할 수 있다.

4) 문학과 권위 / 이회성과 한국

한국에서 이회성의 〈아쿠타가와상〉 수상은 화제가 된다. 『경향신문』은 1972년 1월 21일에 「日本芥川文學賞에 僑胞李恢成씨수상」이라는 기사를 낸다. 『동아일보』는 1972년 1월 22일, 「올해 日「芥川」文學賞 僑胞 李恢成씨 受賞」이라는 기사를 통해 이회성의 수상소식을 알렸다.

한국일보사의 초청으로 마침내 이회성은 1972년 6월 13일부터 27일까지 한국에 입국한다.[127] 공식적인 입국 사유는 〈아쿠타가와상〉 수상 기념과 한국어판『다듬이질하는 여인』의 출간이었다. 당시 이회성의 방한은 세 번째였으며,[128] 1970년 10월「다듬이질하는 여인」창작을 위해 어머니의 고향 경상북도 영일군을 방문한 이후 약 18개월만의 방한[129]이었다.[130] 이회성의 입국 당일인 1972년 6월 13일『경향신문』에서는「日 芥川賞수상 僑胞李恢成씨 歸國」이라는 기사로 입국사실을 알렸으며, 다음날「끊어진 山脈에서 分斷의 아픔을 歸國한 芥川賞 僑胞作家 李恢成씨」라는 인터뷰 기사를 수록했다.『동아일보』는 6월 14일에「인터뷰 아꾸다가와賞탄 僑胞作家 李恢成씨 끊어진 血脈가슴아파…」로 이회성의 입국을 알렸으며 같은 날「日 아꾸다가와賞 受賞作家 僑胞 李恢成씨 내한 "金玉均傳(김옥균전)" 집필위해」를 등 하루만에 두 편의 기사를 보도하며

---

127 『다듬이질하는 여인』단행본은 정음사에서 출간되었지만 출간을 중개한 것은 한국일보사였다.(李恢成(1974),「北であれ南であれわが祖国」,『北であれ南であれわが祖国』, 河出書房新社, p.48)

128 일반적으로 상당수 선행연구에서 이회성의 1970년 입국을 첫 방한으로 기술하고 있는데, 실제로는「다듬이질하는 여인」에 묘사와 같이 이회성이 5살 때 어머니와 함께 고향에 방문했던 것이 첫 방문이었다.

129 이회성은 1970년 10월 27일「다듬이질하는 여인」창작을 위해 어머니의 고향인 경상북도 영일군을 일주일간의 취재차 방문한다. 1995년 11월 4일자『동아일보』에서 수록된 이호철과의 대담에서 비밀리에 입국했다고 밝히며, 비공식적인 두 번째 방문이라고 말했다. 이회성이 어떠한 경로로 한국에 입국할 수 있었는지에 대해서는 밝히지 않았다. 또한 정경모鄭敬謨의 저서『歴史の不寝番 -「亡命」韓国人の回想録』(藤原書店, 2011)에서〈아쿠타가와상〉수상 조건으로 심사에 관여한 인물에게 군사정권하의 한국행을 권유받아 이회성이 비밀리에 응했다고 기술했지만, 이에 대해 공식적으로 밝혀진 사실은 없었다.

130 이번이 세 번째 방한이었다는 대목에서 당시 한국입국 자체가 정상적 혹은 비정상적인 방식으로 가능했던 것을 추측할 수 있지만, 이회성은 입국자체가 목적이 아닌〈아쿠타가와상〉수상자라는 권위를 가진 상태로 한국에 입국하고 싶었던 의도를 추론할 수 있다.

직접적인 관심을 나타냈다.[131] 당시 한국의 분위기는 이회성의 회고에서도 확인할 수 있다.

> 한 재일조선인 작가에 지나지 않는 나에게 공항에서의 시끌벅적한 인터뷰, 마음으로부터의 환영은 때마침 내가 〈아쿠타가와상〉을 받은 일과 관계있는 듯 했다.[132]

위 대목에서 당시 뜨거웠던 한국 언론의 취재열기와 이회성에 대한 관심을 알 수 있다. 하나 주목할 부분은 대부분 기사에서 이회성의 이름 앞에 '芥川賞', '아꾸다가와상'을 수식어로 사용한 점이다. 해당 사실에서 이회성을 향한 관심이 전적으로 〈아쿠타가와상〉 수상에서 촉발된 것을 알 수 있다. 또한 이회성 스스로도 "〈아쿠타가와상〉을 받은 일과 관계가 있는 것 같다"고 회고하는 등 수상 이후 한국에서의 상황을 확인할 수 있다.

한국에서는 『월간 다리』 1972년 4월호에 「다듬이질하는 여인」이 번역된다. 같은 달 『세대』에는 「반 쪽발이半チョッパリ」가 번역되었고, 6월에는 정음사正音社에서 단행본 『다듬이질하는 여인』이 출

---

131 이 외에도 『동아일보』 1972년 6월 16일자 「횡설수설」란에서는 이회성의 한국 입국 사실과 〈아쿠타가와상〉이 일본에서 얼마나 권위있는 상인지 소개했다. 이 외에도 6월 17일자 동아일보에서 「作家(작가)는 統一(통일)에 寄與(기여)를 李恢成씨 民族文學論 강연」, 6월 20일자 경향신문에서 「芥川賞작가 李恢成씨의 文學觀」과 같은 기사를 수록하며 한국에서의 일정을 상세히 보도했다.

132 李恢成(1974), 「北であれ南であれわが祖国」, 『北であれ南であれわが祖国』, 河出書房新社, p.46.

판된다. 그전까지 한국에서 재일코리안 작가의 작품이 번역된 적은 없었다. 그러나 〈아쿠타가와상〉 수상을 기점으로 1972년에만 이회성의 작품이 3편이 번역된다. 또 하나 흥미로운 부분은『세대』지에 수록된 작품이「다듬이질하는 여인」이 아닌「반 쪽발이」라는 사실이다. 해당 대목에서 당시 한국에서 〈아쿠타가와상〉 수상작 외에도 이회성의 작품 전반에 관심을 보였던 사실을 확인할 수 있다.

〈사진 15〉『다듬이질하는 여인』 번역판 표지

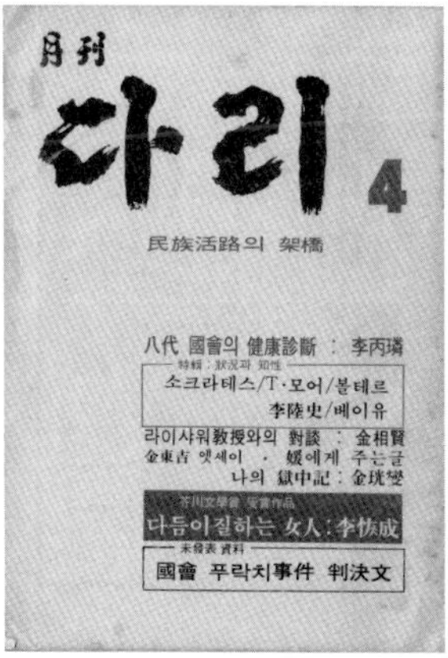

〈사진 16〉『월간 다리』 1972년 4월호 표지

한국에서「다듬이질하는 여인」은 큰 관심을 받았으며 번역양상을 통해 구체적 반응을 확인할 수 있다.『월간 다리』 1972년 4월호에 수록된「다듬이질하는 여인」 번역자는 신동한申東漢이었다. 그러나 정음사에서 출간된 단행본『다듬이질하는 여인』의 번역자는 이호철李浩哲이었다. 즉,「다듬이질하는 여인」출간을 위한 출판사들의 경쟁적 움직임이 있었음이 유추가능하다.다음은『월간 다리』 1972년 4월호에 수록된「다듬이질하는 여인」 소개문구이다.

> 일본의 노벨상이라 불리는 芥川文學賞을 한국인으로는 처음 수상하게 된 作家 李恢成은 日本의 화태 출신의 재일교포 二世이다. 一九三五年 生. 작품에 흐르고 있는 그의 한국인 의식이나 조국을 향한 비젼은 담박하며 건전하다. 현대인 일반의 소외감을 첨예한 감각으로 간취하여 매카니즘의 의식의 획일화를 뚫고 초월하는 바이털리티生命感를 느끼게 한다. 작품으로는「가야자를 위하여」「證人 없는 광경」「靑丘의 집」「반 쪽발이」「다시 돌아 가는 길」등이 있다.[133]

『월간 다리』에서는 〈아쿠타가와상〉을 '일본의 노벨상'으로 칭하며 이회성을 소개한다. 또한 이회성을 '한국인'으로 지칭한다. 당시 이회성은 조선국적이었고 이 경우 재일한국인 등으로 지칭하는 것이 정확한 표현이었다.[134] 동시기『세대』에는 김윤식의 문학 비평이 수록됐는데,[135] 여기서 김윤식은 이회성을 '재일교포작가'로 지칭한다. 그러나『월간 다리』는 이회성을 한국인으로 기술했는데, 이는 당시 한국에서 재일코리안에 대한 이해부족과 더불어 '한국'의 작가로서 이회성을 부각시키려는 움직임으로 해석할 수 있다.[136]

---

133 편집부(1972),「편집자의 註」,『월간 다리』1972.04, 월간「다리」사, p.160.

134 1972년 당시 조선국적이었던 이회성은 한국 국적 취득 의사가 없었다. 1998년 김대중 정부 수립 이후, 이회성은 한국에 민주화 정권이 들어섰다 말하며 한국 국적을 취득한다. 이를 계기로 김석범과의 '지상논쟁'을발생한다.

135 김윤식(1972),「日本文壇과 在日僑胞作家」,『세대』1972.04, 세대사, pp.362-365.

136 당시 박정희 정권은 반공이 모토였고『월간 다리』는 당국에 의해 폐간된『사상계』의 문인들이 주축으로 활동했던 잡지였다.『월간 다리』에서 이회성을 조선인이 아닌 한국인으로 지칭했던 이유는 조선이 북한을 의미하는 것으로 받아들여지

방한 당시 이회성은 많은 인터뷰를 한다. 그러나 대다수 인터뷰에서 민족 관련 발언이 변질되어 수록된다. 이 상황에 대해 이회성은 다음과 같이 회고했다.

> K기자는 동지同紙의 조판을 가지고 나타났다. 그것을 손에 들고 나는 나도 모르게 얼굴을 찡그렸다. 사회면에 나의「귀국」기사가 크게 취급되어 있었지만 인터뷰에서 말한대로 되어 있지 않은 곳이 있었다. 나는 항의했다. 아주 사소한 것이라면 못 본 척하겠지만 중요한 부분이었기 때문에 곤란했다. 일례로 "비록 일본어로 소설을 쓰고 있더라도 나는 한국 민족의 한 사람으로서 한국의 마음을 쓰고 싶다"라고 되어있는 것이다.[137]

이 외에도 '북이든 남이든 나의 조국北であれ南であれわが祖国'이란 발언은 '이 땅이 내 조국'으로 번역되었고, 스튜디오 녹음 중 '북이든 남이든 나의 조국이니까…北であれ南であれ、私の祖国ですから…'라고 말하면 멀쩡하던 녹음장치가 고장나 처음부터 인터뷰해야 했다. 결국 '북이든 남이든 나의 조국'이란 발언은 어느 지면에도 실리지 못했다.[138] 이회성은 한반도 전체를 지칭하기 위해 의도적으로 '우리민족わが民族'이라는 표현을 사용했지만 기사에서는 '한국'으

는 것에 대한 우려보다 재일코리안 문학에 대한 이해의 부족에서 기인한 것으로 추정된다.

137 李恢成(1974),「北であれ南であれわが祖国」,『北であれ南であれわが祖国』, 河出書房新社, p.49.

138 李恢成, 위의 글, p.50.

로 기재됐다. 당시 한국 언론사에는 중앙정보부 요원이 상주하며 슬로건으로 언론을 탄압했던 시기였다.[139] 이회성의 회고에서 1972년 당시 한국의 정세를 확인할 수 있다.

이회성은『다듬이질하는 여인』의 번역본 출간에 앞서 한국일보사에게 검열과 삭제 없는 원문 그대로의 출간을 약속하는 각서를 받는다.[140] 실제로『세대』1972년 4월호에「반 쪽발이」에 의해 몇 군데가 삭제된 사례[141]를 말하며 번역본 출간의 최우선조건이 원문 그대로의 출간임을 거듭 강조했다.

당시 한국에서는 이회성의 문학 유입을 우려했다. 다음은『월간 중앙』1972년 8월호에 실린 이회성과 이호철, 서기원 대담 중 일부이다.

> 이번에 李恢成씨가 올 때 各 신문에서 크게 보도를 했습니다. 지금 韓國에는 日本이 물밀 듯이 들어오고 있어요. 물론 李恢成씨 자신과는 아무 상관없지만 日本이 밀려오는 一環의 視線이 있습니다.「芥川」賞을 탔다느니, 日本 文壇에서 활약을 한다느니 이런

139 이회성은 위의 글에서 중앙정보부 요원을 남산대학에서 나오신 분, 중앙대학에서 나오신 분으로 에둘러 표현했던 사실을 밝히고 있다.

140 당시 한국일보사는 정음사에서『다듬이질하는 여인』출간을 중재했는데, 이때 이회성은 인세를 포기하더라도 검열 없이 작품이 출간될 것을 요구하는 각서를 도쿄에서 작성했다.(李恢成(2002),「北であれ南であれわが祖国」,『北であれ南であれわが祖国』, 河出書房新社, p.48)

141 전에「반 쪽발이」라는 작품이 한국의『세대』지 4월호에 번역 게재되었을 때, 검열에 걸려 몇 군데가 삭제된 적이 있었다.(李恢成(2002),「北であれ南であれわが祖国」,『北であれ南であれわが祖国』, 河出書房新社, p.48)

面으로 받아들이는 측면이 있다는 얘기죠. 李恢成씨는 지금까지 말한 統一韓國人像을 作心하고 들어오지만, 현실적으로 등에 지고 오는 것은 日本이 韓國으로 들어오는, 日本에 묻어서 껴들어온 事情이란 말입니다.[142]

대담에서 이호철은 이회성의 작품이 유입되는 것을 우려하고 있음을 알 수 있다. 특히 이회성의 문학을 일본문학으로 간주하며 이회성의 입국을 "일본에 묻어 끼어들어온 사정"으로 평가한다. 다음의 김윤식의 발언에서도 이와 유사한 견해를 확인할 수 있다.

이들 작가에 대해 새삼 상술할 여유가 없지만 다만 한 가지 지적하고 넘어갈 점은 이들 작가가 강제로 배운 원수의 언어로 日本文壇에 도전했다는 점(적어도 이들의 초기에는)인데, 아이러니칼하게도 그 對決이 어떤 측면에선 日本文化에 봉사하는 꼴이 되어 버렸다는 점이다.[143]

김윤식은 이회성을 비롯한 재일코리안 문학자들의 활동을 본인의 의지와 상관없이 "원수의 언어"로 "일본문화에 봉사하는 꼴"로 규정한다. 즉, 재일코리안 문학이 한국에 들어오는 것을 '일본문학이 한국문단에 들어와 영향을 끼치는 것'으로 간주했음을 알 수 있다. 김윤식은 일본에서 유학하고 당사자들과 교류하며 재일코리

142 이호철(1972), 「조국의 흙을 만져보며」, 『월간 중앙』 1972.08, 중앙일보사, p.196.
143 김윤식(1972), 「日本文壇과 在日僑胞作家」, 『세대』 1972.04, 세대사, p.362.

안 문학에 깊은 이해가 있었다. 하지만 김윤식의 발언은 재일코리안 문학을 향한 부정적 시선과 한국문학을 지키려는 태도가 드러나고 있다. 1965년 한일국교 정상화 이후 당시 한국문학자들은 한국에 일본문화의 유입을 우려했다. 이 때문에 한국에서의 이회성 문학 출간을 일본이 한국에 유입되는 것으로 규정했다.

이회성의 〈아쿠타가와상〉 수상과 방한을 언론에서는 대서특필했지만, 한국문학계에서는 부정적으로 평가하며 이율배반적 태도가 나타난다. 이런 상황에서 다음과 같은 기사가 발표된다.

> 냉정하게 바라본 사람이면 그의 내한과 함께 일렁인 국내 문학인들의 흥분은 묘한 데서부터 출발하고 있었다는 사실을 금새 알아차릴 수가 있다. 그 하나는 왜정때부터 문인이란 딱지를 달고 문단을 형성해 온 소위 원로급들과 일본문학 내지는 일본어에 미묘한 콤플렉스를 가지고 있는 40대 이상 작가들의 향수 짙은 회상이 그의 내한으로 불시에 몸살을 일으켰다는 점이다.[144]

신상웅은 이회성을 대하는 한국 문인들이 태도를 "소위 원로급들과 일본문학 내지는 일본어에 미묘한 콤플렉스를 가지고 있는 40대 이상 작가들의 향수 짙은 회상이 몸살을 일으킨 것"으로 평가한다. 나아가 "이회성의 내방으로 이 나라 문단은 번잡스럽게 닭쫓

---

144 신상웅(1972), 「교포작가 이회성씨가 남긴 것」, 『새가정』 8·9월호, 새가정사, p.14.

듯이 뛰다가 주저물러 앉고 만 것이다"[145]고 말하며 한국문학계를 비판했다. 이 대목에서도 이회성의 입국을 두고 언론과 문학계가 얼마나 상반된 태도를 보였는지 추론할 수 있다. 이회성은 자신의 방한 이유를 다음과 같이 말한다.

> 論理的으로 이렇게 생각하고, 文學을 함에도 이런 展望을 세우고 있어요. 이것은 나에게 있어 無理한 생각도 아니고, 分斷狀態의 現實속에서 자연스럽게 나오는 소원이에요. 문제는 이런 展望을 觀念的으로만 믿을 것이 아니라 文學創作을 하는 現實 속에서 상상력의 나래를 펴야 할거에요. 나는 바로 그것을 위해서 韓國에 온 겁니다.[146]

이회성은 자신이 한국에 온 이유가 문학을 통한 실천이라 말하며 조국통일에 대한 자신의 견해를 말한다. 이회성이 입국 당시 한국일보사에 요청했던 내용은 여당, 야당을 막론하고 정치가와의 만남은 거절하고 문학자, 저널리스트, 대학생과 교류하고 싶다는 것이었다. 그 결과 이회성은 서울대 문리대와 이화여대에서 자신의 민족관을 강연하며 교감을 시도했다. 실제로 강연에 빈자리가 없을 정도로 많은 사람들이 참가했다는 회고에서 당시 열기를 짐작할 수 있다.[147] 이 외에도 이회성은 김지하 시인과의 만남을 한국일보사

145 신상웅, 위의 글, p.15.

146 이회성(1972), 「조국의 흙을 만져보며」, 『월간 중앙』 1972.08, 중앙일보사, p.196.

147 이회성은 대학생을 대상으로 한 자신의 민족과 국가관의 발언은, 당시 한국의

에 요청했지만, 마산의 결핵요양소에서 보호관찰 중이었기 때문에 끝내 만나지 못하고 일본으로 돌아간다. 이처럼 이회성은 〈아쿠타가와상〉 수상 이후 한국에 입국해 대중 앞에서 조국통일과 대한 견해를 말하며 문학자로서의 실천적 모습을 보였다.

이회성은 일본으로 돌아간 이후에도 1972년 7월 13일 『동아일보』에 「끈질긴 民族의 底力」이라는 기사를 발표하는 등 조국에 꾸준한 관심을 보였다. 한국문학계의 주목할 만한 움직임도 있었다. 1973년 4월 『문학사상』은 「在外韓國人 現役作家特輯」 특집을 구성한다. 특집에서는 이회성의 「死者가 남긴 것」, 박상릉朴常隆의 「왕모傳」, 김도희金稻姬의 「對話」, 박시정의 「휘일체어에서 본 비둘기」를 수록한다. 인상적인 부분은 특집의 시작이 이회성의 작품이라는 점이다. 과거 재외 동포문학에 무관심한 것은 물론 부정적이기까지 했던 한국문학계에서 재외동포 특집이 편성된 사실에서 변화를 확인할 수 있다.

〈사진 17〉 『금단의 땅』 표지

일본으로 돌아간 이회성은 김지하 관련 활동을 전개한다. 1970년대

반공법에 저촉될 수도 있는 사항이라고 말했다.(李恢成(1974), 「北であれ南であれわが祖国」, 『北であれ南であれわが祖国』, 河出書房新社, p.53) 서울대 문리대와 이화여대에서의 강연내용은 李恢成, 『北であれ南であれわが祖国』(河出書房新社, 2002)에 수록된 「物神と抵抗精神 - ソウル大学講演」, 「時代と女性の役割 - 梨花女子大学講演」을 에서 확인할 수 있다.

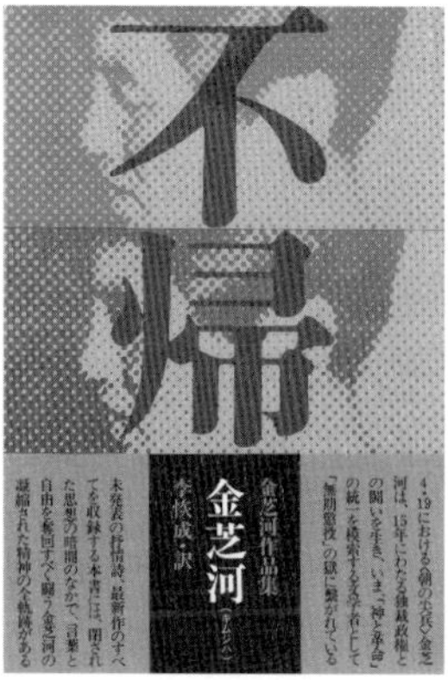

〈사진 18〉『不帰』 표지

일본에서는 김지하 연구 붐이 일어나 다양한 서적이 출간된다. 이러한 상황에서 이회성은 1975년 김지하의 저작 『불귀 - 김지하 작품집不帰 - 金芝河作品集』을 일본어로 번역한다.[148] 박정희 정권은 1974년 7월 9일, 김지하를 비롯한 민청학련사건 피고 일곱 명에게 사형을 구형한다. 이 소식을 들은 이회성은 7월 16일, 김석범, 김시종, 마즈키 노부히로眞継伸彦, 난보 요시미치南坊義道 등 〈김지하를 돕는 모임〉 구성원들과 함께 스키야바시 공원数寄屋橋公園에서 항의단식을 하며 김지하 구명운동에 참여한다.

일본에 돌아온 이후, 이회성은 세 차례 방한을 시도하지만 한국 정부는 일본에서 반유신독재 운동을 펼쳤다는 이유로 입국을 거부한다.[149] 이런 상황에서 1976년부터 1979년까지 3년 간 일본에서 「못다 꾼 꿈」을 통해 유신체제를 비판하며 한국의 민주화를 위한 실천적 행보를 전개했다.

이와 같이 이회성은 일본문단의 요구에 부합하는 작품 「다듬이

---

148 김지하의 작품집은 일본에서 1971년 중앙공론에서 한글판본이 발간되어 있었다. 이회성은 일본에 김지하의 시를 알리기 위해 『不帰 - 金芝河作品集』(中央公論社, 1975)을 일본어로 직접 번역했다.

149 이회성은 1995년 11월 문민정부가 들어선 이후에야 한국에 입국할 수 있었다.

질하는 여인」을 창작해 〈아쿠타가와상〉을 수상한다.「다듬이질하는 여인」은 〈아쿠타가와상〉 수상이라는 목적을 위해 창작한 작품이었으며, 그 결과 한국 입국이라는 궁극적 목적을 달성한다. 입국 이후에는 대학생들과 저널리스트를 만나 자신의 조국통일관을 전달했으며, 일본에 돌아가서도 한국의 민주화를 위한 실천적 행보를 이어갔다. 결과적으로「다듬이질하는 여인」은 이회성의 꿈을 실현시켜준 작품이자 한국에 영향을 끼친 작품이었다.

1970년대 재일코리안 문학은 일본문단과 불가분의 관계를 맺으며 문학적 외연을 확장했다. 그렇다면 재일코리안 문학은 일본문단과 어떠한 관계를 형성했을까? 이는 1970년대 사회문제를 자신만의 방식으로 풀어낸 또 다른 재일코리안 작가 김학영을 통해 확인할 수 있다.

4. 재일코리안 문학을 통한 일본문학의 재해석

1) 김학영金鶴泳과 재일코리안 문학세계

김학영은 1966년,「얼어붙은 입」으로 제4회 〈문예상〉을 수상하며 재일코리안 최초로 일본문단에 등장한 작가이다. 김학영은 1938년 9월 1일, 일본 군마현 다노군 신마치群馬県多野郡新町에서 아버지 김영호金栄好와 박경순朴庚順 사이에서 장남으로 태어났다. 본명은 김광정金廣正이며 본적은 경상남도 울산군 삼남면 보은리이다. 부친 김영호는 1923년 12살 나이로 일본 이바라기현茨城県에 정착한 재일코리안 1세이다. 김학영의 가족은 관동대지진 당시 조선인 학살을 피해 군마현으로 이사한다. 김학영은 초등학교부터 고등학교 졸업 전까지 통명인 야마다 히로마사山田廣正를 사용했다. 고등학교 졸업 후인 1957년, 도쿄에서 예비교를 다니며 재수생활을 했으며, 1958년 도쿄대학東京大学 이과대학에 입학했다.

대학 진학 이후 김학영은 본래 성姓인 '김金'을 사용했다. 김학영의 본명 사용 이유는 다른 재일코리안 작가들과 달리 같은 민족성의 자각이 아닌 대학의 지시 때문이었다. 대학직원은 김학영에게 호적상 본명을 쓸 것을 지시했고, 이후 김학영은 본명으로 대학을 다닌다. 김학영은 1960년 4월, 도쿄대학 고마바駒場캠퍼스 교양학부에서 혼고本鄕캠퍼스 공업화학과로 진학하지만, 신경쇠약으로 유급한다. 이후 약 1년간 야간 러시아어학교에 다니며 시가 나오야志賀直哉, 나쓰메 소세키, 다자이 오사무太宰治, 노마 히로시野間宏, 도스토예프스키, 사르트르의 문학을 접하고, 시가 나오야의 『암야행로暗夜行路』에 감명을 받으며 문학창작에 관심을 갖는다.

김학영은 1965년 도쿄대학 문학부 동인지 『신사조新思潮』 17차에 「도상途上」을 발표하며 문학 활동을 시작했다. 이때 처음으로 필명 '김학영金鶴泳'을 사용했다. 김학영은 필명에 대해 다음과 같이 말한다.

> 나는 내 이름에 요미가나(주석)를 달아야할 때 '긴카쿠에이'라고 적고 있다. (중략) '金鶴泳'은 조선어로는 '김학영'이라 발음하지만 내가 억지로 '긴가쿠에이'라는 가명을 쓰는 것은 조선식 성명을 그렇게 일본식으로 읽는 것이 왠지 나라는 인간의 내실을 상징

하는 것과 어울린다고 생각하기 때문이다.[150]

김학영은 한자는 한국식(조선식) 그대로 표기하되 '긴가쿠에이'라 읽으며 조선과 일본 사이에 있는 재일코리안의 상징성을 드러냈다. 즉, 자신의 있는 그대로를 필명으로 드러내 현실과 대면하고 글쓰기라는 구체적 실천 방법으로 자기표현의 양식을 선택했다.[151]

김학영은 1960-70년대에 본격적으로 문학 활동을 전개했다. 생전 총26편의 소설을 남겼으며 소설 외에도 90여 편의 수필과 500여 편의 칼럼을 남겼다.[152] 김학영은 작품 대다수에서 아버지, 말더듬이, 사회차별을 소재로 활용했다. 데뷔작「얼어붙은 입」에서는 말더듬으로 일상생활과 학교에서 고통 받는 주인공 최규식崔圭植을 통해 인간 내면의 모습과 민족문제를 동시에 그려냈다. 이 외에도「도상途上」,「완충용액緩衝溶液」,「유리층遊離層」,「끌」에서도 말더듬이 주인공을 통해 개인의 고뇌를 그려낸다.

김학영 작품에는 말더듬이와 함께 폭력적 아버지가 등장한다. 작품에서 아버지는 주로 주인공의 말더듬을 유발하고 공포를 주는 인물이다.「얼어붙은 입」과「겨울 빛冬の光」등 초기작과「탄성한계弾性限界」,「착미錯迷」,「알콜램프」,「돌의 길」,「유지매미あぶら蝉」,

---

150 金鶴泳(1972),「一匹の羊」,『新鋭作家叢書　金鶴泳』, 河出書房新社.

151 유숙자(1999),「金鶴泳 論」,『比較文學』24, 韓國比較文學會, pp.236-237.

152 수필은 상업문예지 등에 발표한 것이 20여 편, 나머지는 재일한국인계 일본어 신문인『통일일보』에 발표했다. 칼럼은 모두『통일일보』에 발표했으며 한 편의 분량이 원고지 5장(200자) 정도의 짧은 글이다.(원덕희(1994),「金鶴泳文學研究 - 作家의 經驗이 갖는 의미를 中心으로」, 중앙대학교 석사학위논문)

「겨울 빛冬の光」, 「끌」, 유고작 「흙의 슬픔土の悲しみ」까지 김학영 작품 대부분에는 아버지의 폭력이 그려져 있다. 동시에 재일코리안의 정체성과 민족문제를 다룬다. 「여름의 균열」, 「눈초리의 벽まなざしの壁」, 「도상」 등에서는 재일코리안이라는 이유만으로 인정받지 못하고 이성에게 버림받는 인물들이 등장한다.

김학영 문학에서 재일코리안 문제는 동시대 다른 재일코리안 작가들과는 상이한 형태로 구현된다. 이회성을 비롯한 당시 재일코리안 작가들은 사회차별, 취업 등 일본사회의 부조리를 다루었다. 반면 김학영의 경우 존재와 실존을 고민하며 본인에게 질문을 던진다. 즉, 김학영에게 민족문제는 정체성, 내면, 실존과 같은 개인 문제로 수렴되는 것이다. 당시 일본문단은 김학영에게 주목했으며, 그 결과 네 번이나 〈아쿠타가와상〉 후보에 오른다.

1973년 10월 김학영은 『문예예술季刊藝術』 27호에 「돌의 길石の道」로 처음〈아쿠타가와상〉 후보에 오른다. 1974년 6월에는 『문학계文學界』에 발표한 「여름의 균열」로 〈아쿠타가와상〉 후보에 오르지만 최종심에서 탈락한다. 1976년 11월에는 『문예』에 발표한 「겨울 빛」으로 세 번째로, 1978년 6월에는 『문학계』에 발표한 「끌鑿」로 네 번째로 〈아쿠타가와상〉 후보에 오르지만 끝내 수상에 실패한다. 첫 번째 후보작 「돌의 길」에서는 어머니 없는 가정에서의 아버지 모습을 그려내며 기존의 폭력적 아버지와는 상이한 아버지 표상을 구현한다. 두 번째 후보작 「여름의 균열」에서는 연애를 통해 마이너리티 문제를 다룬다. 민족의식을 상실한 주인공은 반 쪽발이라는 정체성의 혼란을 겪는 주인공을 통해 개인내면과 국적문제를 함께 다룬다. 세 번째 후보작 「겨울 빛」에서는 김학영 문학의 전형적 아버지상과 가족의 비극이 그려진다. 아버지는 자신의 괴로움을 가정폭력으로 해소한다. 폭력의 그 원인에는 일본 사회에서의 차별이 있다. 김학영은 가정을 위해 헌신하는 아버지와 폭력적인 아버지상을 구현함으로써 김학영 문학의 전형성을 그려낸다. 네 번째 후보작 「끌」 역시 말더듬이 주인공과 아버지의 폭력문제로 개인내면과 사회문제를 동시에 그려낸다. 이처럼 김학영 작품 속 주인공들은 민족이념에 동화하지 못하고 일본 사회에 안주하지도 못한 채 주위 세계에 거부당한다.[153] 그 과정에서 김학영은 개인내면의 분열을 마이너리티 문제와 연결한다.

김학영의 마지막 〈아쿠타가와상〉 후보작 「끌」에서는 말더듬이, 아버지의 폭력, 개인 내면, 차별 등 김학영 문학의 전형성이 드러난다. 나아가 재일코리안 문학을 대상으로 한 일본문단의 요구와 〈아쿠타가와상〉 수상을 위한 김학영의 전략을 함께 확인할 수 있다.

2) 재생산되는 마이너리티와 「끌鑿」

「끌」은 『문학계文学界』 1978년 6월호에 처음 수록되었으며, 같은 해 하반기 제79회 〈아쿠타가와상〉 후보로 선정된다.[154] 「끌」에서는

---

153 이한창(2000), 「아쿠타가와 상을 통해 본 재일동포 문학」, 『일본학』 19, 동국대학교 일본학연구소, p.79.

154 「끌」과 함께 후보에 오른 것은 다카하시 미시스나高橋三千綱의 「9월의 하늘九月の空」, 다카하시 기이치로高橋揆一郎의 「노부요伸予」, 마스다 미즈코増田みず子의 「개인실의 열쇠個室の鍵」, 미쓰오카 아키라光岡明의 「풀과 풀의 거리草と草との距離」,

김학영 문학의 전형성인 말더듬이, 아버지의 폭력, 민족, 개인 내면 문제가 모두 구현된다.

주인공 박경순朴景淳은 고등학교 2학년 재일코리안이다. 경순은 심한 말더듬이이며 가족은 아버지 박태우朴泰宇(통명 스기모토杉本), 어머니 정옥貞玉, 4살 어린 중학교 2학년 정혜正惠, 8살 어린 초등학교 4학년 화혜和惠, 유치원생 정순政淳 다섯 명이다. 어머니는 1937년, 18세에 일본에 혼자 건너와 아버지와 결혼했다. 결혼은 집안 간 혼담으로 결정되었으며, 어머니는 아버지의 얼굴도 보지 못한 채 결혼했다. 아버지는 초등학교도 나오지 못한 문맹이며 육체노동으로 돈을 모아불고기집을 운영하고 있다. 가게는 최근 확장공사를 했을 정도로 경제적 어려움이 없다. 아버지는 가부장적이며 어머니에게 잦은 폭력을 가한다. 자식 교육에는 지원을 아끼지 않는다.

경순은 학교에서 말 더듬이이자 재일코리안이란 이유로 무시당한다. 경순은 반드시 도쿄의 대학으로 진학해 가정과 마을을 떠나겠다고 다짐한다. 가정에서는 아버지와 어머니의 불화가 계속된다. 작년 봄 아버지는 가게를 확장해 2층에 찻집을 열었고 마쓰무라 준코松村順子를 직원으로 고용했다. 마쓰무라 준코는 결혼 전 건축사무소에서 경리로 일했던 30대 후반 과부이며, 개축 공사장의 목수가 아버지에게 소개한 인물이다. 마쓰무라 채용 이후 가게는 순조롭게 운영되었으며 아버지는 시내에 마쓰무라의 거처를 마련해준다.

시게카네 요시코重兼芳子의 「베이비 푸드ベビーフード」, 나카노 고지中野孝次의 「눈 내리는 해여雪ふる年よ」였다. 최종 수상작은 다카하시 미시스나의 「9월의 하늘」과 다카하시 기이치로의 「노부요」였다.

그러나 약 일 년 후, 마을사람들 사이에서 아버지와 마쓰무라가 부적절한 관계라는 소문이 돌기 시작한다. 어머니는 소문을 듣고도 문제삼지 못한다. 7월 초 어느 날, 어머니는 마쓰무라 준코와 크게 다투고 가게를 그만둘 것을 종용한다. 때마침 외출에서 돌아온 아버지가 그 장면을 목격하고 어머니를 공터로 끌고가 폭력을 가한다. 주변 상인들이 아버지를 말리며 상황은 종료되지만 마쓰무라는 가게를 그만둔다. 이후 아버지와 어머니의 사이가 악화되고 가족들은 긴장된 하루하루를 보낸다.

경순은 초등학교 4학년 시절을 회상한다. 당시 아버지는 어머니의 친척 언니 남편의 제안으로 술 밀조를 시작한다. 약 2년이 흘러 어느 날 경찰이 집에 들이닥친다. 경찰들은 아버지를 연행하려하지만, 어머니는 술 밀조는 자신했으며 남편은 죄가 없다고 소리친다. 어머니가 범인이 아니란 증거가 없는 경찰은 어머니를 체포하고 다음날 집으로 돌아온다. 재판이 시작되고 소환장이 올 때마다 경순은 어머니가 임신 중이기 때문에 재판에 참석할 수 없다는 사유서를 작성한다. 그 과정에서 경순은 죄의식과 비참함을 느낀다.

집에서는 다시 소란스런 소리가 들려온다. 아버지가 어머니에게 다시 폭력을 가하기 시작한 것이다. 경순은 주머니에 끌을 넣고 아버지에게 달려간다. 여차하면 찌를 심산이었다. 아버지는 어머니에게 소리를 지르고 있었고 경순은 아버지에게 그만두라고 소리쳤다. 경순은 주머니에서 끌을 꽉 움켜쥔다. 그러나 울고 있는 아버지를 발견하게 된다. 아버지는 남에게 수모를 당하며 살아가는 삶이 얼마나 비참한 것인지 말하기 시작한다. 아버지의 약한 모습을 본 경순은 쥐고 있던 끌을 놓고 같이 울기 시작한다. 가족들이 모두 흐느끼는 중 주변 신사에서는 북소리가 들려오고 작품은 마무리된다.

이처럼「끌」에서는 말더듬이, 아버지의 폭력, 마이너리티 문제를 종합적으로 다룬다. 이것들은 인과관계로 얽혀있다. 경순은 자신이 말더듬이가 된 이유를 아버지에게서 찾는다.

> 그가 자신의 말더듬이라는 것을 깨달은 것도 초등학교 3,4학년 무렵 아버지에게 우편물 대독을 지시받은 이후이다. 아버지 앞에서면 이상하게 목소리가 막혔다. 아버지에 대한 공포감이 앞섰고 그 때문에 목이 조이는 것 같았다. 게다가 초등학생인 그에게 내용이 너무 어려운 우편물도 많았다.[155]

경순이 자신이 말더듬이임을 깨달은 것은 초등학교 3, 4학년 무렵이다. 문맹인 아버지는 경순에게 우편물을 읽으라 지시한다. 아버지를 두려워하는 경순은 우편물을 읽던 중 말을 더듬기 시작했고 이후 고질병이 된다. 경순이 말더듬이가 된 이유는 아버지에 대한 두려움 때문이다.

> 손바닥이 어머니의 얼굴로 날아왔다. 굉장한 소리가 울렸다. 어머니는 비틀거리며 뒤로 넘어질 뻔 했지만 벽을 잡고 버텼다. (중략) 아버지는 이번에는 어머니의 블라우스 목덜미를 잡아 올리

155 金鶴泳(1978),「鑿」,『文学界』第32巻 第6号, 文藝春秋, p.181.

고 얼굴을 치려했다. 경순은 달려가 아버지의 팔을 양손으로 눌렀다. 힘이 앞으로 쏠려있던 아버지의 몸은 갑자기 팔이 잡혀 약간 비틀거렸다. 다음 순간 아버지는 "이 새끼!" 하고 신음하듯 말하고 어머니의 목덜미를 잡고 있던 손을 놓고 갑자기 경순의 얼굴을 쳤다. 철썩! 하고 경순의 뺨이 울렸다. 순간 그는 과거 몇 번 이번처럼 명확한 이유도 없는데 아버지한테 맞았던 일을 생각했다. 어떤 때에는 정혜와 장난치다 울렸다는 이유만으로. 어떤 때는 그의 역할인 자전거 청소를 게을리했다는 이유로. 또 어떤 때에는 말을 더듬거린다는 이유만으로. 그때마다 그는 새로운 두려움을 갖게 되었다.[156]

마쓰무라 준코 사건 이후 어머니와 아버지는 긴장된 일상을 보낸다. 그러던 어느 날 가족들은 다 같이 떡을 만들기 시작한다. 경순은 손도끼로 장작을 패고, 동생들은 채소를 잘랐다. 아버지는 절구통에서 떡을 치고, 어머니는 다 된 떡을 운반했다. 그러던 중 떡을 나르던 어머니가 부엌 문지방에 걸려 떡이 땅에 떨어진다. 아버지는 분노하며 어머니를 때리기 시작한다. 경순은 아버지를 말리지만 아버지의 폭력은 경순에게 옮겨간다. 납득할 수 없는 아버지의 폭력은 계속됐다. 마침내 경순은 아버지에게 달려든다.

---

156 金鶴泳, 위의 글, p.177.

"언제까지 이런 일을 되풀이하는 거예요! 네? 도대체 언제까지 되풀이할 건가요?" 그는 더듬거림도 잊고 부르짖었다. 증오한 나머지 목소리가 떨렸다. 경순의 생각지도 않았던 행동을 미처 이해하지 못하고 있는 듯했던 아버지 얼굴에 차츰 흉폭한 분노가 넘쳤다. (중략) "이 녀석이!" 아버지는 거칠고 사나운 소리를 한 번 외치곤 강한 주먹을 경순의 얼굴에 내려 퍼부었다. 경순도 아버지에게 덤벼들었다. (중략) 경순의 주먹도 몇 번 아버지 얼굴에 명중했다. 둘은 잠시 서로 때렸다. 그러나 그것은 잠깐뿐이고 고등학교 3학년인 경순의 팔 힘으로는 오랜 육체노동으로 단련된 아버지와 비교할 수 없었다.[157]

억눌렸던 경순은 아버지의 얼굴에 주먹을 날리며 폭력으로 대응하지만 아버지를 이기지 못한다. 여기서 주목할 점은 경순이 아버지에게 덤벼드는 순간이다. 아버지에게 덤벼든 순간 경순은 '더듬거림도 잊고' 의사를 전달한다. 즉, 경순의 말더듬이가 아버지에 대한 공포에서 유발되었음을 이 장면을 통해 알 수 있다. 그러나 끝내 아버지를 이기지 못하는 장면에서 공포를 극복하지 못했음을 알 수 있다. 이 날 이후 아버지에 대한 공포는 더욱 커진다. 아버지의 폭력을 대비해 경순은 공구상자에서 끌을 꺼내 서랍에 넣어둔다.

---

157 金鶴泳, 위의 글, p.178.

> 끌을 헛간의 도구상자에서 꺼내 서랍에 넣어둔 것은 그 때의 일이었다. 무서움에서 오는 살의였을까? 그는 언제 또 아버지가 그 때처럼 자신에게 덤벼들지 모르는 기분이 들었다. 끌을 준비한 것은 그 때를 대비한 그의 방어자세였다.[158]

경순은 언제 다시 폭력을 휘두를지 모르는 아버지에게 맞서기 위해 끌을 준비한다. 끌은 아버지를 찔러 자신을 지킬 수 있는 공격 도구이자 아버지에 대한 공포의 상징이다. 아버지는 가족 모두를 긴장시키고 집안의 활기를 없애는 인물이다.

활기있던 집안은 아버지가 돌아오는 순간 적막감에 휩싸인다. 가족들은 뿔뿔이 자기 방으로 돌아간다. 이런 아버지의 모습은 김학영 문학에서 전형적으로 표상되는 아버지 표상이다. 그러나「끌」에서의 아버지는 기존작들과 상이한 양상을 보인다. 아버지는 가부장적이고 폭력적인 반면 자식교육에는 지원을 아끼지 않는다.

> 4월 말, 졸업 이후 문제를 부모의 의향을 확인할 필요가 있어 대학에 진학할 것 대해 상의한 적이 있는데 그때 신기하게도 기분이 좋은 상태였던 아버지는 "너의 희망대로 해라" 하고 격려하듯 말했던 것이다. "가게는 내가 어떻게든 할테니 너는 집 걱정은 하지 말고 자신이 생각하는 길을 가라."[159]

---

158 金鶴泳, 위의 글, p.179.
159 金鶴泳, 위의 글, p.191.

졸업 이후 진로를 고민하는 경순에게 아버지는 가게는 신경 쓰지 말고 대학에 진학할 것을 권한다. 아버지는 문맹이라는 이유로 무시당했고 가게 직원은 장부를 조작해 돈을 횡령했다. 아버지는 이런 취급을 받는 이유가 자신의 무지 때문이라 생각한다. 아버지는 입버릇처럼 "내가 적어도 초등학교만 나왔더라면"[160]이라 말하며 과거를 후회한다. 무시받는 고통을 자식만은 겪지 않도록 교육에 있어서 만큼은 최선을 다한다. 이런 아버지의 모습은 기존 김학영 작품 속 아버지와 가장 큰 차이를 보이는 부분이다.

경순의 말더듬은 차별로 연결된다. 경순은 학교에서 말더듬을 이유로 선생님과 학생들에게 무시받는다.

> 히라오는 북채를 든 손을 멈추고 뒤를 돌아봤다. 거기에 경순이 서 있는 것을 보로소 깨달은 듯이 잠간 경순을 바라보더니 이윽고 엷은 웃음을 보이며 말더듬이 흉내를 내며 "뭐, 뭐, 뭐야, 조, 조, 조센징. 너, 너, 넌 저기에 가, 가 있어." 그 순간 옆에서 누군가 소리 내 웃었다. 경순은 몸이 움츠러들었다. 지금까지 몇 번인가 '조센징'이라 무시 받은 적은 있지만 그것은 모두 같은 또래의 친구와 놀이도중 싸웠을 때이며 그것도 형세가 불리한 상대가 분해서 내뱉은 대사에 지나지 않았다.[161]

160 金鶴泳, 위의 글, p.181.
161 金鶴泳, 위의 글, p.183.

경순은 학교에서 동급생 히라오平尾와 마찰이 생긴다. 학생들은 북을 치기 위해 줄을 서 기다리지만 히라오는 새치기를 하고 할애된 시간보다 오래 북을 친다. 경순은 히라오에게 양보를 요청하지만 히라오는 경순의 말더듬을 흉내내며 조센진이라고 조롱한다. 선생님들은 출석부를 부를 때 경순이 말을 더듬기 때문에 이름을 건너뛰고 부른다. 경순은 학교에서 말더듬이 재일코리안이라는 이중의 차별을 받고 있는 것이다. 이처럼 작품에서는 경순을 통해 재일코리안이 받는 차별을 주제화했다. 재일코리안 차별 문제는 사회문제로 확대된다.

> 3년 전, 주종일이란 동포청년이 길에서 동사한 사건을 그는 자주 떠올린다. (중략) 동포 중에서는 처음 대학생이었던 것만으로 많은 동포들로부터 장래를 촉망받았지만 그 중에서는 “한국인이 일본 법률을 공부해서 뭐해? 재판관이나 변호사가 되는 것도 아니고 써먹을 데가 있어야지” 하고 빈정대는 사람들도 있었다. 아니나 다를까 대학을 졸업하고 주종일은 또 다시 그 도시로 돌아왔다. 역시 국적 때문에 취직자리가 없어 하는 수 없이 돌아왔다는 소문이었다. (중략) 어느덧 술주정뱅이가 되어 가끔 거리에서 볼 때마다 얼굴에 일종의 붕괴가 더욱 나타나있었는데 3년 전의 겨울 어느 밤 술에 취해 길 바닥에서 잠들어 그대로 얼어 죽고 말았다.[162]

---

162 金鶴泳, 위의 글, p.191.

재일코리안 청년 주종일朱宗一은 마을 최초로 법대에 진학할 정도로 촉망받는 인재였다. 그러나 졸업 이후 재일코리안이라는 이유로 어디에도 취직하지 못하고 결국 고향으로 돌아온다. 낙담한 주종일은 항상 술을 마셨고 어느 겨울 밤 길에서 동사한다. 재일코리안이라는 이유만으로 받는 사회차별과 개인의 붕괴가 주종일을 통해 드러나는 것이다. 아버지의 상습적인 폭력 역시 근본 원인은 사회차별에 있다.

> 일주일 전 밤, 아버지가 "그 녀석 내가 글자를 모른다 생각하고 깔보고 있어"라고 했을 때, 문득 그때의 일을 생각했다. 아버지의 말이 "글자를 모르는 조센진이라 생각하고 깔보고 있어"라고 말하는 듯이 들렸기 때문일까. 문맹의 조센진, 말더듬이의 조센진, 그 비참한 부합에 경순은 아버지만이 아니고 자신과 자신의 집 전부가 미즈사와에게 깔보인 것과 같은 굴욕을 느낀 것이다.[163]

아버지는 사회에서 받은 무시와 차별을 가정폭력으로 해소한다. 아버지는 문맹이라 무시 받고 조선인이기 때문에 멸시받는다. 문맹, 말더듬이, 조선인 모두 일본에서는 동일선상의 장애인 것이다. 사회차별은 아버지의 가정폭력으로 연결되고, 아버지의 폭력은 경순의 말더듬으로 이어지며 인과관계를 형성한다. 이윽고 경순은 아버지를 이해하게 된다.

---

163 金鶴泳, 위의 글, pp.183-184.

> "이제 그만둬요" 이런 일이 계속되는 한 모두가 헛된 짓이라는 기분이 들었다. 공부하는 것도 대학에 들어가는 것도 살아있는 것조차도 무의미하단 생각이 들었다. 분노인지, 슬픔인지 분간할 수 없는 생각을 골똘히 하며 그는 아버지를 노려보았다. 그를 마주 보고 있는 아버지의 눈엔 술 때문인지, 노여움에 흥분되었기 때문인지 약간 붉었다. 그 눈이 이상하게 반짝반짝 빛나고 있어 팽팽히 긴장한 마음으로 아버지의 다음 반응에 대한 태세를 취하고 슬그머니 그 빛을 쳐다보고 있는데 문득 그것이 눈물 때문이란 것을 깨닫고 그는 움찔했다. '아버지가 울고 있다!' 주머니 속에 끌을 굳게 쥐고 있던 손이 나도 모르게 풀렸다. (중략) 그 때 아버지가 입을 열었다. "너도 이젠 알겠지, 남에게 수모를 당하면서 살아가지 않으면 안 되는 기분이 어떤 것인지…"[164]

아버지는 평소처럼 어머니에게 폭언을 시작한다. 2층에서 상황을 살피던 경순은 아버지를 찌르기로 결심한다. 주머니에 끌을 넣고 1층에 내려온 경순은 주머니에서 끌을 움켜쥔 채 아버지에게 그만두라고 소리친다. 그 순간 경순은 울고 있는 아버지의 모습을 확인한다. 아버지는 경순에게 "너도 이젠 알겠지, 남에게 수모를 당하면서 살아가지 않으면 안 되는 기분이 어떤 것인지…"라 말하며 차별받는 자의 서러움을 말한다. 그 순간 경순은 쥐고 있던 끌을 내려놓는다. 아버지는 사회에서 무식한 재일코리안이라고 차별받는 나약한

164 金鶴泳, 위의 글, p.197.

인간이었다. 이 대목에서 공포의 대상인 아버지 역시 차별받는 인간이자 가족과 사회 어디서도 인정받지 못하는 나약한 한 사람이라는 사실을 이해하게 된다.

이처럼 「끌」에서는 아버지의 폭력, 경순의 말더듬, 재일코리안 차별을 종합적으로 다룬다. 주인공의 말더듬은 아버지의 폭력 때문에 시작되었다. 아버지의 폭력원인은 사회에서의 차별에서 기인했다. 이러한 구조에서 모든 인과관계가 연결된다. 나아가 학교에서 무시받는 경순의 모습을 통해 차별이 대를 건너서도 이어짐을 상징한다.

「끌」의 구성과 문제의식에서는 김학영 문학의 전형성을 확인할 수 있다. 가장 특징적인 대목은 사회문제를 개인의 내면묘사로 구체화한 점이다. 이러한 방식은 동시대 재일코리안 작가들과 가장 큰 차별화를 이루는 지점이라 할 수 있다. 그렇다면 내향성에 기반한 김학영 문학과 동시대 재일코리안 작가들의 작품은 어떠한 차이점이 있을까? 나아가 재일코리안 문학, 일본문학의 관계성을 어떻게 정의할 수 있을까?

3) 부정되는 구도와 새로운 재일코리안 문학

데뷔작 「얼어붙은 입」을 시작으로 김학영은 주로 말더듬이의 고뇌, 아버지의 폭력, 민족주의 의식 결핍을 다루었다.[165] 실제로도

---

165 竹田青嗣(1995),「金鶴泳」,『〈在日〉という根拠 - 李恢成·金石範·金鶴泳』, 筑摩

김학영은 "심한 말더듬이로 태어나 고통과 불우의식을 느꼈으며 가부장적 아버지의 폭력, 재일코리안이라는 콤플렉스, 귀국정책에 따라 북한으로 간 누이들, 계속되는 자살충동 등 가족사와 인생사가 고통의 연속이었다."[166] 김학영은 개인사를 바탕으로 내면 탐구에 치중하는 내향적 특성을 보였다. 이는 김학영이 동시대 재일코리안 작가들과 가장 차별화되는 지점으로 볼 수 있다.「끌」의 동시대평 역시 이 부분에 주목한다.

> 미야하라 : 이 작가의 입장이 다른 재일조선인 작가와 비교해 독특한 점은 어디까지나 조선인 2세로서 이른바 차별과 빈곤에서 비교적 아버지에 의해 지켜져 그렇게 빈곤하지 않고 그럭저럭 부유……. (중략) 정체성을 잃고 조국이라던가 차별이라던가 머릿속 지식으로 밖에 머무르지 않고 실감과 절실하게 몸에 스며든 것을 아무래도 정체성을 가질 수 없는 것이 재일조선인 작가로서 이 작자의 입장의 특이한 점이라 생각합니다.[167]

미야하라 아키오宮原昭夫는 김학영이 다른 재일코리안 작가와 달리 빈곤 문제나 조국, 차별을 다루지 않고 몸에 스며든 것을 다루는 특징이 있다고 평가한다. 단적으로 이회성과 비교하더라도「다

書房, pp.129-208.

166 권성우(2017),「김학영의『얼어붙은 입』에 대한 세 가지 해석과 논점」,『한민족문화연구』 60, 한민족문화학회, p.72.

167 宮原昭夫(1978),「対談時評 - 表現とモチーフ - 光岡明「草と草との距離」､岡田睦「死神」､金鶴泳「鑿(のみ)」」,『文學界』 32(7), 文藝春秋, p.265.

듬이질하는 여인」을 제외한 동시대 이회성 작품 대다수가 일본에서의 차별, 인권문제를 전면화한다. 반면 김학영은 개인의 내면과 인간적 고뇌와 같은 내향적 요소를 전면화한다. 이러한 특징에 대해 가와무라 미나토는 다음과 같이 말한다.

> 재일한국인문학에 있어서의 '불우의식'을 가장 인상 깊은 모습으로 형상화한 사람은, 사실상 재일한국인문학의 본거지에서 외톨박이 모양 떨어져 나온듯한 이 김학영이었던 것이다."[168]

가와무라 미나토는 김학영의 문학이 재일코리안 문학 본거지에서 "외톨박이 모양으로 떨어져 나온 듯"하다고 말한다. 즉, 동시대 재일코리안 작가들과 상이하다고 평가한 것이다. 이러한 평가는 〈문예상〉 수상 당시부터 있었는데, 당시 문예상 심사위원[169]이었던 에토 준江藤淳은 "어딘가 소세키의 『마음』 중 '선생님의 유서'를 떠올리게 하는 필치"를 가졌다고 호평했다.[170] 김학영의 작품에서 소세키적인 면을 발견했다는 대목은 "이른바 '조선적'인 것과는 거리가 멀다는 것"을 의미한다.[171] 또한 김학영 스스로도 차별문제에 큰 관심이 없다 말하며, 민족차별에 대해 다음과 같이 발언했다.

---

168 川村湊(1985), 「不遇性의 文學」, 『얼어붙은 입』, 한진출판사, p.265.

169 심사위원은 에토 준江藤淳, 고지마 노부오小島信夫, 다케다 다이준武田泰淳, 요시오카 준노스케였다.

170 江藤淳(1966), 「文藝賞選後評」, 『文芸』 5(11), 河出書房新社, p.104.

171 박유하(2003), 「〈재일문학〉의 장소와 교포 작가의 〈조선〉표상」, 『일본학』 22, 동국대학교 일본학연구소, p.190.

> 한국인[172]에 대한 차별은 내게는 그다지 중요한 관심사는 아니다. 내 자신은 한국인이라고 하는 이유로 차별을 받거나 바보취급을 당했거나 학대를 받은 경험이 전혀 없다. 그런 탓인지 민족문제, 민족차별을 고발한다는 사실에 대해 나는 별로 관심이 없다.[173]

인용문에서 김학영은 본인은 재일코리안이라는 이유로 차별과 무시를 당한 적이 전혀 없기 때문에 차별문제에 별 관심이 없다고 밝히고 있다. 실제로 동시대 재일코리안 작가 상당수는 조총련을 지지하고 박정희 정권을 비판하는 경우가 많았지만, 김학영은 민단계에 가까웠다. 오히려 김학영은 "좌파 지식인의 기회주의적 행보에 환멸을 느꼈으며 이는 정치나 민족주의와 거리를 두는 계기[174]가 된 것으로 보인다." 1969년 김학영은 이회성과 함께 재일코리안 작가 다치하라 마사아키立原正秋를 만나러 갔던 일화가 있다. 김학영은 일기에서 "이회성을 비롯한 조총련의 인간들은 뻔뻔하고 비열하다"고 평가하며 조총련에 적대감을 드러냈다.[175] 이처럼 김학영은 조총련과 거리를 두며 동시대 재일코리안 작가들과는 상반된 행보를 보였다. 즉, 민족과 거리를 두고 개인 내면에 집중했으며, 이는 동시대 재일코리안 문학의 전형성과 차이를 보이는 계기가 되었다.

---

172 원문의 표현을 그대로 인용함.
173 김학영(저), 하유상(역)(1992), 「자기 해방의 문학」, 『얼어붙는 입』, 화동출판사, p.206.
174 권성우(2017), 「김학영의 『얼어붙은 입』에 대한 세 가지 해석과 논점」, 『한민족문화연구』 60, 한민족문화학회, p.74.
175 金鶴泳(2004), 「日記(1969,10,19)」, 『金鶴泳作品集 - 凍える口』, クレイン, p.521.

또한 말더듬이의 고뇌, 아버지의 폭력과 같은 소재들은 자연스럽게 문제의식을 개인 내부로 향하게 만들었다. 단적으로 이회성이 「반 쪽발이」에서 사회문제를 분신焚身이라는 방식으로 표출할 때, 「얼어붙은 입」, 「눈초리의 벽まなざしの壁」에서 주인공은 스스로 고뇌하며 개인 내면탐구로 문제를 해결하려 했다. 이러한 김학영 문학의 양상은 동시대 재일코리안 작가들과는 분명히 구분되었다. 일본문단은 이러한 특성에 주목했으며 마침내 김학영은 〈아쿠타가와상〉 후보에 오르게 된다.

1974년 「여름의 균열」로 71회 〈아쿠타가와상〉 후보에 올랐을 당시, 후나바시 세이이치는 다음과 같이 말한다.

> 단조로운 부분도 있지만 진지함이 넘친다. 마지막 부분에서 나르시시즘과는 다른 자기 존경이라는 새로운 어휘가 나오는 것은 주목해도 좋다. (중략) 무언가 쓰고자 하는 주제가 느껴져 부족한 부분이 있어도 읽는 독자에게 호소하는 성실함과 박력이 있다.[176]

후나바시는 작품 속에서 자기존경自己尊敬이라는 새로운 어휘의 등장을 언급하며 개인내면의 치밀한 기술을 높이 평가한다. 실제로 71회 심사평[177]에서 후나바시를 제외하고 찬성표는 없었으며 김

---

176 舟橋聖一(1974), 「芥川賞選評」, 『文藝春秋』 1974.06, 文藝春秋社, p.371.

177 심사위원은 오오카 쇼헤이, 니와 후미오, 나카무라 미쓰오, 이노우에 야스시, 나가이 다쓰오, 요시오카 준노스케, 후나바시 세이이치, 다키 고사쿠, 야스오카

학영은 본상 수상에 실패했다. 하지만 심사평에서 김학영 문학의 내향성만은 높이 평가했었음을 심사평에서 확인할 수 있다.

주목할 부분은 76회의 심사평이다. 1977년「겨울 빛」으로 76회 〈아쿠타가와상〉 후보에 올랐을 때 심사위원[178]들은 다양한 의견을 제시한다.

> 마지막 부분에서 아버지가 단지 울분의 짜증을 가졌을 때 이건 조선인의 아버지가 이국에서 사는 위화감의 울분이 폭발해 이상해진 것을 알고 나는 암담함을 느꼈다.[179]

다키 고사쿠는 작품 속 아버지의 분노장면에서 조선인 가정의 모습을 보았다 말하며 반대표를 던진다. 즉, 내향성보다는 '조선인 가정'에 관심을 보인 것이다. 엔도 슈사쿠 역시 다키 고사쿠와 비슷한 태도를 보였다.

> 이 작품을 〈아쿠타가와상〉으로 권장할 자신도 없다. 그건 이 역작의 주인공의 묘사방법에는 조금 이래도인가, 이래도인가 하는

쇼타로 9명이었다. 이 중 찬성은 후나바시 세이이치 뿐이었으며 이노우에 야스시, 나가이 다쓰오는 중립을, 요시오카 준노스케는 반대표를 던졌다. 그 외 심사위원의 코멘트나 평가는 없었다.

178 76회 심사위원은 오에 겐자부로, 니와 후미오, 야스오카 쇼타로, 요시유키 준노스케, 나카무라 미쓰오, 엔도 슈사쿠, 다키 고사쿠, 이노우에 야스시, 나가이 다쓰오까지 총9명이었다. 이 중 나카무라 미쓰오를 제외한 8명이 김학영의 작품을 평가했다.

179 瀧井孝作(1977),「芥川賞選評」,『文藝春秋』1977.03, 文藝春秋社, p.407.

> 것 같은 가정적인 불행을 늘어놓고 그리고 그 결말을 '집 없는 아이'와 '나라없는 아이'로 가져가는 경향이 있어 그것이 아쉬웠다.[180]

엔도 슈사쿠는 김학영의 작품이 최종후보에 오를 수준의 작품인 것은 인정하지만, 묘사 방식과 결말에 아쉬움을 표한다. 또한 작품 내적 평가보다 '재일코리안 가정'에 주목한 모습을 보였다. 가장 주목할 부분은 오에 겐자부로의 심사평이다. 오에는 김학영에게 노골적으로 재일코리안 문학의 전형성이 드러나는 작품 창작을 요구한다.

> 매 장면마다 솔직한 담채의 그림으로 보이는 것들이 겹쳐지며 저항감 있는 타블로를 만들었다. 일본인 가정에는 없어진 짙은 혈육의 분위기를 제시하고 거기에 겹쳐지는 조선전쟁의 큰 그림자를 착실히 떠오르게 한다. (중략) 김 씨는 이런 수법으로 재일조선인 한 자제의 전후사를 장편으로 썼으면 한다.[181]

오에는 김학영의 작품이 일본인 가정에는 없어진 짙은 혈육의 분위기를 풍긴다 말하며 재일코리안 가정만의 특수성을 언급한다. 다키 고사쿠, 엔도 슈사쿠와 마찬가지로 '마이너리티 가정의 특수성'에 관심을 보인 것이다. 가장 특징적인 대목은 재일코리안 전후사를 주제로 장편을 쓸 것을 요구한 대목이다. 이러한 요구는 79회 「끌」의 심사평에서도 계속된다.

---

180 遠藤周作, 앞의 글, p.406.
181 大江健三郎, 앞의 글, p.404.

김학영의 「끌」은 각각에 전작의 세계를 보다 깊이 있게 만들었다. 문장도 충분히 힘이 있고 전작의 수험생, 전후의 재일조선인 자제라는 주제를 짊어진 인물들도 그 사회, 시대와의 관계 모두 정성들여 표현하고 있다. 따라서 내가 이 두 작품에 적극적으로 표를 주지 않은 이유는 단지 그것이 독립된 단편보다 큰 장편 혹은 연작으로 되었을 때야 말로 힘을 발휘할 수 있다고 생각했기 때문에 그 외에는 없다. 즉 단편(혹은 중편)의 '형태'를 갖추고 있는 것을 선택한다는 기본적인 곳에 다시 나는 선다.[182]

오에는 79회 심사평에서도 김학영에게 재일코리안 가정사 소재의 중장편 창작을 요구한다. 민족, 차별, 전후사로 대표되는 동시대 재일코리안 작가들과 유사한 작품 창작을 강요한 것이다. 하지만 끝내 문단의 요구에 부합하지 못한 김학영은 〈아쿠타가와상〉 수상에 실패한다.[183] 이러한 사실에서 김학영과 동시대 재일코리안 문학과 차이를 확인할 수 있으며 재일코리안 문학의 전형성을 확립하고자 했던 일본문단의 당시 태도를 확인할 수 있다. 그렇다면 1970년대 일본문단과 재일코리안 문학은 어떠한 관계성이 있을까?

1960년대 일본사회에서는 각종 인권운동이 발생하고 사회에

---

182 大江健三郎(1978), 「芥川賞選評」, 『文藝春秋』 1978.09, 文藝春秋社, p.377.

183 이후 김학영은 『신초新潮』 1983년 7월호에 「향수는 끝나고, 그리고 우리들은……郷愁は終り、そしてわれらは――」을 발표한다. 「끌」 이후 5년 만에 발표한 작품으로, 재일코리안의 조국과 북한의 정치공작, 스파이를 소재로 다루었다. 작품에서는 장편의 형태로 정치성을 전면화했다. 〈아쿠타가와상〉 수상을 향한 김학영의 강한 의지를 확인할 수 있다.

내재된 마이너리티 문제를 인식한다. 이런 상황에서 일본문단은 "1960년대 사소설기를 지나 1970년대에 '내향의 시대'로 이어지며 문학계의 닫힌 감성을 보여준다."[184] 1950년대 정치의 계절과 거대 담론의 시기를 겪은 뒤, 일본인 작가들이 개인 내면성찰에 치중하고 있는 상황에서 재일코리안 작가들이 일본문단에 등장한다. 일본인 작가들과 달리 재일코리안 작가들은 인권운동, 사회문제등을 문제를 전면화한다. "전후 문단에서 버려야할 '구태'로 비난 받던 일본 사소설의 가능성이 재일코리안 문학과 같은 마이너리티문학이 사회성을 충족"[185]시키며 1970년대 문단의 양상이 전환된 것이다. 김학영에게 재일코리안 문제를 다룬 작품을 창작하라는 〈아쿠타가와상〉 심사평은 일본문단이 재일코리안 작가에게 요구했던 역할을 확인할 수 있는 근거가 되는 것이다.

1970년대 재일코리안 문학자들은 일본인 작가들과 대비되는 형태로 일본문학의 양상을 바꾼다. 이와 같은 대비구도에서 김학영은 양측 모두의 특징을 포괄하는 모습을 보인다. 실제로 김학영 작품은 사소설적 색채가 농후할 뿐 아니라, 주인공 '내면'이 '아버지'와의 밀접한 관계 속에서 형성하는 점에서 일본문학과의 관계성을 가진다.[186]

---

184 박유하(2003), 「〈재일문학〉의 장소와 교포 작가의 〈조선〉표상」, 『일본학』 22, 동국대학교 일본학연구소, pp.188-189.

185 강우원용(2010), 「일본 마이너리티문학의 양상과 가능성 - 오키나와문학과 재일한국인·조선인문학을 중심으로」, 『일본연구』 14, 고려대학교 글로벌일본연구원, p.220.

186 이승진(2014), 「재일 한국인 문학과 일본 근대문학과의 영향관계 고찰 - 재일 한

「끌」에서 김학영은 말더듬이와 아버지의 폭력으로 인한 내면적 괴로움과 재일코리안의 삶을 그려냈다. 개인 내면에서 출발해 민족으로 문제의식을 확장한 것이다. 이러한 특성은 김학영이 동시대 재일코리안 작가들과 확연히 구분되는 지점으로 볼 수 있다. 하지만 김학영 역시 '폭력적이고 가부장적인 아버지'로 대표되는 재일코리안 문학의 전형적 아버지상을 그려낸다. 이러한 특징에 대해 서경식은 다음과 같이 말한다.

> 김학영은 일본사회와 재일조선인인 자기 아버지 사이에 있는 갈등을 다뤘습니다. 물론 조선을 상대하고 하고 있는데 한국사회를 주제로 한 것은 아닙니다. 김학영의 경우 60년대 그 시점에는 아주 재능이 있는, 섬세한 작가였다고 생각해요. 그 시점에서 재일조선인의 모습을 있는 그대로 잘 그려 냈다고 생각합니다. 그런데 그것이 소비되는 양상, 모습에 문제가 많습니다. 그 소설 속에 아주 폭력적인 아버지가 나오죠. 그러니까 '민족'이라는 것이 '폭력적인 아버지'라는 모습으로 상징되어 있습니다. 그런데 민족을 아버지로 상징해서 후진적으로 폭력적으로 그려 내는 것이 과연 타당할까요?[187]

김학영 문학에서의 말더듬, 아버지의 폭력은 개인의 내향성에 그치지 않고 재일코리안 문학의 전형성 구축으로 연결된다. 말더

국인 2세대 작가 김학영(金鶴泳)을 중심으로」, 『아시아문화연구』 33, 가천대학교 아시아문화연구소, p.207.

187 서경식(2009), 『고통과 기억의 연대는 가능한가?』, 철수와영희, p.131.

듬, 폭력, 차별을 동일선상에 놓음으로써 민족과 마이너리티로 연결되는 것이다. 김학영 스스로도 자신의 문학에 대해 다음과 같이 말한다.

> 아버지는 어째서 그렇게 처절한 폭력을 휘두르는 그런 인간이 된 것일까? 생각해 보면 아버지의 소년시절도 매우 불행했었다. 할머니가 33살 때 자살했는데, 그 당시 아버지는 15살이었다. 할아버지는 술만 마실 뿐 아무일도 하지 않는 인간으로 변해버렸고, 그 덕택에 소년의 몸임에도 불구하고, 자기가 먹을 것은 자신이 해결하지 않으면 안되어서 고생스럽지만 자기가 나서서 돈을 벌어야 했다. 이와 같은 가혹한 상황이 폭력적인 인간을 만든 하나의 원인이 되었다고 생각한다.
>
> 이와 같이 따지다 보면 왜 한국인이면서 일본에 흘러들어와서 살게 되었나 하는 질문에 봉착하게 된다. 자신의 말더듬이 문제의 근원을 찾아서 생각해 가다보면 민족문제에 이르게 된다.[188]

김학영은 자신의 말더듬을 유발했던 아버지의 폭력의 원인을 생각하던 중 조선인이 일본에 살게 된 근본원인에 봉착한다. 개인내면이 민족문제로 수렴되는 것이다. 이 대목에서 김학영 문학이 전형적 재일코리안 문학과 동시대 일본인 작가들의 내향적 문학의 접점에 있음을 확인할 수 있다. 즉, 일본인 작가들과의 방향성과 다른

---

188 김학영(저), 하유상(역), 「자기 해방의 문학」, 『얼어붙는 입』, 화동출판사, p.206.

지점에서 출발했음에도 불구하고 같은 도달점에 닿으며 일본문학의 특성에 부합한다. 하지만 여기에 그치지 않고 사회문제, 마이너리티 문제를 함께 다루며 내향성과 사회문제 모두를 내포한다. 김학영의 문학을 통해 1970년대 내향성의 일본인 문학, 사회성의 재일코리안 문학이라는 기존 구도를 새롭게 정립할 수 있는 것이다.

그렇다면 김학영으로 대표되는 재일코리안 문학은 1970년대 일본문단에 어떤 영향을 끼쳤을까? 1970년대 재일코리안 문학은 일본문단의 동화와 포섭 정책의 대상이 된다. 이런 상황에서 재일코리안 문학은 일본인들과 상반된 행보를 보인다. 내향의 시대에 사회성을 띤 재일코리안 문학은 명확히 대비되었다. 그러나 김학영은 내향성과 사회문제를 함께 다루며 일본문단과 조응하는 동시에 외연을 확장한다. 두 요소가 내포된 김학영 문학은 일본문학과 재일코리안 문학의 교두보이자 완충역할을 할 것이다. 이에따라 일본인 내향 / 재일코리안 외향의 기존 정의를 반박할 수 있으며, 이를 통해 재일코리안 문학의 역할을 새롭게 정의할 수 있는 것이다.

재일코리안 문학은 개인내면과 사회문제를 복합적으로 구현해 폭넓은 스펙트럼을 구축한다. 즉, 재일코리안 문학과 일본문단의 관계성을 새롭게 규정한다. 재일코리안 문학의 역할과 영향력을 확인할 수 있다.

1970년대 재일코리안 문학은 가시적 변화가 나타난다. 그렇다면 동시기 재일코리안 사회는 어떠한 모습을 보였을까? 재일코리안 사회 역시 조직에서 벗어나 새로운 삶의 형태를 모색하기 시작했다. 이러한 변화는 재일코리안의 현실을 종합적으로 다룬 잡지『마당』을 통해 보다 자세히 확인할 수 있다.

제2부

재일코리안 매체와 디아스포라 문화지형

제1장

1970년대 재일코리안 사회의 현실과 변화

1. 다성적 목소리와 교차하는 문화매체

1) 재일코리안 잡지 미디어의 계보와 흐름

재일코리안들은 문화매체를 통해 사회상을 기록으로 남겼다. 해방 직후부터 현재까지 출간된 재일코리안 매체는 140종이 넘는다. 현황을 살펴보면 1960년 이전 재일코리안 발행 잡지는 17종, 1960년대 23종, 1970년대 19종, 1980년 27종, 1990년대에 29종이 발간되었다.[1] 2015년 9월에는 종합지 『항로抗路』가 창간되어 2024년

1 재일디아스포라 문학의 글로컬리즘과 문화정치학 연구팀(2017), 『재일디아스포라 문학선집 5 연구』, 소명출판, pp.8-9.

1월에 종간되어 재일코리안 잡지 미디어의 명맥을 이어오고 있다. 해방 직후 『민주조선』부터 『항로』까지 잡지 미디어는 동시대 재일코리안 사회상을 반영하고 의견을 개진하여 시대적 기능을 담당했다.

해방 직후부터 1950년대까지 발간된 재일코리안 잡지의 경우 강력한 조국지향성을 가진 1세대가 편집을 주도했다. 해방 직후 문학자들은 『인민문화』, 『고려문예』, 『조선문화』, 『조선』, 『백민』, 『건청』 등의 동인지와 『해방신문』, 『조선민보』 등 민족신문을 대상으로 활동했다. 당시 활동 가능한 재일코리안 매체가 부재한 상황 속 조련의 지원으로 『민주조선』이 창간된다. 『민주조선』은 1946년 4월 창간호를 시작으로 1950년 7월 33호로 종간한 해방 직후 재일코리안에 의해 일본어로 간행된 최초의 종합잡지이다.[2] 특히 "조선의 문화를 일본인에게 소개하는 것으로 조선·조선인에 대한 편견에 가득 찬 인식을 바로 잡는다는 문제의식"[3]을 가졌다. 『민주조선』에는 재일코리안 뿐 아니라 일본인, 러시아인 등 다양한 필진이 참가했다. 지면에서 문학이 가장 높은 비율을 차지했으며 정치, 경제, 문화 관련 기사도 상당수 수록되었다. 『민주조선』은 정치, 경제, 사회, 문화와 식민지 청산 문제를 다루었으며, 일본인 독자들에게 조선 문화를 소개하고자 했다. 조선문화로 "일본인에게 올바른 '조선인'과 '조선 문화'의 인상을 심어주려는 의도에는 바로 '지금 여기'

2 이한정(2014), 「『민주조선(民主朝鮮)』과 "재일문학"의 전개」, 『일본학』 39, 동국대학교 일본학연구소, p.202.

3 金達寿(1986), 「雑誌『民主朝鮮』のころ」, 『季刊三千里』 48, 三千里社, p.99.

일본에서 일본인과 더불어 살아야 한다는 '재일' 의식이 있었다."[4]

당시 재일코리안 사회에서는 치열한 노선투쟁이 벌어지고 있었지만 실질적으로 조련이 다수의 지지를 받고 있었다. 조련은 일본공산당과 밀접한 관계를 맺고 있었고, 『민주조선』은 조련의 자금지원으로 운영되었기 때문에 강한 정치색을 드러냈다. 이런 상황에서 『민주조선』은 재일코리안 문학자들의 활동의 장이자 동시대 재일코리안 사회의 대표하는 잡지 역할을 수행했다. 이처럼 『민주조선』은 해방 이후 시작된 재일코리안 잡지 미디어의 시작인 동시에 잡지사에서 중요한 위치의 매체라 할 수 있다.

1950년 『민주조선』이 종간하고 1953년 2월, 『진달래チンダレ』가 창간된다. 『진달래』는 오사카 조선시인집단大阪朝鮮詩人集団의 기관지였으며 1958년 10월에 20호로 종간한다. 『진달래』는 조련의 후속 단체격인 민대 중앙본부의 문화투쟁 강화 지령에 의해 창간된 서클지였으며 김시종과 양석일이 주도적 역할을 했다. 발행언어는 기본적으로 일본어였으며 간혹 조선 창작 작품도 수록했다. 『진달래』는 좌파적 이념을 강하게 투영했지만 점차 무게 중심이 '현실적 삶으로서의 재일'로 옮겨가면서 이념 노선을 벗어나 지향 매체로 발전했다. 『진달래』 역시 『민주조선』과 마찬가지로 조직의 영향을 받았기 때문에 정치색을 배제할 수 없었다. 1955년 5월 민전이 해산되고 조총련으로 재편되면서 재일코리안 공산주의자들은 조선노

4 이한정(2014), 「『민주조선(民主朝鮮)』과 "재일문학"의 전개」, 『일본학』 39, 동국대학교 일본학연구소, p.202.

동당의 지도를 받게 된다. 또한 조선어로 조국을 표현해야 한다는 강요를 받았으며 내용적으로도 공화국의 교조적 사상에서 자유롭지 못했다.[5] 이런 상황에서 김시종이 『진달래』의 정치선전 행보를 비판하는 필화사건이 발생한다. 김시종은 "일본이라는 현실과 동떨어진 인식에서 내려지는 정치적 해석을 비판하며 '예술의 정치도구화'라는 본질적 문제를 제시했다."[6] 이후 구성원 간 논쟁이 발생하고 조총련의 탄압에 의해 『진달래』는 종간하게 된다.

『진달래』 종간 이후에는 『계림鷄林』이 창간된다. 잡지명은 조선의 옛 아명 중 하나인 '계림팔도'에서 유래했으며 1958년 11월, 창간호 발행을 시작으로 1959년 11월, 5호로 종간했다. 재일코리안 1세대 장두식이 편집을 맡았으며, 48~66쪽 분량에 소설, 시, 수필, 평론, 독자의 목소리, 르포, 기록, 만평, 독서안내 등을 실었다. "당시 이데올로기적으로 편향된 잡지가 주류인 점을 감안하면 게재 작품의 양과 질을 떠나 문예잡지로서 충실한 면모를 갖춘 지면"[7]으로 기능했다. 『계림』은 재일코리안은 물론 일본인 독자들의 투고가 줄어들어 원고 부족 상황에 처하게 된다. 또한 독자적인 배급망을 구축해 잡지 대금을 선불로 받는 영업 전략을 펼쳤지만, 결국 금전

---

5 김계자(2017), 「1950년대 재일코리안의 문화운동」, 『아시아문화연구』 44, 가천대학교 아시아문화연구소, p.7.

6 이승진(2017), 「재일코리안잡지 『호르몬 문화ほるもん文化』 연구 - 재일코리안잡지사에서 차지하는 위상과 의미를 중심으로 - 」, 『일본학보』 113, 한국일본학회, p.128.

7 재일디아스포라 문학의 글로컬리즘과 문화정치학 연구팀(2017), 『재일디아스포라 문학선집 5 연구』, 소명출판, p.5.

적 한계에 봉착한다. 즉, 표면적으로는 조총련의 간섭을 받지 않는 독자적 노선을 추구했지만, 실제로는 조총련의 지원이 필요했던 것이다. 이런 상황에서 조총련은 1959년 1월, 전국 하부조직에 『계림』에 조금도 협력할 수 없다는 공문을 보내고 조총련 산하기관 문예동에서 문예지 『문학예술文學藝術』 창간을 준비하며 『계림』은 폐간에 이른다.

『계림』의 종간 이후, 김시종, 양석일, 정인 등이 편집을 맡은 에세이 동인지 『가리온カリオン』이 창간된다. 『가리온』은 1959년 6월, 창간호가 발행됐으며 1963년 2월에 3호로 종간한다. 『가리온』은 『진달래』의 정신을 계승해 조총련, 민단과는 다른 위치에서 '재일'의 생활과 실존을 담아내겠다는 방향성을 제시했다.[8] 그러나 다른 지면들과 같이 조직의 압박을 극복하지 못하고 종간하게 된다. 이와 같이 해방 이후의 재일코리안 잡지 대다수는 조련, 민전, 조총련 등 사회주의 계열 조직 하에서 간행되며 강한 정치적 영향을 받았다. 1960년대에는 조직이나 이념을 벗어나 일상의 문제를 다루려는 시도를 확인할 수 있다.

1960년대에는 『한양』, 『일본 속의 조선문화』 등이 창간된다. 『한양』은 1962년 3월, 창간호 발행을 시작으로 1984년 4월, 177호로 종간한 종합지이다. 발행언어는 한국어였으며 김인재가 발행인과 편집인을 겸했다. "『한양』은 중농주의를 표방하며 한국과 일본에서 대학 이상의 고등교육을 받은 비판적 지식인들에게 실천적 담론의

8 하상일(2017), 「김시종과 『진달래』」, 『한민족문화연구』 57, 한민족문화학회, p.79.

장을 제공했다."[9] 나아가 "한국의 '민주회복'과 '빈곤의 극복'에 적극 개입하며 1960년대 한국정치의 쟁점을 정면에서 다루었다."[10] "『한양』은 강한 조국지향 성향을 보이며 한국의 문학자들과 연대했지만, 1974년 이호철, 임헌영, 김우종, 정을병, 장병희 등이 한국에서 『한양』에 글을 기고했다는 이유로 체포되는 문인간첩단 사건이 발생한다. 이후 『한양』은 한국에서 불온서적으로 취급되어 반입이 금지되고, 인적·물적 네트워크가 단절된다. 존립자체가 위태로운 상황에서도 『한양』은 활로를 모색하며 1984년까지 간행을 이어갔다. 이처럼 『한양』은 강한 조국지향성 속에서도 보이며 조직을 벗어난 영역에서 독자적 행보를 이어갔다. 그럼에도 불구하고 여전히 노선투쟁, 한국 정치 등에 함몰되며 기존 재일코리안 매체들과 같이 강한 정치성을 보였다.

1969년 3월에는 『일본 속의 조선문화』가 창간된다. 『일본 속의 조선문화』는 1969년 3월 창간호가 발행됐으며 1981년 6월 50호로 종간했다. 정귀문鄭貴文, 정소문鄭詔文 형제가 김달수와 함께 간행을 시작했다. 『일본 속의 조선문화』는 일본 내 문화유산을 조선인의 뿌리를 찾아내고, 일본인에게 조선과 조선인 그리고 조선 문화를 올바르게 이해시키고자 촉구하고자 했다. 1970년 12월부터는 고단샤講談社에서 단행본으로 발매되었고, 2001년 6월에는 문고

---

9 고명철(2017), 「1960년대의 한양에 실린 소설의 문제의식 - 한양의 매체사회학적 위상을 중심으로」, 『재일디아스포라 문학선집 5 연구』, 소명출판, p.98.

10 재일디아스포라 문학의 글로컬리즘과 문화정치학 연구팀(2017), 『재일디아스포라 문학선집 5 연구』, 소명출판, p.8.

본으로 발행되었다.『일본 속의 조선문화』와 동시대 지면의 가장 큰 차이는 정치일변도 지면 속에서 문화를 통해 조선인의 정체성을 찾고자 한 점이다. 기존 재일코리안 매체 상당수는 강한 정치적 성향을 보였다. 그러나『일본 속의 조선문화』는 '조선문화' 자체에 초점을 맞추며 다른 노선을 걸었다. 이러한 사례에서 재일코리안 매체가 1960년대부터 새로운 양상을 보이기 시작한 것을 확인할 수 있다.

1970년대에는 보다 다채로운 모습이 나타난다.『한양』이 여전히 출간되고 있는 상황에서 1973년『마당』, 1975년『삼천리』, 1979년『잔소리』 등이 창간된다.『마당』은 김주태를 주필로 창간되었으며 1973년 10월, 창간호를 시작으로 1975년 6월에 6호로 종간한 종합지이다. 재일코리안의 정주와 삶, 청년, 세대, 결혼 등 사회적 현안을 다루는 데 주력했다. 기존 지면들과 가장 큰 차이는 지면에서 정치 이데올로기를 배제하고 일반 대중의 목소리를 주로 수록하며 재일코리안 사회의 현실적인 목소리를 소개한 점이다.『마당』은 기존 재일코리안 잡지들과 차별화를 시도했지만, 경제적인 이유로 약 2년 만에 종간하게 된다.

1975년 2월에는『삼천리』가 창간된다.『삼천리』는 1987년 5월 50호로 종간한 종합지로 편집위원은 강재언姜在彦, 김달수金達寿, 김석범金石範, 박경식朴慶植, 윤학준尹学準, 이진희李進熙, 이철李哲이었으며 발행언어는 일본어였다.[11]『삼천리』는 한일 양국의 가교

11 잡지의 출간 이후 편집위원이 변화된다. 종간호 기준으로 김석범, 박경식, 윤학

로서 재일코리안의 역할을 강조하며 국제문제에 많은 관심을 나타냈다. 또한 창간호 특집을 '김지하金芝河'로 정하는 등 고국에 많은 관심을 기울였다. 『삼천리』 재일코리안만이 필자로 참여하지 않고 〈조선문학의 회〉 구성원을 비롯한 일본인 상당수가 필자로 참여하는 등 일본인과의 교류를 활발히 이어갔다. 이처럼 『삼천리』는 한일 관계에서 재일코리안의 역할과 같은 국제문제에 관심을 보이며 다양한 담론을 형성했다.

『잔소리』는 『마당』의 후속지로 1979년 9월에 창간됐으며, 1981년 12월에 8호로 종간했다. 다큐멘터리 영화감독 오덕수를 비롯한 재일코리안 2, 3세대가 발행을 주도한 최초의 재일코리안 잡지이다. 저명한 논설기사를 비롯해 앙케이트와 인터뷰, 독자투고 등으로 구성됐다. 1970년대 일본의 동화정책과 남북한의 대립의 지속 상황 속에서 재일코리안 2세들에게 일본은 정주의 공간이었다. 이들에게 조국은 현실적 공간이 아니었다. 그 결과 "1세대를 향해 '잔소리 하지 말라'는 의미로 『잔소리』가 창간됐으며",[12] 지면에서는 "기존 1세의 가치관에 구애받지 않는 다양한 삶의 자세와 사고방식을 펼치고자 했다."[13] 각 호에서는 난민, 혼혈, 국적, 가족, 재일시론 등을 특집으로 다루었다. 또한 이데올로기를 벗어나 재일코리안 2, 3세대의 목소리를 수록하며 『마당』의 정신을 계승하는 모습을

준이 그만두고 서채원徐彩源, 서동호徐東湖, 사토 노보유키佐藤信行, 위양복魏良福이 참여했다.

12 김동근(2018), 「[오래된 이민이야기] 잡지 '잔소리'와 재일동포 2세대」, 『동포신문』 2018.05.18., (주)재외동포신문사.

13 박용복(2012), 『재일코리안사전』, 선인.

보였다. 『잔소리』는 8호에서 휴간을 선언했지만 끝내 복간하지 못하고 종간했다. 이처럼 1970년대 재일코리안 잡지는 정치일변를 특성을 벗어나 재일코리안의 삶, 한일관계와 국제관계와 같은 보다 다양한 주제를 다루었다.

1980년대에 접어들어서는 재일코리안 2, 3세가 주축인 지면이 증가하고 시작했다. 『민도』는 재일코리안 2세대 작가 이회성을 주필로 창간되었으며 1987년 11월 창간호가 발행됐으며 1990년 3월 10호로 종간했다.[14] 『민도』는 '민중民의 물결濤'을 의미하며 대중들의 '민중문예운동'의 실천과 "재일자를 위한 문예광장"을 표방한 재일민중문예종합지였다. 이회성은 "『민도』를 통해 재일코리안 민중과 지식인의 담론의 장을 만드는 동시에 한국, 일본, 재일코리안의 가교 역할을 지향했다."[15] 『민도』는 3세대 대표되는 새로운 세대를 중심으로 재일코리안 사회를 민중문화 담론의 장으로 만들고자 했다. 또한 일반대중의 목소리를 수렴하고 디아스포라 문제에 많은 관심을 보였다.

1980년대 후반 재일코리안 사회를 대표했던 잡지는 『청구』이다. 『청구』는 1987년 8월, 창간호를 발행했으며 1996년 2월 25호로 종간한 종합지이다. 잡지명 '청구'는 과거 조선을 지칭했던 아호 중 하나이며 발행언어는 일본어, 편집장은 이진희李進熙, 편집인은 강재언姜在彦, 위양복魏良福, 강상중姜尙中, 안우식安宇植, 문경수文京

---

14 공식적으로는 제1기 종간이라고 되어있었지만, 2기는 시작하지 못했다.

15 신재민(2018), 「재일코리안 잡지 『민도民涛』 연구」, 『일본학보』 115, 한국일본학회, p.195.

洙였다. 『청구』의 발행인은 한창우韓昌祐[16]였는데, 이진희가 1988년 한창우에게가 『삼천리』의 뒤를 잇는 잡지 출간 의사를 전달하고 이후 한창우가 사재로 지원을 시작하며 『청구』가 창간된다. 창간 당시 『청구』는 『삼천리』의 후속지이자 당시 편집위원들이 참여한다는 사실만으로 큰 주목을 받았다. 지면은 대담·정담·좌담, 수필, 논고, 그라비아, 민화나 단편소설 번역 소개, 출판계 소식 등으로 구성됐다. 또한 "냉전논리와 거리를 두고 한일 교류사, 일본인의 왜곡된 역사인식, 한일관계, 남북한의 이념적 갈등, 재일코리안 사회의 역사성과 현재성 등을 종합적으로 다루었다. 이를 통해 동아시아 지역의 공생공존과 한일관계의 개선, 남북한의 평화통일, 재일디아스포라의 실존적 지위 확보를 추구했다."[17] 이처럼 『청구』는 동시대 재일코리안 사회를 대표하는 매체이자 정주, 조국, 세대교체 등 다양한 주제들을 다룬 동시대를 대표하는 지면이었다.

1991년 소련의 해체로 세계사는 새로운 국면을 맞이한다. 이는 이데올로기로 연결된 재일코리안 사회에도 큰 영향을 주었다. 이런 상황에서 『호르몬 문화ほるもん文化』가 창간된다. 『호르몬 문화』는 1990년 9월 창간호 발행을 시작으로 2000년 9월, 9호로 종간했다. 기존 재일코리안 매체 상당수가 한반도의 다양한 옛 아명을 잡지명으로 사용한 반면, 『호르몬 문화』는 돼지 곱창, 내장 등을 상징하는

---

16 일본 파칭코 체인점 마루한MARUHAN의 창업자이자 회장. 1990년에 조선과 일본의 역사와 문화 연구 지원을 목적으로 하는 '재단법인 한국문화연구진흥재단'을 설립했다.

17 재일디아스포라 문학의 글로컬리즘과 문화정치학 연구팀(2017), 『재일디아스포라 문학선집 5 연구』, 소명출판, p.7.

호르몬ほるもん을 잡지명으로 사용했다. 즉, 재일코리안의 혼종적 가치를 탈권위적 형태인 '호르몬'으로 잡지명을 정한 것이다. 『호르몬 문화』는 탈권위적 공론의 장으로 지면을 구성하고자 했다. 이를 위해 여성 주체 담론 표출 가능성을 모색하고, 지식인담론과의 차별화되는 공간을 만드는 데 주력했다. 『호르몬 문화』는 냉전 종식 이후 재일코리안의 삶에 관한 공론의 장을 형성했다. 또한 가해자와 피해자라는 이항대립적 구도만으로 설명할 수 없는 영역에 재일코리안이 있으며, 함께 재일코리안 사회 안쪽과 바깥쪽의 불합리성을 바라볼 때 해결가능하다고 말하며 문제의식을 형성했다. 이처럼 1980-90년대 재일코리안 매체는 1세대가 주도했던 매체들과 달리 2, 3세대를 중심으로 삶과 밀착된 주제로 재일코리안의 현안을 다루는 특징을 보였다.

2000년대 이후 기존 재일코리안 지면 대다수가 종간하며 매체의 부재 현상이 나타난다. 이런 상황에서 2006년, 『땅에서 배를 저어라地に舟をこげ』가 등장한다. 『땅에서 배를 저어라』는 2006년 12월, 창간호 발행을 시작으로 2012년 11월에 7호로 종간한 최초의 재일여성 문예지였다. "재일코리안 2세 시인 고영리高英梨의 사재로 창간되었으며, 50-80대 재일코리안 2세대 여성 여섯이 모여 국적에 관계없이 어떠한 형태로든 한반도와 뿌리를 공유하고자 했다."[18] 지면에서는 재일코리안과 여성이라는 이중적 마이너리티의 과거

18 마경옥(2012), 「『땅에서 배를 저어라『地に舟をこげ』』에 관한 고찰 2 - 재일 여성문예지로서의 역할을 중심으로」, 『일본언어문화』 43, 한국일본언어문학회, p.138.

와 현재를 문예작품과 앙케이트를 통해 다루었다. 나아가 일본과 한반도 사이의 재일코리안 여성체험과 관련된 담론을 형성하고 문예상을 제정해 '묻혀있는 재능'을 발굴해 '재일여성의 문화적 힘'을 강조했다.

2015년 9월 재일종합지를 표방한『항로』가 창간된다.『항로』는 문경수文京洙, 윤건차尹健次, 김우자金友子, 정장丁章, 조박趙博이 편집위원을 맡았으며 2024년 12월, 12호로 종간하였다.『항로』는 "일본 남한 북한 등 어느 한 나라에 의지하기보다는 자신을 둘러싼 모순과 억압에 저항하면서 자신의 길을 걸어가는 것이 재일교포가 나아가야 할 길"[19]이라는 문제의식에서 출발했다. 나아가 "과거 재일코리안과 일본인과의 공생 실험이 한계에 부딪혔으며, 미사여구가 아닌 보다 현실적인 운동을 모색"[20]하며 즉, 과거부터 반복됐던 일본 내 재일코리안 문제의 한계를 현실적으로 극복하고자 했다.

재일코리안 잡지 미디어는 시대별 문제의식과 담론을 반영했다. 1945년부터 1960년대까지는 재일코리안 1세대가 담론을 주도하고 조련, 조총련 등 조직의 영향을 받으며 강한 이데올로기 성이 드러났다. 또한 조직의 방침을 따르지 않거나 갈등이 발생하면 폐간까지 이어졌다. 때문에 1960년대 초반까지 재일코리안 매체는 냉전 속 이데올로기와 정치문제에 함몰되어 있었다. 그러나 1970

---

19 윤건차(2015),「윤건차 교수 "재일교포들이여, 모순과 억압에 저항을"」,『동아일보』 2015.10.29., 동아일보사.

20 이승진(2019),「1990년 이후 재일잡지미디어 지형 고찰」,『韓日民族問題硏究』 37. 한일민족문제학회, p.158.

년대부터 재일코리안의 '정주'와 '삶'을 다룬 지면이 나타나며 가시적 변화가 나타났다. 1980년대에는 이러한 현상이 보다 가속화된다. 1980년대 『민도』, 『청구』 등 재일코리안 2, 3세대가 중심인 매체들은 재일코리안의 현안에 초점을 맞추기 시작했다. 즉, '이데올로기'를 넘어 재일코리안의 실제적 삶과 관련된 내용이 중심이 된 것이다. 이런 상황에서 이데올로기 갈등이 첨예했던 1970년대, 재일코리안의 삶에 집중했던 『마당』에 주목할 필요가 있다.

2) 『마당まだん』의 등장과 내부를 향한 시선

재일코리안 잡지 『마당』은 1973년에 시인 김주태金宙泰를 주필로 창간된 종합지이며, 잡지명은 일본어 광장広場의 순우리말이다. 편집위원은 비교문화학자 김양기金両基, 평론가이자 번역가 이승옥李丞玉, 화가 오병학呉炳学이었다. 발행인은 박병채朴炳采, 윤학기尹学基였으며, 발행처는 도쿄의 주식회사 창기방신사創紀房新社였다. 『마당』은 1973년 10월, 창간호 발행을 시작으로 1975년 6월 6호로 종간했다. 발행언어는 일본어였으며 각 호의 가격은 580엔이었다. 『마당』은 6호에서 「『마당』 휴간 알림『まだん』休刊についてお知らせ」이라는 수기를 통해 휴간을 알렸다. 수기에서는 경제 사정의 악화에 의한 휴간을 알리며 도움을 준 사람들과 독자들에게 감사의 인사를 전했다. 이후 『마당』은 끝내 복간하지 못하고 종간한다.

『마당』은 잡지의 부제를 '재일조선·한국인의 광장在日朝鮮·韓国人のひろば'으로 정하며 재일코리안들의 문화, 생활, 결혼, 교육 등 사회문제를 중점적으로 다루었다. 또한 이데올로기 등의 정치

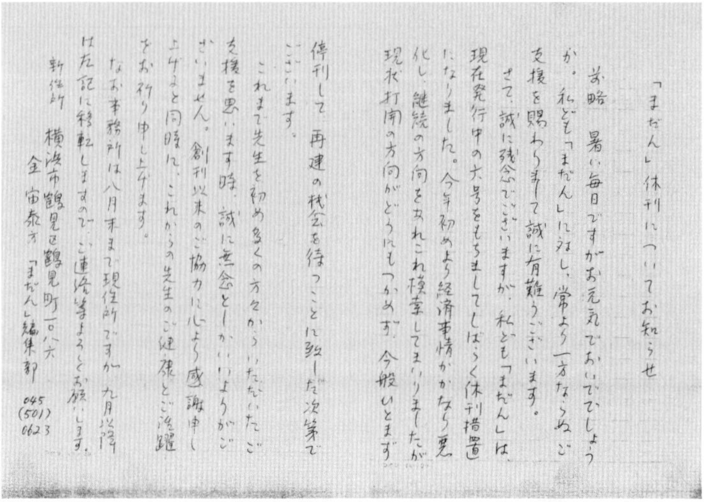

「まだん」休刊についてお知らせ

前略　暑い毎日ですがお元気でおいででしょうか。私ども「まだん」に対し、常より一方ならぬご支援を賜わりまして誠に有難うございます。

さて、誠に残念でございますが、私ども「まだん」は現在発行中の六号をもちましてしばらく休刊措置になりました。今年初めより経済事情がかなり悪化し、継続の方向をあれこれ模索してまいりましたが現在打開の方向がどうにもつかめず、今般ひとまず停刊して再建の機会を待つことに致した次第でございます。

これまで先生を初め多くの方々からいただいたご支援を思います時、誠に無念としかいいようがございません。創刊以来のご協力に心より感謝申し上げると同時に、これからの先生のご健康とご活躍をお祈り申し上げます。

なお事務所は八月末まで現住所ですが九月以降は左記に移転しますので、ご連絡等よろしくお願いします。

新住所　横浜市鶴見区鶴見町一〇八六
金宙泰方「まだん」編集部　045(501)0623

〈사진 19〉『마당』 휴간 알림 공지문

문제로 수렴될 것을 우려하며 정치적 중립을 표방했다. 때문에 민단, 조총련 어느 쪽도 지지하지 않았으며 각종 사회 주체를 중심으로 지면을 구성했다. 『마당』의 취지는 다음의 창간 간행사를 통해 확인할 수 있다.

> 수십 년에 걸친 재일동포의 생활은 내용·형식이 굴절을 거듭해 본질을 바로잡는 것이 지극히 어렵다. 이러한 특수한 사회 환경에서 자란 재일동포는 공유의 원점을 세워 함께 말하고 논하고, 동시에 즐기고 싶은 충동을 참기 힘들며 이러한 욕망은 노도처럼 넓은 하나의 '마당広場'을 찾고 있다. 우리는 이러한 재일동포들의 바람을 충족하고 상호불신을 없애는 작업을 통해 일본이라는 환경에서 살고 있는 동포사회의 현실을 찾고 국제적 시

야를 세워 이웃과 연대하고 하루라도 빨리 조국통일의 날을 맞이하고 싶다.[21]

『마당』은 재일코리안 모두가 화합할 수 있는 지면을 지향했다. 이를 위해 이데올로기와 정치문제를 지면에서 배제하고 재일코리안의 삶과 관련된 주제들로 채우는 방식을 택해 동시대 다른 재일코리안 매체와의 차별화를 시도했다. 이와 같은 지향점은 목차에서도 확인할 수 있다. 다음은 『마당』 각 호의 특집 목록이다.

〈표 3〉『마당』의 특집 목록

호수	간행연월	특집명
1호	1973.11	공통의 광장을 찾아(共通の広場をもとめて)
2호	1974.02	재일코리안의 육성(在日朝鮮人の肉声)
3호	1974.05	요구받는 재일청년상(問われる在日青年像)
4호	1974.08	해방의 원점을 모색하다(解放の原点を求めて)
5호	1975.03	민족교육의 내일을 내다보다(民族教育の明日をさぐる)
6호	1975.06	결혼(結婚)

표에서 확인할 수 있는 것처럼 『마당』은 청년, 교육, 결혼 등 재일코리안 삶과 생활 관련된 테마로 특집을 구성했다. 2호에서는 세대 간 단절을, 3호에서는 재일코리안 청년의 결혼과 귀화를 다루었다. 4호에서는 해방 이후 재일코리안의 생활과 반성을 5호에서는 민족

21 編集委員会(1973), 「季刊〈まだん〉の刊行趣意書」, 『季刊まだん』 1, 創紀房新社, p.9.

교육, 6호에서는 결혼을 주제로 특집을 구성했다. 특집에서는 『마당』은 일본의 동화정책과 정주문제가 혼재된 상황에서 내부적 해결 방안을 모색했고 특징을 확인할 수 있다.

또 하나의 특징은 전통적 요소로 지면을 채운 점이다. 『마당』은 과거 통일 국가였던 신라, 고려, 조선 관련 내용으로 지면을 채워 민중문화를 형성하고자 했다. 이러한 구성적 배경에는 통일시대의 역사를 활용한 재일코리안 사회 단합이 있었던 것으로 추측된다.

『마당』 무조건 정치문제를 배제한 것은 아니었다. 일본이 대상인 경우 가해자이자 피해를 주는 주체로 표상하며 반일감정을 형성했다. 동시에 민단, 조총련 등 조직을 함께 비판했다. 이러한 특징은 동시대 잡지『삼천리』와 명백한 대척점을 이루는 지점이었으며 이는 결국 두 지면의 지상논쟁紙上論爭으로 이어진다.

3) 하나의 사회 두 목소리 -『마당』과『삼천리』

『마당』과『삼천리』는 1970년대 재일코리안 매체라는 공통점에도 불구하고 확연한 성향 차이를 보였다. 다음 창간사에서는『삼천리』의 지향점을 확인할 수 있다.

> 조선을 가리켜 '삼천리금수강산'이라고도 한다. '아름다운 산하의 조선'이라는 의미이다. 잡지『계간 삼천리』에는 조선 민족의 염원인 통일에 대한 기본 방향을 제시한 1972년의 '7·4공동성명'에 입각하여 '통일된 조선'을 실현하기 위한 절실한 바람이 담겨져 있다.

일의대수一衣帶水의 관계라 말하지만 조선과 일본은 여전히 '가깝고도 먼 나라' 관계이다. 우리들은 조선과 일본 간의 복잡하게 얽힌 실타래를 풀어내어, 서로 간의 이해와 연대를 도모하기 위한 하나의 다리를 놓아가고자 한다.[22]

『삼천리』는 1972년 '7.4 남북 공동 성명'의 정신에 입각했으며 창간되었으며 '통일된 조선'의 실현과 한일 '가교' 역할을 강조했다. 특히 창간호의 '김지하金芝河' 특집을 시작으로 김대중 납치사건, 민청학련 사건, 민주화 운동, 고대관계사 같은 동시대 한일 양국의 현안들을 폭넓게 다루었다. 또한 한국의 김윤식, 백낙청의 글을 수록하는 등 한국의 인사들과의 직접교류를 이어갔다. 이밖에도 계몽 잡지가 아닌 일본의 매스컴과 당당히 논쟁할 수 있는 수준을 유지할 것, 일본인 집필자에게 사사로운 개인의 감정을 이입시키지 말 것, 원고료는 이와나미출판사岩波出版社 수준으로 책정할 것, '친목회' 수준의 원고가 되지 않도록 노력할 것, 광고는 편집위원들이 추천할 수 있는 서적으로 제한할 것, 오자가 나오지 않도록 주의할 것과 같은 원칙을 정했다.

『마당』과 『삼천리』의 창간사에서 드러나는 것처럼 두 매체는 상이함이 있었다. 다음 『삼천리』의 목차를 보면 지향점의 차이를 보다 명확히 확인할 수 있다.

22 編集委員会(1975), 「創刊のことば」, 『季刊三千里』 1, 三千里社, p.11.

〈표 4〉『삼천리』의 특집 목록

호수	간행연월	특집명
1호	1975.02	김지하(金芝河)
2호	1975.05	조선과 「쇼와50년」(朝鮮と「昭和50年」)
3호	1975.08	강화도 사건 백 년(江華島事件百年)
4호	1975.11	일본인에게 있어 조선(日本人にとって朝鮮)
5호	1976.02	현대의 조선문학(現代の朝鮮文学)
6호	1976.05	오늘날의 일본과 한국(今日の日本と韓国)
7호	1976.08	고대의 일본과 한국(古代の日本と韓国)
8호	1976.11	재일코리안(在日朝鮮人)
9호	1977.02	근대의 조선인 군상(近代の朝鮮人群像)
10호	1977.05	한국의 민주화운동(韓国の民主化運動)
11호	1977.08	일본인과 조선어(日本人と朝鮮語)
12호	1977.11	재일코리안의 현황(在日朝鮮人の現状)
13호	1978.02	조선의 친구였던 일본인(朝鮮の友だった日本人)
14호	1978.05	역사 속의 일본과 조선(歴史の中の日本と朝鮮)
15호	1978.08	8·15와 조선인(八·一五と朝鮮人)
16호	1978.11	조선을 알기 위해(朝鮮を知るために)
17호	1979.02	3·1운동 60주년(三·一運動六〇周年)
18호	1979.05	재일코리안이란(在日朝鮮人とは)
19호	1979.08	문화에서 본 일본과 조선(文化からみた日本と朝鮮)
20호	1979.11	재일코리안 문학(在日朝鮮人文学)
21호	1980.02	근대 일본과 조선(近代日本と朝鮮)
22호	1980.05	「4·19」20주년과 한국(「4·19」二十周年と韓国)
23호	1980.08	조선 두 개의 36년(朝鮮二つの三十六年)
24호	1980.11	지금 재일코리안은(いま在日朝鮮人は)
25호	1981.02	조선인관을 생각하다(朝鮮人観を考える)
26호	1981.05	조선의 통일을 위하여(朝鮮の統一のために)
27호	1981.08	조선의 민족운동(朝鮮の民族運動)
28호	1981.11	재일코리안을 생각하다(在日朝鮮人を考える)
29호	1982.02	다카마쓰 고분과 조선(高松塚古墳と朝鮮)
30호	1982.05	조선의 예능문화(朝鮮の芸能文化)
31호	1982.08	15년 전쟁 하의 조선(十五年戦争下の朝鮮)

호수	간행연월	특집명
32호	1982.11	교과서 속의 조선(教科書の中の朝鮮)
33호	1983.02	동아시아 속의 조선(東アジアの中の朝鮮)
34호	1983.05	근대일본의 사상과 조선(近代日本の思想と朝鮮)
35호	1983.08	오늘날의 재일코리안(今日の在日朝鮮人)
36호	1983.11	관동대지진의 시대(関東大地震の時代)
37호	1984.02	에도기의 조선통신사(江戸期の朝鮮通信史)
38호	1984.05	조선어란 어떤 것인가(朝鮮語とはどんなことばか)
39호	1984.08	재일코리안과 외국인 등록법(在日朝鮮人と外国人登録法)
40호	1984.11	한국의 근대와 갑신정변(韓国の近代と甲申政変)
41호	1985.02	일본의 전쟁책임과 아시아(日本の戦争責任とアジア)
42호	1985.05	재일외국인과 지문날인(在日外国人と指紋押捺)
43호	1985.08	조선분단의 40년(朝鮮分断の四十年)
44호	1985.11	해외 재일코리안의 현재(海外在日朝鮮人の現在)
45호	1986.02	다시 교과서 속의 조선(再び教科書の中の朝鮮)
46호	1986.05	80년대 재일코리안(80年代在日朝鮮人)
47호	1986.08	식민지 시대의 조선(植民地時代の朝鮮)
48호	1986.11	전후초기의 재일코리안(戦後初期の在日朝鮮人)
49호	1987.02	일본병합 전후(日本併合前後)
50호	1987.05	재일코리안의 현재(在日朝鮮人の現在)

특집에서 확인할 수 있는 것처럼 『삼천리』는 한반도의 상황, 한일관계, 동아시아와 같이 시선을 재일코리안 사회 외부로 시선을 돌렸다. 또한 교육, 교과서와 같은 재일코리안 사회의 현안을 일본인들이 함께 참여하는 다루는 모습을 보였다. 이와 같은 양상에서 재일코리안 사회 문제를 재일코리안 문제가 아닌 한국, 북한, 일본이 모두 관련된 것으로 다루었던 태도를 추정할 수 있다. 나아가 『삼천리』는 소련의 고려인, 중국의 조선족과 같은 코리안 디아스포라 전반을 포괄하며 외부를 향한 문제의식을 드러냈다.

이처럼『마당』이 재일코리안 사회 내부 문제를 중심으로 담론을 형성했다면『삼천리』는 재일코리안 사회와 외부를 연결하며 명확한 차이를 보였다. 이러한 차이는 결국『삼천리』가『마당』을 비판하는 지상논쟁으로 이어진다.

4) 정치와 이데올로기 / 시작되는 지상논쟁紙上論爭

1961년, 한국에서는 박정희의 쿠데타 이후 3선 개헌으로 장기집권이 이어진다. 1972년에는 유신이 선포되어 국회가 해산됐고 문학계 역시 탄압을 피해가지 못한다. 1970년 5월,『사상계』는 김지하의「오적」을 수록한 것이 문제가 되어 강제 폐간된다. 1972년 10월에는『다리』가 정부 타도를 암시하고 반국가 단체인 북괴를 이롭게 하는 기사를 수록했다는 명목으로 폐간된다. 1974년 1월에는 개헌지지 성명을 발표한 이호철, 임헌영, 김우종, 정을병, 장병희(장백일) 등 5명이 간첩죄 및 국가보안법 혐의로 체포된다. 이런 상황에서『한양』,『삼천리』는 일본에서 박정희 정권을 비판한 반면,『마당』은 무관심한 태도를 보인다. 이는 결국 지상논쟁으로 보인다. 논쟁의 시작은『삼천리』의 편집위원 김석범이『마당』을 비판하며 시작됐다.

1975년 2월 김석범은『삼천리』창간호에「당파 혐오자의 당파적이라는 것党派ぎらいの党派的ということ」이라는 기사를 통해『마당』을 비판한다.

> 『마당』은 창간이래 근래 일 년간, 김대중씨의 납치사건과 김지하씨의 사건을 일절 언급 없이 지나갔다.『마당』이 정치적 중립을

간판으로 하는 것은 좋지만, 그런 논리대로라면 조국의 남쪽에서 일어난 이들 사건은 편향된 '정치적' 사건에 지나지 않기 때문에 무시하고 지나친 것인가? 정치의 가장 구체적 형태인 권력에 의해 인간이 존재를 부정당할 때 그에 대처하는 것이 단순히 정치적인 것에 지나지 않는 것일까? 여기에는 인간적인 비참과 공포 그리고 용기도 존엄이 걸린 것이 아닐까? 만약 그것마저 '중립'적 견지에서 보고 정치적 사건이 되는 거라면 내가 군말할 필요는 없다.[23]

김석범은 한국에서 인간의 기본권의 유린되고 있는 상황에 이를 외면하는 것이 과연 정치적 중립이냐며 『마당』을 비판한다. 나아가 일본의 종합지 『세카이世界』도 김지하 사건을 대서특필하고 있는 상황에서 동포잡지인 『마당』이 한국민중을 외면하는 태도가 오히려 정치적 편향이라 비판한다. 이밖에도 『마당』의 편집위원 중 한 명이 한국 펜클럽[24] 회장 백철白鐵을 만나는 정치적 행동을 했음에도 비정치라는 간판으로 자신들의 행위를 가리고 있다고 비난했다.

『마당』측은 곧바로 1975년 3월, 5호에서 「계간삼천리의 창간을 맞아季刊三千里の創刊によせて」라는 글로 대응한다.

---

23 金石範(1975), 「党派ぎらいの党派的ということ」, 『季刊三千里』1, 三千里社, p.118.

24 정식 명칭은 '국제펜클럽 한국본부'이며 세계의 문학자들이 친교를 맺고 국제간 이해 증진을 목적으로 만들어진 조직이다. 1954년 10월 23일 창설된 한국 펜클럽은 1955년 6월 제27차 세계연차대회에서 정식 회원국으로 가입하고 7월 인준을 받았다. 세계에 알려지지 않은 우리 민족의 예술과 문화를 소개해 각국의 세계 각 국민들과 문화적으로 국제친선을 도모하는 것을 목적으로 한다.

> 김대중, 김지하 문제를 『마당』이 다루지 않은 것에 대해 김씨가 어떻게 해석하고 논단하는지는 자유이다. 하지만 그것은 명예훼손이 걸린 문제와 본질적으로 별도의 문제이며 혼동해서는 안 된다. 하물며 사실무근의 중상과 명예훼손은 허용될 수 없다. (중략) 그것은 『삼천리』의 주장에 준하는 것으로 생각된다. 따라서 우리는 필자인 김씨와 게재지인 『삼천리』에 구체적 사실을 명확히 해줄 것을 요구한다.[25]

『마당』은 김석범의 비판이 자유인 것과 마찬가지로 김지하와 김대중을 다루지 않은 것 역시 자신들의 자유라 말한다. 또한 김석범의 발언이 명예훼손이자 중상모략이라 말하며 세 가지 사실 확인을 요청했다. 첫째, 백철과 정치적 행동을 한 편집위원이 누구인지, 둘째, 김석범이 말하는 정치적 행동이 무엇인지, 셋째, 그 정치적 행동이 어떠한 형태로 『마당』에 반영되어 초심이 달라졌는지 『삼천리』 지면을 통해 답할 것을 요구했다.

김석범은 곧바로 1975년 8월에 출간된 『삼천리』 3호에서 「『마당』의 질문에 답하다『まだん』の質問に答える」라는 글로 대응한다. 『마당』의 질문에 대해 김석범은 첫째, 백철과의 정치적 행동을 한 편집위원이 김양기이며, 둘째, 〈동아시아의 고대문화를 생각하는 모임東アジアの古代文化を考える会〉의 위원장 스즈키 다케주鈴木武

25 まだん編集委員会(1974), 「季刊三千里の創刊によせて」, 『季刊まだん』 5, 創紀房新社, pp.132-133.

樹를 백철과 만나도록 한 것이 정치적 행동이라 답한다. 당시 일본 펜클럽의 후지시마 다이스케藤島泰輔, 시라이 고지白井浩司는 김지하 체포 이후 박정희 정권을 옹호하는 발언을 하며 많은 비난을 받는다. 이러한 상황에 한국 펜클럽 회장 백철은 이들을 옹호하기 위해 급히 일본으로 향한다. 김석범은 백철의 행동은 박정희 정권을 두둔하는 행동이며, 김양기가 백철에게 스즈키 다케주의 한국행 권유가 박정희 정권을 옹호하는 정치적 행위라 비난한다. 세 번째 질문인 『마당』의 정치적 행동이 지면에 어떻게 반영되었는지는 애초에 질문한 적이 없었으며 김대중, 김지하에 대한 자신의 질문에는 답하지 않고 피해가고 있다고 비판했다. 덧붙여 『삼천리』가 아닌 『마당』의 지면에 입장을 표명하고 싶었지만, 『마당』측의 거부로 인해 『삼천리』에 실을 수밖에 없었다면서 비판을 이어갔다.[26] 김석범의 반박 이후 『마당』이 종간하며 이후 대응은 확인할 수 없었다.[27] 이와 같이 『마당』과 『삼천리』의 지상논쟁은 두 지면의 성향차이가 드러나는 상징적 사건이었다.

---

26 김석범은 창간호에서 「당파를 싫어하는 것이 당파적이라는 사실」이라는 제목의 기사로 '비당파성'을 표방한 민단 계열 잡지 계간 『마당』의 태도를 비판하고, 명예훼손 혐의로 고소를 당한다. 재판에서 피고소인은 김석범 개인이었지만 이는 결코 그에만 국한된 사건이 아니라 계간 삼천리와 계간 마당이 추구하는 정치적 지향성의 차이에서 비롯된 것이었다.(최범순(2017), 「『계간 삼천리』의 민족정체성과 이산적 상상력」, 『재일디아스포라 문학선집 5 연구』, 소명출판, p.130)

27 『마당』 종간 이후의 고소 상황을 김석범은 『삼천리』 6호에 「왜 재판인가(1)なぜ裁判か (一)」, 7호에 「왜 재판인가(2)なぜ裁判か (二)」, 8호에 「왜 재판인가(3)なぜ裁判か (三)」, 9호에 「왜 재판인가(4)なぜ裁判か (四)」, 12호에 「왜 재판인가(6)なぜ裁判か (六)」, 13호에 「왜 재판인가(6)なぜ裁判か (六)」를 통해 소개한다.

『마당』과『삼천리』는 '정치성'을 두고 상이한 태도를 취했다.『마당』은 한국의 상황은 재일코리안 문제가 아니며 동포사회에 이데올로기 갈등을 유발할 수 있는 민감한 주제였다. 반면 조국과 재일코리안 사회, 일본과의 국제적 연대를 지향했던『삼천리』에게 한국의 상황은 반드시 참여해야하는 문제였다. 두 지면의 상이한 지향점과 정치성에 대한 해석은 갈등의 원인이 되어 지상논쟁으로 이어졌다.

이와 같이 두 매체는 갈등을 빚기도 했지만『마당』은 재일코리안 사회문제에,『삼천리』는 국제관계에 치중하며 상호보완적 역할을 수행했다. 그렇다면『마당』에서 재일코리안 담론은 어떠한 양상으로 구체화되고 있을까? 그 시작은 우리 민족의 전통을 활용하는 방식이었다.

2. 재일코리안 사회의 민족전통과 민중문화

1) 전통문화를 향한『마당』의 시선

『마당』은 민족성을 활용하는 특징을 보였다. 이는 표지에서부터 확인할 수 있다. 다음은『마당』 창간호부터 종간호까지의 표지이다.

사진에서 확인할 수 있는 것처럼『마당』은 모든 표지에서 민속적 이미지를 활용했다. 표지는『마당』의 편집위원이자 화가인 오병학이 그렸으며 각 호의 편집후기를 통해 표지의 의미를 설명했다. 창간호에서는 이조백자 항아리에 내포된 정靜의 세계를 민족의상과 무용으로 형상화했다.[28] 2호에서는 전통가면의 디자인과 색채의

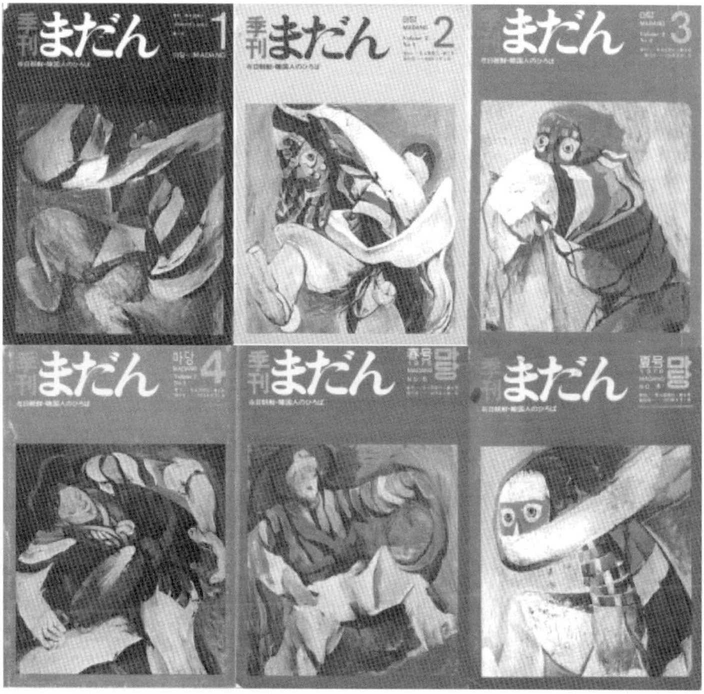

〈사진 20〉『마당』 창간호 전권 표지

아름다움을 표현했다.[29] 3호에서는 백색 바탕에 다양한 색이 조화된 전통의복의 아름다움을 표현했으며,[30] 4호에서는 농악무의 움직임과 해방감을 표현했다.[31] 5호에서는 곡선이 강조되는 민족 무용

28 呉炳学(1973), 「表紙のことば」, 『季刊まだん』 1, 創紀房新社, p.208.
29 呉炳学(1974), 「表紙のことば」, 『季刊まだん』 2, 創紀房新社, p.208.
30 呉炳学(1974), 「表紙のことば」, 『季刊まだん』 3, 創紀房新社, p.208.
31 呉炳学(1974), 「表紙のことば」, 『季刊まだん』 4, 創紀房新社, p.208.

의 역동성을,[32] 6호에서는 우리 민족의 소박함이 담긴 의복의 아름다움을 형상화했다.[33] 이처럼 『마당』은 책의 얼굴이라 할 수 있는 표지에서 각종 민족전통을 시각적으로 형상화했다.

『마당』은 전권에 전통 관련 기사를 수록했다. 다음은 기사 수록 현황을 정리한 표이다.

〈표 5〉『마당』의 전통 기사 수록 현황

호수	발행일	저자	제목	비고
1	1973.10.	김양기(金両基)	백제의 석상(百済の石像)	
		미카즈키 겐노스케(朏建之助)	조선의 완구(1)(朝鮮の玩具(1))	조선의 완구(朝鮮の玩具) 연재
		김양기(きむ・やんき)	도깨비의 요술방망이(トケビのふしぎなかなぼう)	한국의 민화(韓国の民話) 연재
2	1974.02.	김양기(きむ・やんき)	도깨비의 돌다리(トケビの石橋)	한국의 민화(韓国の民話) 연재
		미카즈키 겐노스케(朏建之助)	조선의 완구(2) 혼례와 완구(朝鮮の玩具(2)婚礼と玩具)	조선의 완구(朝鮮の玩具) 연재
		최명익(崔明翊)	노비・만적의 반란(奴婢・萬積の反乱)	임계(林啓) 번역
3	1974.05.	이구열(李亀烈)	사라진 문화유산 고려자기의 수난비화(持ち去られた文化遺産高麗磁器の受難秘話)	
		미카즈키 겐노스케(朏建之助)	조선의 완구(3) 복신과 방상시(朝鮮の玩具(3)福神と方相氏)	조선의 완구(朝鮮の玩具) 연재
		김양기(きむ・やんき)	도깨비와 구두쇠영감(トケビとけちけちじいさ)	한국의 민화(韓国の民話) 연재
		최명익(崔明翊)	신라화랑 임전무퇴(新羅花郎 臨戰無退)	임계(林啓) 번역

32 呉炳学(1975),「表紙のことば」,『季刊まだん』5, 創紀房新社, p.208.
33 呉炳学(1975),「表紙のことば」,『季刊まだん』6, 創紀房新社, p.200.

호수	발행일	저자	제목	비고
4	1974.08.	김용대(金容大)	풍자의 귀재 "김삿갓" (風刺に鬼才"金笠")	
		미카즈키 겐노스케 (朏建之助)	조선의 완구(4) 장승(A) (朝鮮の玩具(4)将軍標(A))	조선의 완구 (朝鮮の玩具) 연재
5	1975.03.	모리사키 고우지 (森崎耕治)	한시로 보는 명승 - 강원도 경포대(1) (漢詩にみる名勝 - 江原道鏡浦台(一))	
		미카즈키 겐노스케 (朏建之助)	조선의 완구(5) 장승(B) (朝鮮の玩具(5)将軍標(B))	조선의 완구 (朝鮮の玩具) 연재
6	1975.06.	허영자(許英子)	정중동의 미 - 황진이의 시조에 나타난 정서 - (静中動の美 - 黃真伊の時調にあらわれた情緒 -)	강순(姜舜) 번역
		김용대(金容大)	풍자의 귀재 김삿갓(2) (風刺に鬼才金笠(二))	
		미카즈키 겐노스케 (朏建之助)	조선의 완구(6) 피리 (朝鮮の玩具(6)笛)	조선의 완구 (朝鮮の玩具) 연재
		모리사키 고우지 (森崎耕治)	한시로 보는 명승 - 강원도 경포대(2) (漢詩にみる名勝 - 江原道鏡浦台(二))	

표에서 확인할 수 있는 것처럼 『마당』은 창간호부터 종간호까지 각 호에서 적어도 두 건 이상 전통 관련 기사를 수록했다. 그렇다면 『마당』에서 민족전통 관련 기사들은 어떠한 형태로 담론을 형성했을까?

2) 고전설화, 조선사, 한시 담론

『마당』의 전통담론은 크게 세 가지 형태로 전개되었다. 첫 번째는 고전설화說話와 사화史話의 활용이었다. 김양기きむ·やんき는 창간호부터 3호까지 「한국의 민화韓国の民話」를 연재하며 한국의 전통설화를 일본어로 번안했다. 「한국의 민화」에서는 한국의 도깨비가 등장하는 전래동화를 다루었다. 도깨비는 『삼국유사』에서도 언급됐을 정도로 오래된 소재이며 김양기는 도깨비가 등장하는 신라시대의 설화와 한국의 전래동화를 소개했다. 창간호에서는 「도깨비의 요술방망이トケビのふしぎなかなぼう」를, 2호에서는 「도깨비의 돌다리トケビの石橋」, 3호에서는 「도깨비와 구두쇠영감トケビとけちけちじいさ」을 수록했다. 「도깨비의 요술방망이」에서는 흥부 놀부 이야기와 혹부리 영감이 결합된 형태로 번안했으며, 2호의 「도깨비의 돌다리」에서는 신라 진흥왕眞興王의 아들 비형鼻荊이 왕명에 의해 도깨비와 함께 돌다리를 만든 설화를 수록했다.[34] 3호의 「도깨비와 구두쇠영감」은 한국의 전래동화 「구두쇠 할아버지와 도깨비」를 각색한 것으로, 구두쇠영감이 도깨비에게 돈을 빌려준 이후 도깨비가 반복해 돈을 갚는 어리석은 모습을 이용해 부자가 된 서사를 각색했다.

이 외에도 『마당』은 「조선사화朝鮮史話」에서 한국의 소설가 최명익崔明翊[35]의 작품을 다룬다. 2호에서 임계林啓는 고려시대 최충

---

34 『삼국유사』에서 비형랑鼻荊郎은 진지왕眞智王이 사량부의 미인 도화녀桃花女와 사통해 낳은 자식으로 기술되어 있다. 비형랑은 진평왕의 명에 의해 궁에서 살았지만 밤마다 궁궐을 빠져나가 귀신과 함께 황천荒川 위에서 놀았으며, 왕명으로 귀신들과 함께 다리를 만들었다는 일화가 있다. 「도깨비의 돌다리」에서는 이 일화를 각색했다.

35 최명익(1903-1972). 평안남도 강서군 증산면 출생. 한국의 대표 모더니즘 작가. 1916년 평양보통고등학교에 입학했으며 1921년 도쿄로 유학을 떠나 1923년 귀국했다. 1928년경부터 유방柳坊이란 필명으로 작품 활동을 시작했다. 월북 이후인 1960년대 말, 1970년대 초반 부르주아였던 전력이 문제되어 숙청된 이후 자살했다.

헌의 노비인 만적의 난을 다룬 「노비 · 만적의 반란奴婢 · 萬積の反乱」을 번역했다.[36] 노비문서를 태워 천민을 없애자는 취지에서 발생한 최충헌의 난은 실제로는 실패했다. 반면 「노비 · 만적의 반란」에서는 만적이 처형당하기 직전, 산에서 봉화가 피어오르며 반란이 시작되는 장면으로 마무리되며 역사와 다른 결말을 보여준다. 3호에는 김유신의 아들 김원술金元述의 일화를 다룬 「신라화랑 임전무퇴新羅花郎 臨戰無退」이 수록된다.[37] 672년 당과 말갈 연합군이 신라를 공격했을 때 김원술은 전장에서 퇴각한다. 아버지 김유신과 지소부인은 전장에서 죽지 않고 도망친 아들이 가문의 명예를 더럽혔다며 문무왕에게 참수를 요청한다. 하지만 문무왕은 김원술을 용서하고, 김원술은 스스로를 부끄러워하며 시골에 숨는다. 시간이 흘러 675년 당, 거란, 말갈 연합군이 신라를 침공하고, 김원술이 참전해 큰 공을 세운다. 하지만 김원술은 과거를 부끄러워하며 끝내 벼슬을 받지 않고 시골에서 생을 마감하는 내용을 담고 있다. 이처럼 『마당』은 신라, 고려시대로 대표되는 우리 민족의 사화를 일본어로 번역 · 번안하여 재일코리안 사회에 소개했다.

설화, 사화 외에도 한시漢詩를 활용한 특징 역시 확인할 수 있다. 4호에서 김용대金容大는 「풍자의 귀재 "김삿갓"風刺に鬼才"金笠"」[38]

---

36 본문에서 임계는 역자주로 아동도서출판사児童図書出版社에서 간행한 『조선아동문학문고23 · 우리나라의 역사소설편朝鮮児童文学文庫23 · わが国の歴史小説編』, 『만적萬積』 편을 의역意訳했다고 밝혔다.

37 역자주에서 임계는 아동도서출판사児童図書出版社에서 간행한 『조선아동문학문고23 · 우리나라의 역사소설편朝鮮児童文学文庫23 · わが国の歴史小説編』 중 『신라의 무사新羅の武士』 편을 초역抄譯했다고 밝혔다.

을, 6호에 「풍자의 귀재 김삿갓(2)風刺に鬼才金笠(二)」[39]을 연재했다.[40] 김용대는 김삿갓의 시를 신비한 매력을 가진 귀중한 유산으로 정의한다. 나아가 김삿갓이 양반의 언어인 한자는 사용하지 않고 일반 하층민의 언어인 한글로 시를 짓고 음보音譜를 활용한 것을 '전대미문의 일'[41]이라며 평가하며 김삿갓을 높이 평가한다.

5호에는 일본인 한시 연구자 모리사키 고지森崎耕治의 「한시로 보는 명승 - 강원도 경포대(1)漢詩にみる名勝 - 江原道鏡浦台(一)」가 수록된다. 모리사키는 『동국여지승람東國輿地勝覽』에 기술된 사실을 언급하며 경포대가 신라시대 왕이 아끼던 지역이었던 사실, 고려시대 태조가 경포대를 동원경東原京, 도원경桃源京 등 으로 지칭했던 사실을 소개했다. 6호에서 「한시로 보는 명승 - 강원도 경포대(2)漢詩にみる名勝 - 江原道鏡浦台(二)」가 수록된다. 선조시대의 시인 손곡蓀谷 이달李達의 「강유동江流洞」, 백주白洲 이명한李明漢의 「경포鏡浦」, 백암柏巖 김늑金玏의 「제경호당題鏡湖堂」, 규창葵窓 이건李達의 「과경포대過鏡浦台」 등을 직접 인용하며 조선시대 한시 속 경포대를 고찰했다. 6호에서는 한국 시인 허영자許英子의 「정중동의 미 - 황진이의 시조에 나타난 정서 - 静中動の美 - 黄真伊の時調

---

38 한자 그대로 읽는 경우 '김삿갓'이 아닌 '김립金笠'이지만 원문에서 한자 金笠 옆에 キムサツカ으로 기입했기 때문에 김삿갓으로 해석함.

39 4호에서는「풍자의 귀재 "김삿갓"風刺に鬼才"金笠"」으로 기재 김삿갓金笠 앞에 따옴표가 있었지만, 6호에서는 따옴표없이 김삿갓(2)金傘(二)로 되어있어 원문 그대로 기재함.

40 金容大(1974),「風刺に鬼才"金笠"」,『季刊まだん』4, 創紀房新社, p.109.

41 金容大, 위의 글, p.110.

にあらわれた情緒 - 」를 재일코리안 시인 강순姜舜이 번역했다. 이를 통해 황진이의 시조가 수백 년이 지나도 전해지는 귀중한 자양분으로 평가하며 우리 문화유산의 우수함을 설명했다.[42]

이처럼 『마당』은 설화, 사화, 한시 등을 활용해 우리 문화유산의 가치와 우수성을 설명했다. 이를 통해 과거 우리 민족 전통의 정신이 현재까지 계승되고 있다고 평가하며 재일코리안 사회에 자긍심을 불어넣고 단합을 도모했다. 나아가 문화재를 비롯한 각종 문화유산을 활용해 민중문화 형성을 시도했다.

3) 문화유산을 활용한 민중문화의 형성

『마당』은 삼국시대, 고려, 조선의 문화유산을 활용했다. 창간호에서 김양기는 「백제의 석상百済の石像」을 통해 부소산扶蘇山을 통해 백제의 역사를 설명했다. 또한 마애삼존불磨崖三尊佛을 '백제의 미소百済の微笑'라 평가하며 우리 문화유산의 아름다움을 설명했다. 주목할 부분은 우리 민족문화에 대한 정의이다.

> 삼국시대의 문화적 특징을 고구려를 힘力, 백제를 지智, 신라를 마음心으로 파악한 나는 더 나아가 고려를 기술技, 이조를 형태型로 파악하고 있다. 이 힘力 · 지智 · 마음心 · 기술技 · 형태型를 바

---

42 許英子(著), 姜舜(訳)(1975), 「静中動の美 - 黃真伊の時調にあらわれた情緒」, 『季刊まだん』 6, 創紀房新社, p.97.

탕으로 우리 민족문화가 구축된 것이다. 그것이 우리 민족문화의 총체이며 특징으로 생각하고자 한다.[43]

김양기는 우리 민족문화가 고구려의 힘力 · 백제의 지智 · 신라의 마음心 · 고려의 기술技 · 조선의 형태型에 기반한다고 설명한다. 나아가 민족문화는 과거의 전통이 계승되어 현재에 이른 것임을 강조하며 역사적 연속성과 계승을 설명했다. 미카즈키 겐노스케朏建之助는 창간호부터 6호까지 「조선의 완구朝鮮の玩具」를 연재하며 완구를 통해 역사와 문화를 다룬다.

창간호에서는 조선에서 '완구'의 개념과 유래와 다른 동아시아 국가에 비해 완구 수가 적은 이유를 설명했다. 그 이유는 첫째, 고려 말기와 조선 초기까지는 다양한 완구가 있었던 것으로 추정되지만, 조선후기에 발생한 각종 왜란과 만주군 침공, 자연재해 등의 국가, 사회적 불안 상황으로 완구를 만들 여유가 없었던 점, 두 번째는 유교 국가였던 점, 세 번째로 빠른 결혼으로 인해 유년기에서 청년기로 바로 이동해 완구를 가지고 노는 시기인 소년기를 지나친 점, 마지막으로 악귀가 스며든다는 미신 때문에 인형 제작을 금기시했다고 설명했다. 하지만 적게나마 발견되는 완구에서 조선만의 독창성과 중국, 일본으로 이어지는 아시아의 민족문화 교류 흔적을 확인할 수 있다고 긍정적으로 평가했다.

2호의 「조선의 완구(2) 혼례와 완구朝鮮の玩具(2)婚礼と玩具」에서

43 金両基(1973), 「百済の石像」, 『季刊まだん』 1, 創紀房新社, p.105.

는 조선의 전통 혼례 방식을 소개한다. 본문에서는 조선에서의 결혼은 중매인의 주도로 이루어졌다고 설명하며 비녀, 짚신, 복주머니 사진을 수록했다. 이 외에도 나무 기러기, 신랑마차 인형, 가마 인형 등 혼례 관련 조선시대 물품을 소개했다.[44]

3호의 「조선의 완구(3) 복신과 방상시朝鮮の玩具(3)福神と方相氏」에서는 일본에서 귀신은 음陰을 상징하는 공포의 대상이지만, 조선에서는 복을 가져다주는 선한 신을 귀신으로 지칭한다는 차이를 설명했다. 특히 이와 같은 인식의 차이가, 일본과 차별되는 조선만의 특색이라 설명하며 동아시아 간 문화 차이를 설명했다.

4호의 「조선의 완구(4) 장승(A)朝鮮の玩具(4)将軍標(A)」에서는 조선시대의 천하대장군, 지하여장군을 비롯한 각 장승의 유래, 지역 명칭, 민간전승 등을 각종 장승 완구로 설명했다.

5호의 「조선의 완구(5) 장승(B)朝鮮の玩具(5)将軍標(B)」에서는 일본 고마역高麗駅 광장에 위치한 천하대장군, 지하여장군 장승을 소개하고, 조선의 장승이 일본에 건너온 유례를 설명했다. 나당연합군과 고구려의 전쟁 당시 고구려 왕족 약광若光은 일본에 건너온다. 하지만 고구려가 멸망하면서 결국 조국에 돌아가지 못하고 남은 여생을 일본에서 도래인을 이끌며 살아간다. 약광의 사망 이후에는 사람들이 신사를 지어 약광을 모시고 일본에서 고구려를 부르던

44 미카즈키 겐노스케는 결혼 관련 정보와 사진은 한동구韓東亀의 『한국의 관혼상제韓国の冠婚葬祭』, 기요나가 간지清永完治의 『급류모수고及留毛随攷』, 조선총독부朝鮮総督府 발행 『조선의 복장朝鮮の服装』, 『조선의 귀신朝鮮の鬼神』, 『조선의 풍수朝鮮の風水』, 잡지 『조선의 문학朝鮮の文学』을 참고했다고 밝혔다.

명칭인 고마高麗라는 이름을 붙여 '고마신사高麗神社'를 짓는다. 미카즈키는 고마신사를 통해 고구려의 역사와 고마신사에서 선물 받은 장승 완구와 조선의 장승 완구의 차이점을 서술했다.

6호의 「조선의 완구(6) 피리朝鮮の玩具(6)笛」에서는 버들피리柳笙, 유복황柳複簧, 대나무피리竹笛, 삐꾸기피리閑古鳥の笛, 난조피리鸞鳥笛 등 조선의 다양한 피리를 사진과 함께 소개했다. 동시에 피리의 소재, 제작 과정, 남북지역의 활용 시기 차이 등을 설명했다. 이처럼 『마당』에서는 완구라는 문화유산을 매개로 조선의 관습, 역사, 풍습을 소개하고 한일문화의 비교 도구로서 활용했다.

「조선의 완구」에서 주목할 점은 창간호부터 종간호까지 한 번도 빠지지 않고 연재된 사실이다. 『마당』 지면 전체에서 「좌담회座談会」, 독자 투고란인 「살롱 · 마당サロン · まだん」을 제외하고, 「조선의 완구」처럼 종간호까지 연재된 것은 아주 드물었다. 이러한 사실에서 『마당』 편집부 에서 「조선의 완구」를 얼마나 중요히 여겼는지 추론할 수 있다.

문화유산에서는 『마당』의 특징 중 하나만 일본비판이 드러나고 있으며, 이는 3호에 수록된 「사라진 문화유산 고려자기의 수난비화持ち去られた文化遺産高麗磁器の受難秘話」에서 확인할 수 있다. 해당 기사에서는 한국의 미술평론가 이구열李亀烈의 저서 『한국문화재비화韓國文化財祕話』[45]의 2장 1절 「고려자기高麗磁器」를 번역해, 1905

45 이구열, 『한국문화재비화』(한국미술출판사, 1973). 1996년에 돌베개에서 『한국문화재 수난사』라는 제목으로 개정판이 발매되었다.

년 전후의 고려자기 일본 반출된 사례를 설명한다. 주목할 점은 서두에 「편집부 서문編集部まえがき」을 이례적으로 추가한 점이다. 서문에서는 고려청자를 '우리 조선민족이 세계에 자랑할 수 있는 문화재'[46]로 정의하며 메이지明治, 다이쇼大正, 쇼와昭和시대에 대량의 고려자기가 일본에 유출되었다고 설명했다. 또한 원문과 달리 목차를 「일본관헌 보호하의 고분도굴日本官憲保護下の古墳盜掘」, 「일본에 건너간 고려청자의 수는?日本に渡った高麗青磁の数は？」으로 임의로 편집한다. 「일본관헌 보호하의 고분도굴」에서는 일본 도굴꾼들이 고려시대 왕릉과 귀족 무덤에 묻힌 고려청자들을 도굴한 사실을 말한다. 나아가 이완용을 필두로 친일파와 일본인들이 박물관 설립을 주도했고 전시와 소장이라는 합법적 방법으로 도굴꾼들이 도자기를 비싸게 매입해 일본인 도굴꾼의 부자가 된 사실을 밝혔다. 「일본에 건너간 고려청자의 수는?」에서는 조선총독부 초대 통감 이토 히로부미伊藤博文가 메이지明治 천황에게 고려청자 103점을 진상한 것을 필두로, 고려자기 2만 점 이상이 일본으로 넘어갔다고 설명했다. 또 하나의 특징은 『마당』이 고려청자 사진을 이구열 본서 수록 사진이 가도카와角川에서 출판한 『세계미술전집 · 18조선世界美術全集 · 18朝鮮』에서 발췌했다는 점이다. 이와 같은 구성에서 본 기사의 중요성과 완성도를 높이기 위한 『마당』의 행보를 확인할 수 있다.

「사라진 문화유산 고려자기의 수난비화」에서는 『마당』의 전형

---

46 李亀烈(1974), 「持ち去られた文化遺産高麗磁器の受難秘話」, 『季刊まだん』 3, 創紀房新社, p.138.

적 특징이라 할 수 있는 전통의 활용, 가해자로서의 일본묘사와 비판 등이 총체적으로 드러난다. 전통설화, 조선사화, 한시로 전통을 소개하고 우리 문화유산의 아름다움을 설명했다면, 「사라진 문화유산 고려자기의 수난비화」에서는 역사와 전통을 통해 일본을 비판한다. 이처럼 『마당』은 문화유산으로 재일코리안들의 민족적 자긍심을 고취하는 한편, 일본의 과거만행 설명을 통해 반일감정을 조성했다. 그렇다면 『마당』은 어째서 전통을 활용했고 나아가 무엇을 얻고자 했을까?

4) 전통담론의 목적과 의의

『마당』이 전통담론을 지속적으로 형성한 이유는 무엇일까? 우선 세대교체가 일어나고 있는 재일코리안 사회에 계승 가능한 문화유산의 부재를 인식했기 때문이다. 다음은 『마당』의 주필 김주태와 중앙공론사中央公論社 편집국장 사사하라 긴지로笹原金次郎의 대담 중 일부이다.

> 재일동포 중에서 1세부터 2세, 3세, 4세 벌써 4세대까지 왔지만 1세는 아무 것도 남겨주지 않은 게 아닐까 하는 의견도 있습니다. 일본에서 재일동포의 문화유산이라 할 수 있는 것은 아무 것도 없습니다. (중략) 예를 들어 1세대 중에서도 저명한 분은 꽤 계십니다. 그 저명한 분은 한 사람의 삶의 방식으로 밖에 남지 않습니다. 다음 세대가 계승하는 전통이나 재일동포라는 원점에서 바라본 전통 혹은 길잡이나 이정표라던가 이러한 것들을 무엇도 남기지

않습니다. 이른바 공유재산으로의 문화유산을 남기지 않은 것입니다.[47]

김주태는 재일코리안 후속세대가 증가하고 있는 1970년대 상황에 후대와 공유가능한 문화유산의 부재를 지적한다. 이를 극복하기 위한 대안으로 민족전통을 활용한 문화유산 조성이었으며, 그 방법이 전래동화, 전통설화, 한시 등을 활용한 전통담론의 형성이었다.

두 번째 이유는 재일코리안들의 민족적 자긍심을 고취해 재일코리안 사회의 소멸을 막고자 했다. 『마당』은 전통이 재일코리안의 민족 정체성을 자극할 수 있는 소재라고 판단했다. 때문에 전통담론의 지속적인 형성으로 재일코리안의 민족정체성을 자극하고자 했다.

그렇다면 어째서 이 시기에 전통담론이 필요했을까? 그 이유는 동시대 사회 상황의 파악이 필요하다. 1970년대, 사회의 주축이 되지만 일본 내 취업차별, 공무원 임용 거부, 지문날인 등의 불이익을 경험하며 외국인으로서의 한계를 체감한다. 또한 일본에서 태어난 2세대에게 조국은 1세대와 달리 돌아가야 할 곳이 아니었다. 이런 상황에서 조국통일의 현실적인 불가능성을 인식하고, 1965년 한일국교정상화회담에서 동포들의 권익이 무시되었다고 느낀다. 이후 후속세대를 중심으로 삶을 주체적으로 선택하겠다는 재일론이 등장하고, 귀화하고도 조선인으로 살아간다는 '제3의 길' 가치관이

---

47 金宙泰・笹原金次郎(1973),「季刊〈まだん〉の刊行趣意書」,『季刊まだん』1, 創紀房新社, pp.11-12.

확산된다. 재일코리안 2세대에게는 '귀국'보다 일본에서의 '정주'가 보다 중요했으며 국적은 기호에 불과했다. 실제 수치상으로도 1950년부터 1970년까지 일본 내 외국인 중 재일코리안의 비율은 91%였지만 이후 지속적으로 감소하며 1990년대에 53.7%까지 줄어든다.[48] 일본에서 1953년 1,326명이었던 귀화자는 1985년 5,040명까지 증가한다. "일본 정부의 귀화 행정의 기본은 '단일민족국가' 속에 이민족으로서의 흔적을 남기지 않을 수 있는 자만을 선별하여 동화(일본화)하는 것이었다."[49] 이는 다민족 복합국가에서 시민권을 취득하는 것과 근본적인 차이가 있으며 언어와 생활면에서 일본인으로 귀화가 용이한 재일코리안들은 귀화 행정의 주요 대상이 되었다. 그 결과 일본으로의 귀화가 급증하며 재일코리안 사회의 축소가 진행된다. 이런 상황에서『마당』은 재일코리안 사회 붕괴를 막기 위해 재일코리안의 민족의식을 강화하고자 했다. 나아가 세대를 거듭해 살아가야하는 재일코리안 사회에 계승 가능한 문화유산을 만들고자 했던 시도가 드러나는것이 전통담론이라 할 수 있다.

『마당』은 각종 재일코리안 문제를 지면에서 다루었으며, 그 중 하나가 민족교육이었다. 재일코리안 민족교육에는 일본의 동화정책, 국적, 귀화 등 다양한 문제들이 혼재되어 있었다. 격변하는 재일코리안 사회의 의 대응을 확인하기 위해서는『마당』민족교육 담론 파악이 필요하다.

---

48 1993년 재류외국인통계를 기반으로 수치를 집계함.

49 강재언 · 김동훈(1999),『재일 한국 · 조선인 - 역사와 전망』, 소화, p.116.

3. 재일코리안 민족교육과 현실

1) 해방 이후 재일코리안 민족교육의 전개

해방 직후 재일코리안에게 일본은 일시적 거류공간이었으며, 언젠가 찾아올 조국 귀환을 대비해 '우리말' 교육이 필요했다. 해방 이후, '국어강습소' 설립을 시작으로 민족교육 기관이 빠르게 설립되기 시작했다. 민족교육은 민가의 방, 작은 판잣집, 교회, 구舊 일본군 병사兵舍, 타고 남은 창고 등 장소를 가리지 않고 시행되었다. 1946년에 약 6~700개의 민족교육 공간이 형성된 사실만으로도 뜨거웠던 당시 민족교육의 열기를 확인할 수 있다. 재일코리안에게 민족교육기관은 단순한 교육일반 기관이 아닌 그 자체가 민족이며 그 상징이며 계속 학대받아온 이국의 땅, 이민족 사회 · 일본에서의 변변하지 못하지만 결정적인 존재감을 주장하는 작은 조선의 공간이었다.[50] 초기 재일코리안 민족교육은 주로 조련과 조총련의 주도로 수행되었다.[51] 1955년 조총련 설립 이후 북한은 조총련에 금전을 지원하며 조선학교 지원을 시작했다. 1957년 4월

---

50 金德龍(2004),「朝鮮學校の戰後史」,『1945-1972』, 社會評論社, p.16.

51 한국정부의 인가를 얻은 재일한국학교는 총 4개교(도쿄 한국학교, 오사카 건국학교, 오사카 금강학교, 교토국제학교)가 있다. 인가 시기는 금강학교 - 1961년, 도쿄한국학교 - 1962년, 교토한국학교 - 1961년 - 중학교, 1965년 - 고등학교이다. 도쿄한국학교는 '각종학교'로 분류되었으나 그 외 세 학교는 일본의 정규학교인 '일조교'로 인정받아 운영되고 있다. 주로 한국 국적자 및 일본국적의 재일코리안 학생이 재학했지만 최근에는 인구 감소에 의해 일본인학생이 상당수를 차지하고 있다.

부터는 교육원조비, 장학금을 지원해 조선학교 신축교사, 제반시설을 확충했다. 그 결과 기존 민족학급이 감소하고 조선학교가 재일코리안 민족교육을 주도하게 되었다. 그러나 1960년대 조총련의 영향력 약화, 가치관 변화 등으로 민족교육의 열기가 감소하기 시작한다. 1965년 한일국교정상화 이후에는 조선인학교 규제, 동화교육 촉진 등 재일코리안의 탈민족 경향이 나타나며 보다 열기가 감소되었다.

이와 같은 변화 속에서 일본 문부성은 차관 통달을 내고 외국인학교법안을 제출해 재일코리안 민족교육을 탄압한다. 또한 조선학교의 경우 제도적으로 일조교[52]가 아닌 각종학교[53]였기 때문에 대학 등의 상급학교 진학을 희망하는 재일코리안 상당수가 일본학교로 진학했다.

해방 이후 재일코리안 민족교육은 일본의 정책, 조직의 상황 등 복합적 요인으로 약화되었으며, 1970년대는 민족교육 기관수, 진학률 모두 감소 양상을 보였다. 다음은 1950-70년대 각종 진학률의 지표이다.

---

52 '정규학교' 혹은 '일조학교'는 학교교육법 제1조가 정하는 학교. 초등학교, 중학교, 고등학교, 대학, 고등전문학교, 맹아학교, 농아학교, 양호학교 및 유치원 등 9종류를 지칭하며 정규교육기관으로 인정받는 학교들을 의미한다.

53 각종학교는 '학교교육에 비견되는 교육'을 행하는 학교로, 예비학교·자동차학교·부기학교 등을 말한다. 교육내용에 규제가 없는 대신 정규학교의 졸업자격을 얻지 못한다.

〈표 6〉 취학자의 민족별 진로[54]

년도	학교별	초등학교	중학교	고등학교	합계	총계
1966년	민족학교	15,841	10,050	7,564	33,355	138,994
	일본인학교	59,405	31,646	14,588	105,639	
1970년	민족학교	11,973	13,791	11,189	36,953	129,831
	일본인학교	50,032	24,848	17,998	92,878	

〈표 7〉 일본학교에 재학 중인 조선인학생 · 학생수

년도	초등학교	중학교	고등학교	특별학교	전문학교	단기대학	대학	대학원	총계
1956	89,897	35,077	6,767	144					134,238
1961	71,444	35,485	8,804	172		180	2,468	217	121,449
1966	52,799	28,731	14,588	217	80	348	3,585	336	104,092
1971	48,222	23,479	18,140	244	115	629	4,536	852	96,217

〈표 6〉에서 확인할 수 있는 것처럼 1966년에는 민족학교로 진학하는 재일코리안 학생 비율이 일본학교의 약 1/3 수준이었지만, 1970년에는 차이가 크게 벌어진다. 특히 소학교 진학자가 큰 폭으로 증가한 대목에서 취학대상 아동 상당수가 일본학교로 진학한 것을 확인할 수 있다. 당시 중학교 졸업 이후 고등학교에 진학하고 않고 취업을 선택하는 사례를 감안하더라도 일본학교로의 진학이 큰 폭

54 표는『마당』5호의 오자와 유사쿠의 글에서 인용함. 1966년도 민족학교취학자 수는 조선인학교만 포함했으며 1970년도의 민족학교취학자 수는 조선인학교, 한국학교를 모두 합계한 수이다. 조선학교 재학자 수는 1971년도 초등학교 466명, 중학교 372명, 고등학교 476명 총 1,324명이지만, 학교수는 10년동안 변하지 않았기 때문에 학생수에는 큰 증감이 없다고 오자와 유사쿠는 설명했다. 이하 수치는 해당 표에서 인용함.(小沢有作(1975),「素顔を奪還する教育(上)」,『季刊まだん』5, 創紀房新社, p.76)

으로 증가한 것을 확인할 수 있다. 또한 〈표 7〉에서와 같이 고등교육기관 진학을 위해 교육제도와 설비가 갖춰진 일본학교로의 진학이 증가한 것 역시 확인할 수 있다. 이처럼 1970년대에는 복합적 요인으로 일본학교로 진학하는 재일코리안이 증가하며 민족교육이 이탈 현상이 증가했다.

재일코리안 사회에서는 이러한 상황을 우려해 다양한 민족교육 관련 운동을 전개했다. 특히 '일본학교에 다니고 있는 재일코리안'까지 운동의 대상으로 설정했다. 운동에서는 일본의 교육내용 개선을 요구하고 '일본인 자녀와 마찬가지' 교육(차관 통달) 일관이 아닌 '조선인으로 살아가는 것을 도모하는 교육'에 주안점을 두었다.[55] 또한 "조선학교를 지키는 운동, '지침' 제정을 위해 1971년 9월에는 오사카大阪에서 '생각하는 모임' 등을 조직해 재일코리안 자녀들을 일본학교와 사회에서 '조선인으로 키우는' 교육을 위해 노력했다."[56] 이 외에도 일본학교 내 재일코리안 학생들의 본명사용 운동, 즉 '본명 실천' 운동을 전개하는 등 다양한 대안을 모색했다.

1970년대 재일코리안 민족교육은 민족학급 기관 수 감소, 조총련계 조선학교의 주도권 획득, 가치관 변화로 일본학교 진학률 증가 등으로 1940-50년대와 확연히 달라진 양상을 보였다. 이러한 상황에서 『마당』은 민족교육 담론을 형성하며 재일코리안 사회에 교육 관련 메시지를 전달했다.

---

55 오자와 유사쿠小澤有作(저), 이충호(역)(1999), 『재일코리안 교육의 역사』, 혜안, p.496.

56 오자와 유사쿠小澤有作(저), 이충호(역), 위의 글, p.497.

2) 재일코리안 민족교육 담론의 형성

『마당』은 창간호부터 종간호까지 민족교육 관련 기사를 지속적으로 수록했다. 다음은 민족교육 관련 기사 목록이다.

〈표 8〉『마당』에 수록된 민족교육 관련 기사 목록

<table>
<tr><th>호수</th><th>발행일</th><th>저자</th><th>제목</th><th>비고</th></tr>
<tr><td>1</td><td>1973.10.01.</td><td>강상휘
(姜尚暉)</td><td>민족교육의 본질과 과제
(民族教育の本質と課題)</td><td></td></tr>
<tr><td>2</td><td>1974.02.01.</td><td>이진성
(李鎮成)</td><td>일본학교에 들어와 고생한 일
(日本の学校に入って苦労したこと)</td><td></td></tr>
<tr><td rowspan="2">3</td><td rowspan="2">1974.05.01.</td><td>김행이
(金幸二)</td><td>늦은 진학
(遅れた進学)</td><td></td></tr>
<tr><td>쓰루 쓰나오
(鶴素直)</td><td>이승부라고 불러줘!
- 히로시마전기대학부속고교 조선어수업
(イスンブと呼んでくれ!
- 広島電機大学付属高校朝鮮語授業)</td><td></td></tr>
<tr><td>4</td><td>1974.08.01.</td><td>운영위원회
(運営委員会)</td><td>《조선사를 배우는 광장》 발족에 관해
(《朝鮮史を学ぶひろば》発足にあったて)</td><td></td></tr>
<tr><td rowspan="8">5</td><td rowspan="8">1975.03.01.</td><td>우치야마 가즈오
(内山一雄)</td><td>우리 아이가 나를 바꾸었다
(わが子が私をかえた)</td><td rowspan="8">〈민족교육의 내일을 내다보다(民族教育の明日をさぐる)〉 특집 수록</td></tr>
<tr><td>편집부
(編集部)</td><td>작은 발소리가 들린다
(小さな足音がきこえる)</td></tr>
<tr><td>송석주
(宋石柱)</td><td>아이들은 뒤틀려있다.
(子どもたちはゆがめられている)</td></tr>
<tr><td>요시다 미치마사
(吉田道昌)</td><td>발언하는 학생들
(発言する生徒たち)</td></tr>
<tr><td>김용해
(金容海)</td><td>본명을 대는 아이들
(本名を名のる子ら)</td></tr>
<tr><td>이나토미 스스무
(稲富進)</td><td>본명을 부르는 운동
(本名を呼び名る運動)</td></tr>
<tr><td>강상휘
(姜尚暉)</td><td>민족교육의 의의
(民族教育の意義)</td></tr>
<tr><td>오자와 유사쿠
(小沢有作)</td><td>민낯을 탈환하는 교육 (상)
(素顔を奪還する教育(上))</td></tr>
</table>

〈표 8〉에서 확인할 수 있는 것처럼 『마당』은 6호를 제외하고 각 호에 한 건 이상 교육 관련 기사를 수록했다. 특히 5호에서는 〈민족교육의 내일을 내다보다民族教育の明日をさぐる〉 특집을 구성해 교육을 중점적으로 다루었다.

민족교육에 관한 『마당』의 태도는 창간호에서부터 명확히 확인할 수 있다. 창간호에서 강상휘姜尚暉는 "문화유형의 형성, 자신과 민족의 보편적 가치획득을 위해 민족교육이 필요하며 민족정신 배양이 민족교육의 목표"라 말하며 교육의 중요성을 강조했다.[57] 『마당』은 자녀세대의 민족성 자각을 강조하며 민족학교를 다녀야하는 당위를 설명했다. 특히 차별 없는 환경에서의 안정된 교육을 위해 민족학교를 다녀야 한다고 주장한다.

2호에는 일본학교에 다니고 있는 재일코리안 학생 이진성李鎮成이 「일본학교에 들어와 고생한 일日本の学校に入って苦労したこと」을 통해 자신의 경험을 말한다. 필자는 한국국적의 재일코리안 2세 중학생이며 조선학교를 다니고 있었지만, 한국정부의 허가를 받지 못해 일본학교로 전학을 간다. 이진성은 국적을 숨기고 일반학교를 다녔지만, 집에 놀러 온 일본인 학우가 집에 있는 조선어책을 우연히 발견한 이후 재일코리안이라는 사실이 학교에 알려져 괴롭힘을 당한다.[58] 『마당』은 이러한 일화를 통해 보호받아야 하는 나이대의 자녀들이 민족학교에 진학해야 한다는 당위를 말한다.

---

57 姜尚暉(1973), 「民族教育の本質と課題」, 『季刊まだん』 1, 創紀房新社, p.124.

58 李鎮成(1974), 「日本の学校に入って苦労したこと」, 『季刊まだん』 2, 創紀房新社, p.53.

하지만 『마당』은 무조건적인 민족학교로의 진학을 강요하지는 않는다. 3호에서 김행이金幸二는 일본에서 재일코리안 교육기관이 조국의 체제여파로 분할된 것이 유감이며 현실적 이유로 일본대학을 선택할 수밖에 없는 상황은 이해하지만, 그 경우 자신과 민족에게 도움이 되겠다는 신념을 갖고 진학해야 함을 강조했다.[59] 즉, 현실적으로 민족학교로의 무조건적인 진학을 강요할 수 없지만, 일본학교에 진학할 경우 민족성 자각이 선행요소임을 강조했다.

교육담론에서도 『마당』의 일본비판 성향을 확인할 수 있다. 오자와 유사쿠小沢有作의 「민낯을 탈환하는 교육(상)素顔を奪還する教育(上)」[60]에서는 재일코리안 학생들이 일본학교에 진학할 수밖에 없는 이유를 일본의 사회구조에서 찾는다.

> 그 근본 원인이 동화와 배제라고 하는 차별체계를 일상화하고 있는 일본 국가와 사회에 있음은 말할 것도 없다. 차별체험은 차별의 사회의식화를 통해 조선인이 일본인과 맺고 있는 다양한 인간관계의 구석구석까지 침투해있고 조선인의 생활뿐만이 아닌 정신까지 괴롭히는 것이다.[61]

---

59 金幸二(1974), 「遅れた進学日本の学校に入って苦労したこと」, 『季刊まだん』 3, 創紀房新社, pp.37-38.

60 『마당』은 경제적 이유로 6호에서 휴간을 선언하지만, 끝내 복간하지 못한다. 본문의 오자와 유사쿠小沢有作의 「민낯을 탈환하는 교육(상)素顔を奪還する教育(上)」처럼 상, 하편으로 기획되었던 기사들이 상편만 수록된 채로 종간된 사실에서 계획되지 않은 종간이었음을 확인할 수 있다.

61 小沢有作(1975), 「素顔を奪還する教育(上)」, 『季刊まだん』 5, 創紀房新社, p.73.

오자와 유사쿠는 재일코리안이 통명으로 사는 것을 가면을 쓰고 사는 것이라고 비유해 말한다. 구조화된 사회차별에서 재일코리안들은 차별을 피하기 위해 통명이라는 '가면'을 쓴 채로 살 수밖에 없다며 일본사회를 비판하는 것이다. 나아가 일본학교에 대해 다음과 같이 설명한다.

> 일본인학교는 또 하나의 현실적인 기능으로 조선인 차별을 알리는 장으로 역할을 하고 그것에 의해 재학 중인 조선인들은 자신이 조선인이라는 것을 가차없이 깨닫는다. 조선인 학생에게 일본인학교는 인생에서 처음 차별과 만나고 차별을 알아가는 장소에 불과하다.[62]

오자와는 재일코리안 학생들이 일본학교에서 처음 차별을 경험한다고 말한다. 재일코리안 학생들은 차별을 피하기 위해 재일코리안임을 숨겨야 함을 학습한다. 이러한 사례를 통해 오자와는 일본학교가 차별을 가르치는 공간으로 기능하고 있다고 비판한다. 이외에도 "조선은 무력한 나라로 조선인은 난폭하고 가난하며, 무섭다는 인식이 교육현장에서 공공연하게 확산되고 있었으며, 이러한 공교육 현장에서 이루어진 왜곡된 교육으로 인해 일본인 학생들은 재일코리안에 대한 차별을 당연시하고 있었다"[63]는 대목에서도 일

---

62 小沢有作, 위의 글, p.78.

63 杉本依子(1981),「大阪市立公立学の朝鮮人生徒」,『むくげー復刻版』, 亜紀書房, pp.15-16.

본학교가 차별을 양산하는 기관으로 기능하고 있음을 알 수 있다.

이처럼 『마당』은 일본의 제도와 일본학교의 부정적 기능을 비판하며 민족교육의 중요성을 강조한다. 이를 통해 민족학교로 진학해야 하는 당위, 일본학교에서 취해야 하는 자세 등을 말한다. 나아가 『마당』은 민족교육의 구체적 대안을 제시한다.

3) 민족교육의 현실과 대안

『마당』은 담론의 전개 과정에서 민족성 자각과 같은 원론적 메시지를 넘어 구체적 대안을 제시한다. 대안은 동시대 재일코리안 사회의 담론과 보조를 맞추는 동시에『마당』만의 대한 제시로 구체화되었다.

첫 번째 대안은 재일코리안 학생들의 본명사용의 일상화 즉, 본명실천 운동이었다. 이는 당시 재일코리안 사회에서 일반적으로 전개된 운동이었으며, 『마당』 역시 이를 강조했다. 3호「이승부라고 불러줘! - 히로시마전기대학부속고교 조선어수업イ スンブと呼んでくれ！ - 広島電機大学付属高校朝鮮語授業」에서는 조선인 아버지와 일본인 어머니 사이에서 태어난 이승부李勝夫의 사례를 든다. 조선국적의 이승부는 민족교육을 받기 전까지 통명 '가타야마가쓰오片山勝夫'를 사용했다. 하지만 민족교육을 받은 이후 자신을 가타야마가 아닌 '이승부李勝夫'로 지칭하며 재일코리안으로서의 민족성을 드러냈다.[64]

본명과 민족성의 강조는 지면 구성에서도 확인할 수 있다. 5호의 〈민족교육의 내일을 내다보다〉 특집 중, 요시다 미치마사吉田道昌

의「발언하는 학생들発言する生徒たち」에서는 본명을 통해 차별과 맞서야 한다고 주장했다. 같은 호에서 김용해金容海는 '차별을 없애고 긍지 높은 인격형성을差別をなくし誇り高い人格形成を'이라는 문구의 팜플렛을 배부해 긍지를 높이고 용기를 가져 일상적으로 본명 사용이 필요하다고 주장했다.[65] 우치야마 가즈오内山一雄의「우리 아이가 나를 바꾸었다わが子が私をかえた」에서는 자녀세대의 차별 사례에 의해 통명의 중요성을 강조한다. 그녀는 자신이 차별받았던 경험 때문에 통명으로 살고 있으며 자녀 역시 통명으로 살길 바란다. 하지만 자녀 R이 학교에서 자신이 재일코리안임을 밝혔고 이후 자녀에게서 교훈을 얻었다고 밝힌다. 즉, 태어나고 사는 곳은 일본이지만 본명을 내걸고 사는 것이 '인간으로 사는 것'이란 메시지를 전하며 본명의 가치를 말한다.[66]

편집부編集部의「작은 발소리가 들린다小さな足音がきこえる」에서는 한국인[67]이 경영하는 가와사키川崎, 사쿠라모토桜本 보육원의 사례로 본명의 중요성을 설명한다. 일본에서 차별을 체험한 재일코리안 부모세대들은 자녀의 차별을 피하기 위해 본명사용을 반대한다. 편집부는 이러한 태도에 대해 다음과 같이 말한다.

---

64 鶴素直(1974),「イスンブと呼んでくれ！ - 広島電機大学付属高校朝鮮語授業」,『季刊まだん』3, 創紀房新社, p.192.

65 金容海(1975),「本名を名のる子ら」,『季刊まだん』5, 創紀房新社, p.35.

66 内山一雄(1975),「わが子が私をかえた」,『季刊まだん』5, 創紀房新社, p.20.

67 본문에서 한국인이라는 표현을 사용했기 때문에 원문 표현을 기반으로 작성함.

> 본명을 사용하는 것이 아이들에게 힘이 되고 또한 그것이 당연한 것이 아닐까? 본명을 사용하는 것으로 동화되어있는 자신이 눈을 뜨는 동시에 일본의 차별구조와 싸워나갈 수 있도록 아이들에게 하지 않으면 아이들은 우리들과 마찬가지로 괴로움을 반복할 것이라 생각하여 설득에 필사적이었다.[68]

인용문에서는 본명사용이 일본에 동화된 자신을 자각하는 계기이자 일본의 차별과 맞서는 하나의 방식임이라 주장한다. 때문에 본명사용은 유소년기부터 시작되어야 함을 강조했다. 이나토미 스스무稲富進의 「본명을 부르는 운동本名を呼び名る運動」에서는 '일본학교에 재적하는 조선인 아동·학생의 교육을 생각하는 모임日本の学校に在籍する朝鮮人児童·生徒の教育を考える会'을 소개했다. 모임은 일본교육의 왜곡된 교육내용의 점검을 규탄하고 바로 잡는 활동을 하고 있으며, 재일코리안이 본명사용으로 민족성을 자각하고 긍지를 길러야 한다고 주장한다. 또한 본명사을 통해 통명을 사용하게 만든 일본의 사회구조를 타파해야 한다고 주장하며 재일코리안들의 참여를 독려했다.[69] 이처럼 『마당』 5호의 특집기사 7편에서는 본명의 가치와 당위를 설명하며 본명실천운동을 통한 동화정책의 극복, 민족성 회복을 강조했다.

『마당』은 당시 재일코리안 사회에서 일반적이었던 조선의 문

---

68 編集部(1975), 「小さな足音がきこえる」, 『季刊まだん』 5, 創紀房新社, p.43.
69 稲富進(1975), 「本名を呼び名る運動」, 『季刊まだん』 5, 創紀房新社, p.39.

화를 활용하는 방식 역시 활용했다. 당시 재일코리안 사회에서는 초등학생을 대상으로 조선의 민화로 본국에 대한 흥미를 유발하고자 했다. 고학년에게는 「미운오리새끼みにくいアヒルの子」와 같은 안데르센 동화를 조선과 결부시키고,[70] 재일코리안 작가의 문학작품을 소개하는 등 문화적 요소를 조국과 연결시켰다. 5호의 「본명을 대는 아이들本名を名のる子ら」에서는 초등학교에서의 학년별 교육방식을 소개했다. 1학년에게는 조선의 민화를 보여줌으로서 일본과의 차이를 찾게 하고, 2학년에게는 타인의 마음을 이해하고 조화롭게 사는 방법, 3학년에게는 조선과 일본의 문화별 장점을 설명하고 상호문화의 이해방법을 교육했다. 4학년에게는 인종, 민족의 차이와 인간 존재의 이해를, 5학년에게는 일본민화와 조선민화를 비교를 통해 양국의 문화, 역사의 이해와 인간존중의 가치를 설명했다. 6학년에게는 헌법의 권리, 중국과 조선, 일본의 역사적 관계를 설명하고 풍속, 습관, 문화를 활용한 교육 방법론을 소개했다.[71]

이와 같이 『마당』은 민족전통과 문화를 활용해 민족교육의 방법론을 구체적으로 제시했다. 이러한 사례에서 『마당』의 민족교육 담론이 동시대 재일코리안 사회의 교육담론과 발맞추어 전개되었던 사실을 확인할 수 있다.

『마당』은 당위 설명에 그치지 않고 일상에서 실천 가능한 교육방

70 유승창(2017), 「1970년대 오사카 공립학교의 재일코리안 민족교육 운동」, 『재일코리안과 조선학교』, 선인, p.166.

71 金容海(1975), 「本名を名のる子ら」, 『季刊まだん』 5, 創紀房新社, pp.31-32.

식을 제안했다. 이는 가정이라는 최소단위에서 이루어지는 부모의 일상적 교육이었다. 6호 대담회에서 『마당』의 주필 김주태는 일본에서 왜곡된 역사를 교육받은 재일코리안 청년들의 올바른 역사관, 민족관 정립을 위해 민족교육이 필요하며 1세대가 2세대에게 조선의 문화를 가르치는 것을 '의무'라 말한다. 또한 민족교육은 '교육기관'만이 아닌 가정에서 자녀의 소년기 시절부터 시작되어야 하며 혼혈, 일본으로 귀화한 재일코리안 청년들이 민족교육을 받아 사회운동에 참여해야 한다고 주장했다.[72] 5호의 「작은 발소리가 들린다」에서도 동포모임의 조직, 보육원에서 보모의 역할, 가정에서의 어머니의 의식함양 같은 교육시설과 가정의 보완관계를 강조하며 일상적 차원에서의 민족교육을 강조했다.[73]

나아가 일본의 제도개선 역시 제안했다. 3호 「이승부라고 불러줘! - 히로시마전기대학부속고교 조선어수업」에서는 교양과목으로 조선어를 채택한 히로시마전기대학부속고교広島電機大学付属高校의 사례를 소개한다. 기사에서는 조선어 도입 이후의 변화를 다음과 같이 설명한다.

> 이 1년간의 조선인 교사에 의한 조선어수업을 실시함에 따라 적어도 수강생 중에서는 조선인을 아무런 저항 없이 받아들이고 조선이라는 나라 혹은 그 나라의 인간이 자신들의 주변에 존재함을 확실히 인식하고 이해하게 된 것은 아닐까? (중략) 조선어

---

72 金宙泰(1975), 「在日の結婚を考える」, 『季刊まだん』 6, 創紀房新社, p.72.
73 編集部(1975), 「小さな足音がきこえる」, 『季刊まだん』 5, 創紀房新社, p.44.

수업이 조선인과 일본인 조고생朝高生과 전고생電高生의 사이를 멀게 했던 벽을 없앴으며 상호이해를 심화시켜 큰 역할을 했다고 생각한다. 또한 조선인을 앎으로써 이웃나라-조선을 인식하고 국제사회 속의 조일朝日우호친선의 필요성을 보다 느낄 수 있지 않을까?[74]

인용문에서는 조선어수업 도입 이후, 일본학교에서 한반도에 대한 인식이 개선되고 조선과 조선인에 대한 인식이 개선되었다고 말하고 있다. 즉, 일상적 차원에서의 조선에 대한 접근 확대가 국가 간 이해증진으로 이어지고, 궁극적으로 재일코리안 전반으로 인식 개선으로 이어질 거라 주장하며 조선어과목 도입 필요성을 강조했다. 5호「작은 발소리가 들린다」에서도 유사한 논지를 확인할 수 있다.

일본인 자녀에게 있어서도 가장 가까운 나라의 언어와 문화를 알고 이 지역의 바로 옆에 자신과는 다른 많은 사람들이 존재함을 알리는 좋은 점이 있고 동포 아이들에게는 일본인 자녀들의 몇 배의 힘을 집중해 일본인 자녀들과 어깨를 나란히 하고 살아야 한다는 점이 있다.[75]

---

74 鶴素直(1974),「イ スンブと呼んでくれ！ - 広島電機大学付属高校朝鮮語授業」,『季刊まだん』3, 創紀房新社, p.195.

75 編集部(1975),「小さな足音がきこえる」,『季刊まだん』5, 創紀房新社, p.43.

인용문에서는 일본인 자녀에게 유소년기부터 조선의 언어와 문화를 가르쳐 주변에 조선인이 존재함을 인지시켜야 한다고 주장했던 것을 알 수 있다.

이 외에도 『마당』은 사무국 자체적으로 역사교육 모임을 조직해 교육 환경을 제공했다. 편집국은 4호에 「《조선사를 배우는 광장》 발족에 관해《朝鮮史を学ぶひろば》発足にあったて」를 통해 사무국 주최의 역사교육 모임의 개최를 알리며 재일코리안 사회의 참여를 독려했다.[76] 이처럼 『마당』은 일본의 교육제도 개선을 주장하고 사무국 주도의 교육환경을 조성해 민족교육을 위한 다양한 차원에서의 노력을 했다.

『마당』의 교육담론 중 가장 주목할 부분은 이데올로기 조직에 관한 태도이다. 『마당』은 민단과 조총련이 동포사회를 분열시키고 있다 주장하며 줄곧 비판했다. 그러나 교육담론에서는 조선학교 진학을 주장하며 조총련에 긍정적 태도를 보였다. 1970년대 민족교육 기관수가 감소하고 있는 상황에서 조선학교 진학은 현실적인 대안이었다. 하지만 조직을 초월한 차원에서 재일코리안 사회통합을 추구했던 『마당』이 조선학교 진학을 독려한 것은 조직을 대하는 기존 태도와의 가장 큰 차이가 드러나는 대목이라 할 수 있다. 이 대목에서 재일코리안 민족교육은 조직과 이념을 초월한 문제이자 사회계승을 위한 필수불가결한 항목으로 인식했던 것을 추론할 수 있다.

---

76 모임은 매월 2, 4째 목요일 『마당』 사무국의 사무실에서 개최된다고 공지했다. (申英子(1974), 「《朝鮮史を学ぶひろば》発足にあったて」, 『季刊まだん』 4, 創紀房新社, p.173)

이처럼 『마당』의 민족교육 담론은 동시대 재일코리안 사회의 운동과 발맞추어 전개되는 고유 대안 제시로 구체화되었다. 해당 사실을 통해 민족전통 계승과 재일코리안 사회의 유지를 위한 『마당』의 활동과 변별점을 확인할 수 있다.

『마당』을 사회적 담론 중 결혼 담론에 주안점을 두었다. 1970년대 재일코리안의 결혼은 일본의 동화정책, 국적, 귀화 등 다양한 요소들이 혼재되며 복잡한 양상을 보였다. 이러한 상황에서 『마당』의 결혼 담론 분석을 통해 매체의 지향점과 문제의식을 보다 심층적으로 파악할 수 있다.

4. 재일코리안 사회의 결혼 · 국적 · 귀화

1) 재일코리안 사회의 국적 변동 상황과 현실

재일코리안 인구 변화의 배경에는 귀국, 귀화, 결혼 등 다양한 요인이 있었다. 1911년 2,257명에 불과했던 일본 내 조선인수는 일제강점기를 거치며 꾸준히 증가했다. 1921-30년대 초반까지는 토지조사사업으로 농민층이 몰락하며 노동시장을 찾기 위한 도일이 증가했다. 1930년대에는 군국주의의 팽창과 공업화로 인한 강제동원, 태평양전쟁에 의한 강제연행 등 다양한 이유로 조선인의 도일이 증가했다. 그 결과 해방 직전인 1944년에는 조선인 수가 1,936,843명으로 절정을 찍는다.[77] 해방을 맞이한 1945년부터는 조선인 수가 급감하기 시작한다. 여러 요인 중 가장 큰 요인은 북송사업과 귀화, 결혼이었다.

1959년 북송사업 시작 이후, 재일코리안 상당수가 북으로 향한다. 재일코리안 사회에 무심했던 한국과 달리 북한은 1957년 4월부터 조총련을 통해 교육원조비를 지원하고 '조국귀환사업'을 추진하며 한국과 대비되는 행보를 보인다. 당시 북한은 지상낙원이라는 슬로건으로 재일코리안의 귀환을 적극 장려했으며, 일본사회 역시 재일코리안의 수를 감소시키기 위해 북송사업을 적극 지원했다. 그 결과 1960년대 재일코리안 상당수가 북한으로 향하게 된다. 하지만 1965년 한일국교정상화 이후 한국 정부의 반대가 거세지고, 먼저 북한에 간 재일코리안들을 통해 실상이 알려지며 북송사업 참여자가 급감한다. 또한 재일코리안 사회는 일본에서 태어난 2세대 중심으로 재편되고 후속세대의 일본 귀화가 증가한다. 다음 표는 귀화로 인한 재일코리안 인구 변화 현황이다.

〈표 9〉 귀화로 인한 재일코리안 인구 변화

년도	귀화수	년도	귀화수	년도	귀화수	년도	귀화수
1952	232	1959	2,737	1967	3,391	1979	4,701
1953	1,326	1960	3,763	1968	3,194	1980	5,987
1954	2,435	1961	2,710	1969	1,889	1981	6,829
1955	2,434	1962	3,222	1970	4,646	1982	6,521
1956	2,290	1963	3,558	1971	2,874	1983	5,532
1957	2,737	1965	3,438	1972	4,983	1984	4,608
1958	2,246	1966	3,816	1973	5,769	1985	5,040

77 인구추이는 재일본대한민국민단 홈페이지의 수치를 참고하였음. (https://www.mindan.org/kr/syakai.php)

재일코리안 1세대가 다수였던 1952년, 귀화 수는 232건에 불과했다. 하지만 1953년부터 귀화가 증가하기 시작했으며, 1970년대의 경우 1971년을 제외하고 매년 4,000명 이상이 일본으로 귀화했다. 또한 외국인과의 결혼으로 인한 변화 역시 증가했다. 다음은 혼인으로 인한 인구 변화 추이이다.

〈표 10〉 혼인으로 인한 재일코리안 인구 변화

년도	혼인건수	동포간 혼인		외국인과의 혼인	일본인과의 혼인			기타 외국인
		혼인수	구성		일본인 아내	일본인 남편	합계	
1955	1,102	737	66.9%	33.1%	22.0%	8.5%	30.5%	2.6%
1965	5,693	3,681	64.7%	35.3%	19.8%	14.8%	34.6%	0.7%
1975	7,249	3,618	49.9%	50.1%	21.4%	27.5%	48.9%	1.2%
1985	8,588	2,404	28.0%	72.0%	29.4%	42.2%	71.6%	0.4%

처음 조사가 시작된 1955년에는 1,102건의 혼인 중 동포와의 결혼은 737건으로 66.9%를 차지했다. 외국인과의 결혼은 33.1%였으며 총 혼인건수 중 약 70%가 동포와 결혼했다. 1965년에도 동포 간 결혼이 64.7%를 차지하며 1955년에 비해 다소 감소했지만, 동포와의 혼인이 여전히 높은 비율을 차지했다. 그러나 1975년에는 총 7,249건의 혼인 중 동포 간 결혼이 49.9%, 외국인과의 혼인이 50.1%를 차지하며, 처음으로 외국인과의 결혼이 동포 간 결혼을 추월한다. 또한 외국인과의 혼인 50.1% 중 48.9%가 일본인과 혼인하며 일본인과의 국제결혼이 97.6%를 차지했다. 1985년에는 동포간 결혼이 28%, 외국인과의 결혼이 72%를 차지했으며 그 중 일본인과의 혼인이 99%를 점하며 사실상 국제결혼의 일본인과의 결혼을 의미

했다. 이처럼 1965년 이후 일본인과의 국제 결혼이 증가했고, 이후 태어난 자녀세대 상당수가 일본국적을 택하며 재일코리안의 자연 감소 현상이 나타났다.

재일코리안 사회와 각종 단체는 이를 심각한 상황으로 인식했다. 1974년 일본인과의 국제결혼이 조선인과의 결혼 건수를 상회하며 민족단체들은 결혼 문제에 적극 개입하기 시작했다. 『마당』 역시 결혼 담론으로 현상을 개선하고자 했다.

2) 결혼담론을 통한 일본비판

『마당』에서 결혼, 귀화, 국적을 표제어로 다룬 기사 현황은 다음과 같다.

〈표 11〉『마당』에 수록된 결혼 기사 현황

호수	발행일	저자	제목	비고
1호	1973년 10월1일	박정자 (朴貞子)	결혼을 맞이한 동포청년에게 (結婚を迎える同胞青年に)	
2호	1974년 2월1일	혼다 야스하루 (本田靖春)	귀화인그룹《성화클럽》을 방문하고 (帰化人グルーピ《成和クラブ》を訪ねて)	르포(ルポ)특집
		박정자 (朴貞子)	한 어머니의 집념 (ある母の執念)	결혼상담실(結婚相談室) 코너 연재
		이정차 (李定次)	「혼혈」의 결혼 (「混血」の結婚)	
		우치다 유카 (内田ゆか)	호적이 없는 부부 (戸籍のない夫婦)	
3호	1974년 5월1일	박정자 (朴貞子)	상성(궁합)에 관하여 (相性(宮合)について)	결혼상담실(結婚相談室) 코너 연재
		이시다 마유미 (石田真弓)	「결혼상담실」에 질문 (「結婚相談室」への質問)	살롱 마당(サロン · まだん) 투고

호수	발행일	저자	제목	비고
		야마구치 후미코 (ヤマグチ　フミコ)	나는 결혼하지 않는다 (わたしは結婚しない)	특집 · 재일동포의 수기 (特集 · 在日同胞の手記) 수록
		아오키 히로즈미 (青木広純)	일본국적을 가진 조선인으로서 (日本国籍を持つ朝鮮人として)	
		시마무라 아키코 (島村章子)	반조선인과 반일본인 (半朝鮮人と半日本人)	
4호	1974년 8월1일	박정자 (朴貞子)	국제결혼에 관해 (国際結婚について)	결혼상담실(結婚相談室) 코너 연재
6호	1975년 6월1일	김양기 (金両基)	증발한 신부 (蒸発した花嫁)	특집 · 결혼(特集 · 結婚) 수록
		정수령 (鄭秀嶺)	보이는 사랑과 보이지 않는 국경 (みえる愛とみえない国境)	
		시미즈 치에코 (清水千恵子)	조선남자에게 말하다 (朝鮮男にもの申す)	
		종추월 (宗秋月)	죽은자와 산자와 (死者と生者と)	
		박종금 (朴鐘琴)	「여자」와「재일」 (「女」と「在日」)	
		박정자 (朴貞子)	불행한 남자와 여자들 (不幸な男と女たち)	
		후지사키 야스오 (藤崎康夫)	일본인 처는 외친다 (日本人妻は叫ぶ)	
		고사명 (高史明) 김주태 (金宙泰) 정대균 (鄭大均)	재일의 결혼을 생각하다 (在日の結婚を考える)	특집 좌담회(特集座談会) 수록

표에서 확인할 수 있는 것처럼『마당』은 5호를 제외하고 매 호마다 한 건 이상 결혼 관련기사를 수록했다.『마당』의 결혼담론은 일본을 비판하고 재일코리안 사회의 변화를 촉구하는 두 가지 방식으로 전개되었다. 일본비판의 경우 과거 일제강점기부터의 역사적 사실

과 1970년대 사회현상을 비판하는 방식으로 전개되었다.

『마당』은 일제강점기부터의 국제결혼의 사례를 제시한다. 박정자의 「불행한 남자와 여자들不幸な男と女たち」에서는 조선인과 일본인의 국제결혼이 일제강점기부터 시작되었다고 말한다.

> 일본의 무가시대에 도래했던 조선의 귀화시대는 별개로 하더라도, 일제의 대동아전쟁이 한창일 때 일제는 내선일체를 강하게 강요하면서 일본의 침략전쟁 수행을 위한 중노동력과 징병에 조선인을 이용하기 위해 천황의 적자로 우대하는 것처럼 보이게 일본여성과의 결혼을 장려했다. 아마도 이 시기에 수많은 국제결혼의 형태가 시작됐다고 생각된다. 여기서 정부는 '결혼의 길을 열어 사상의 융화 통일을 기하는結婚ノ途ヲ開キテ思想ノ融和統一ヲ期スル' 것에 열심이었다. 이것은 마치 일본인화化의 강요이자 조선민족 말살의 한 방법이었다.[78]

일제는 태평양전쟁 수행을 위해 조선인 노동력이 필요했고, 이를 위한 전략 중 하나로 국제결혼을 활용했다. 즉, 전쟁을 위한 수단으로 조선인과 일본인의 국제결혼을 수단으로 이용했다는 것이다. 특징적인 대목은 일본인 역시 피해자임을 부각시킨 점이다. 『마당』은 일반적으로 가해자 일본 / 피해자 조선의 구도를 형성했는데, 결혼담론에서는 일본인 역시 전쟁의 피해자임을 강조하며 자국민

78 朴貞子(1975), 「不幸な男と女たち」, 『季刊まだん』 6, 創紀房新社, p.51.

역시 수단으로 이용한 일제를 비판했다. 6호에서 후지사키 야스오藤崎康夫 역시 일제강점기 결혼정책을 비판했다.

> 《내선결혼(한일결혼)》 -「내內」「선鮮」이라는 단어가 연결된 것부터 명백하지만 이건 한일병합시대의 이야기이다. 1910년, 한일병합시대를 맞이했지만 통치방법에 있어서는 군국주의침략정책에 의한 조선의 예속화와 동종동근론에 기반한 동화정책이 있었지만 후자의 구체적인 방법이 내선결혼 정책이었다. 힘으로 밀어붙이는 방식에 유일하게 윤활류적인 역할을 할 작정이었던 것이다.[79]

후지사키는 조선의 예속화와 동종동근론同種同根論에 기반한 동화정책이 내선결혼이었다고 설명한다. 그러나 조선인의 경우 친족에 타민족이 유입되는 것을 거부했고, 일본인 역시 조선인에 대한 차별적 시선 때문에 반대했음에도 일제가 국제결혼을 추진했다고 설명한다. 후지사키는 해방 이후 일본 여성들의 불행한 삶을 함께 묘사한다. 일본에 살던 조선인 남편은 해방 이후 조국으로 돌아간다. 그러나 조선에 살던 일본인 여성들은 국교가 단절되어 일본으로 돌아가지 못한다. 조선에 남게 된 일본인 여성들은 경제적으로 비참한 생활을 해야 했고, 이승만 정권의 반일정책으로 인해 일본인임을 숨긴 채 살아야 했다. 남편은 부인을 호적에 올리지 않았고 자녀가

---

79 藤崎康夫(1975),「日本人妻は叫ぶ」,『季刊まだん』6, 創紀房新社, p.59.

태어나더라도 호적이 없어 친척에게 입양 보낼 수밖에 없었다고 후지사키는 소개한다. 이를 통해 당사자의 의사를 배제하고 추진했던 일제의 결혼정책을 강하게 비판한다.

나아가 1970년대 일본의 사회 구조와 동화정책을 비판한다. 1970년대에도 일본에서 차별은 계속되고 있었지만, 재일코리안 후속세대의 동화현상은 강화되었다. 『마당』은 이러한 현상을 우려했다. 다음은 창간호에 수록된 박정자의 「결혼을 맞이한 동포청년에게結婚を迎える同胞青年に」의 일부이다.

> 일본으로의 동화현상이 급속화되고 있는 와중에 어쩔 수 없는 일이라 말한다면 어쩔 수 없겠지만, 이 사태를 방치해도 좋은 것일까? 나 자신의 민족적 입장에서 이러한 현상을 볼 때 동포사회의 심각한 문제로 다뤄야한다고 생각한다.[80]

박정자는 재일코리안의 급격한 '일본인화'를 심각한 문제로 인식한다. 동시에 각종 사회보장제도 귀화를 유도하는 일본의 동화정책을 비판한다. 박정자는 일본인과의 국제결혼은 필시 가정불화로 이어진다고 주장하며, 불화의 구분 원인이 일본사회의 차별구조에 있다고 주장한다.

80　朴貞子(1973), 「結婚を迎える同胞青年に」, 『季刊まだん』 1, 創紀房新社, p.30.

> 일반적으로 국제결혼에 실패하는 경우를 보자면 사회적 차별 상황, 예를 들어 재일조선인은 취업이 매우 불안정하기 때문에 정주할 수입이 좋지 않아져 가정이 빈곤해지고 그 결과 여러 불만이 축적된다. 그 원인이 일본사회의 차별구조에 있음에도 당신이 조선인이기 때문에 이렇게 된 것이라는 상황이 되어버린다.[81]

6호 좌담회에서 고사명高史明은 가정불화의 원인을 일본사회의 차별구조에서 찾는다. 구조적 차별이 경제적 빈곤을 유발하고, 이후 가정불화와 이혼으로 이어진다 말하며 근본원인이 일본에 있음을 강조한다. 나아가 이러한 현상이 세대를 넘어 자녀에게 이어진다고 말한다. 조선과 일본의 과거사는 혼혈자녀에게 정체성 혼란을 유발한다. 특히 조선국적을 택할 경우 일본 사회에서 차별받고, 일본국적을 택하면 조선인 사회에서 멸시받는다고 주장한다. 또한 일본학교에서 교육받은 자녀가 조선인 부모를 멸시하는 경우가 빈번하다 말하며 역사, 정치가 얽혀있는 일본인과의 국제결혼에 부정적 태도를 보인다.

이처럼 『마당』은 역사적 사실, 국제결혼의 실패사례를 제시해 일본을 비판했다. 나아가 과거부터 시작된 차별이 현재에도 계속되고 있으며, 이는 자녀에게까지 이어진다고 강조하며 현재의 구도를 만든 일본을 비판했다. 즉, 과거와 현재의 일본을 비판해 재일코리

---

81 高史明・金宙泰・鄭大均(1975),「在日の結婚を考える」,『季刊まだん』6, 創紀房新社, p.79.

안들의 반일감정을 조성하고, 국제결혼을 억제하고자 했다. 나아가 『마당』은 재일코리안 사회의 혁신을 주장한다.

3) 인식 변화와 사회운동의 촉구

『마당』의 결혼담론에서는 후속세대의 이탈 원인을 재일코리안 사회 내부에서 찾으며 변화를 촉구한다. 그 시작은 1세대의 구시대적 사고의 변화였다. 3호의 「결혼상담실」에서 박정자는 상대 동포의 진영논리, 사상, 부모의 본적지, 궁합을 이유로 결혼을 반대하는 태도의 개선이 필요하다고 주장한다.[82] 통일을 추구해야하는 상황에서 궁합과 지역감정을 이유로 동포 간 결혼을 반대하는 것은 시대착오라 말한다. 6호에서 김량기金両基 역시 전라도, 제주도 출신의 결혼을 반대하는 지역감정이 백 년 이상 지속되었다고 말하며, 비과학적이고 근거 없는 차별의식이 본국과 재일동포사회에 자리 잡고 있다고 비판한다.[83] 재일코리안 남성과 결혼한 일본인 시미즈 치에코清水千恵子는 부모의 과도한 간섭, 대등하지 못한 부부관계, 조선인 남성의 폭력적이고 가부장적 태도를 지적하며 재일코리안 가정의 의식변화를 촉구했다.[84]

이처럼 『마당』은 재일코리안 남성의 가부장적 태도, 궁합, 지역주의 등 1세대의 구시대적 사고와 사회 풍토 전반의 변화를 통해

---

82 朴貞子(1974), 「相性(宮合)について」, 『季刊まだん』 3, 創紀房新社, p.82.
83 金両基(1975), 「蒸発した花嫁」, 『季刊まだん』 6, 創紀房新社, p.21.
84 清水千恵子(1975), 「朝鮮男にもの申す」, 『季刊まだん』 6, 創紀房新社, pp.36-37.

후속세대가 정주하고 싶은 사회를 만들고자 했다. 반면 1세대를 대변하는 태도 역시 확인할 수 있다. 좌담회에서 김양기는 1세대가 일본인과의 결혼을 반대하는 것은 경험에서 기반한 것임을 설명한다.

> 1세의 경우 일본인에게 곤욕을 당하거나 조선인을 위해 무엇하나 받은 것이 없다는 이유가 아닌, 생활감각에 스며든 관념이 있기 때문에 어떻게든 일본인과의 결혼을 인정하고 싶지 않은 것입니다. 이것은 이미 신념 같은 것이 아닙니다. 어떤 부모라도 자녀의 행복을 바라는 것이 당연하며, 우리들은 자신의 과거체험에 비추어 2세대들은 행복해지길 강렬히 바라는 것이고 이는 단순한 반대가 아님을 알아주면 좋겠습니다. 그렇기 때문에 동포결혼에 대한 1세대의 고착은 커다란 관점에서 보면 문화라고 생각합니다.[85]

김양기는 부모가 자식의 행복을 바라는 것은 당연하며, 1세대가 동포간 결혼을 주장하는 것은 과거의 체험 때문이라고 주장한다. 즉, 동포간 결혼의 행복함을 경험을 통해 알고 있으며, 이는 강요가 아닌 문화라 주장한다. 이처럼『마당』은 재일코리안 사회구조 변화를 주장하면서도, 1세대의 입장을 옹호하며 동포 간 결혼을 주장했다. 나아가 역사적 관계로 얽혀 있는 일본인과의 결혼은 다른 국가와의 국제결혼과는 다르다고 주장한다.

---

85 金宙泰(1975),「在日の結婚を考える」,『季刊まだん』6, 創紀房新社, p.71.

> 2세와 일본인의 결혼은 일반적인 국제결혼과는 다르며 1세와 일본인과의 결혼과도 다소 상이한 관점에서 볼 수 있다. 왜냐하면 서양인과 동양인 혹은 서양인 간의 국제결혼은 각각의 국적과 민족적 자긍심을 가진 남녀의 결합이다. 또한 재일동포사회에 많이 보이는 조선인 1세와 일본인과의 결혼 역시 1세는 자신이 조선인임을 조금도 의심하지 않는 존재로서 일본인과 결혼하는 것이다. (중략) 그러나 오늘 날, 2세들이 자기주체성과 감각능력을 갖춘 형태로 진정한 조선인이 되는 것은 매우 어려운 일인 것 같다.[86]

정수령鄭秀嶺은 재일코리안 2세와 일본인의 결혼은 서양인과 동양인의 결혼, 서양인 간의 결혼과는 다르다고 주장한다. 재일코리안 2세는 민족성이 결여되어있기 때문에 1세대의 국제결혼과는 다르다고 주장한다. 박정자 역시 재일코리안 청년들의 올바른 역사관과 민족관 정립을 주장했다.[87]

> 동포사회와 멀어져 사는 청년들 사이에서는 일찍이 일본제국주의에 의한 왜곡된 역사와 민족관에 둘러쌓여 자신을 잃고 열등의식에 괴로워하는 사람이 있는 것 같습니다. (중략) 이렇게 왜곡된 역사관과 민족적 편견이 심한 사회에서 우리는 살기 좋은 사회는 아닐지라도 이 현실을 올바른 역사관과 민족을 자신의 것으로 만들어 극복할 수 있도록 노력해야만 합니다.[88]

---

86 鄭秀嶺(1975), 「みえる愛とみえない国境」, 『季刊まだん』 6, 創紀房新社, p.29.
87 朴貞子(1973), 「結婚を迎える同胞青年に」, 『季刊まだん』 1, 創紀房新社, p.31.

박정자는 일본에서 왜곡된 역사를 교육받은 재일코리안 청년들의 올바른 역사관과 민족관 정립을 위한 교육의 필요성을 제기한다. 동시에 혼혈이나 일본으로 귀화한 재일코리안들의 적극적인 사회운동 참여를 요구한다.

> 재일조선인이 일본에 있는(재일)하는 한 일본정부의 방침이 재일조선인의 생활을 결정한다. 일본에 주장해야 하는 권리를 자칫하면 인정받을 수 없고 억압받는 입장에 있다. 그러면 일본정부의 재일조선인 정책을 바꾸기 위해 어떻게 하면 좋을까? 당연히 재일조선인도 일본인과 같은 권리를 주장하고 사법으로 제소하고 국제사법재판소에 소송을 걸어 권리를 인정받는 운동을 전개할수록 좋다. 우리들은 조국을 침략받았고 생활을 파괴당했고 많은 육친을 살해한 일본에 건너왔다. 일본정부에 적어도 자민족과 같은 권리를 우리들에게 부여하도록 주장할 권리는 충분히 있다.[89]

자신을 혼혈이라 밝힌 아오키 히로즈미青木広純는 현재 재일코리안 사회를 만든 것이 일본이기 때문에 사회운동을 통한 적극적인 권리 주장과 사법제소가 필요하다고 주장한다. 주목할 점은 사회운동이 조총련, 민단 등 조직에서 벗어난 형태에서 진행되어야 한다고

88 朴貞子, 위와 같음.

89 青木広純(1974),「日本国籍を持つ朝鮮人として」,『季刊まだん』3, 創紀房新社, p.41.

주장한 점이다. 이 대목에서 이데올로기 집단을 벗어난 차원에서의 실천적 사회투쟁 추구를 확인할 수 있다. 이밖에도 시마무라 아키코島村章子는 역사로 자신의 존재를 확실히 한 이후의 사회운동 참여를 주장했으며,[90] 이정차李定次는 혼혈의 '긍지'와 '위치'를 명확히하고 차별운동에 참여해야한다고 주장했다.[91] 이처럼『마당』의 결혼담론은 역사를 통해 일본을 비판하고 현재까지 지속되고 있는 사회차별과 동화정책을 비판하는 형태로 구체화되었다. 나아가 재일코리안 2세대의 적극적인 사회운동 참여를 독려했다. 그렇다면『마당』이 결혼담론을 전개한 궁극적 이유는 무엇이었을까?

4) 결혼담론의 의도 및 의의

재일코리안 사회의 판도변화는 동시대 한반도와 일본의 상황과 연계되어 전개된다. 1970년대, 일본에서 태어난 재일코리안 2세대가 사회의 주축으로 자리 잡지만 취업차별, 공무원 임용 거부, 지문날인 등 국적으로 의한 불이익을 체감한다. 이런 상황에서 조국통일의 불가능한 현실을 깨닫고, 1965년 한일국교정상화 과정에서 동포들의 권익이 무시받았다고 생각하게 된다. 재일코리안 1세대와 달리 2세대에게 조국은 경험해본 적 없는 공간이자 돌아가야 할 장소가 아니었다. 그 결과, 재일코리안 후손세대를 중심으로 주

---

90 島村章子(1974),「半朝鮮人と半日本人」,『季刊まだん』3, 創紀房新社, pp.44-45.
91 李定次(1974),「混血」の結婚」,『季刊まだん』2, 創紀房新社, p.166.

체적으로 삶을 선택해 귀화하고도 조선인으로 살아가겠다는 '제3의 길' 가치관이 확산된다. '귀국'보다 '정주'가 중요한 재일코리안 후속세대들은 조국과 민족에 한층 유연한 태도를 보였다. 또한 "일본 정부의 귀화 행정의 기본은 '단일민족국가' 속에 이민족으로의 흔적을 남기지 않을 수 있는 자만을 선별해 동화하여 일본화하는 방식[92]으로 진행됐다." 이는 다민족 복합국가에서의 시민권 취득과는 근본적 차이가 있으며, 언어와 생활면에서 일본인으로 귀화가 용이한 재일코리안들은 귀화행정의 주요 대상이 되었다. 또한 가족 중 미성년자가 있는 경우 자녀를 포함해 가정 전체를 귀화시키는 속인주의 제도가 시행되어, 가족 단위의 귀화가 증가했다. 그 결과 귀화자 급증에 의한 재일코리안 사회 축소로 이어졌다.

『마당』을 비롯한 재일코리안 사회에서는 이를 심각한 문제로 인식했다. 1974년 국제결혼이 동포 간 결혼을 상회한 이후 민족단체들은 결혼문제에 적극 개입하기 시작한다. 또한 "국제결혼이 국적 변경과 커뮤니티 이탈로 이어질 가능성이 높은 것으로 인식한 이후 각 단체들이 다양한 사업을 시작했던"[93] 사실에서도 당시 재일코리안 사회의 태도를 확인할 수 있다. 실제로 동시대 잡지 『삼천리』 역시 일본의 귀화정책의 방침에 대해 "일본의 귀화정책은 장래 일본에 재일코리안 소수민족 형성 가능성의 화근을 제거하기 위해 추진됐으며, 타민족을 자민족으로 서서히 동화시키는 정책"[94]이라 말하며

---

92 강재언 · 김동훈(1999), 『재일 한국 · 조선인 - 역사와 전망』, 소화, p.116.

93 지은숙(2011), 「디아스포라 관점에서 본 재일코리안 여성의 결혼문제 - 30대 여성들의 결혼활동을 중심으로」, 『재외한인연구』 25, 在外韓人學會, p.55.

심각한 문제로 인식했다.

이런 상황에서 『마당』은 재일코리안 혁신과 사회 운동 참여라는 변화를 모색했고 동포 간 결혼을 중재하는 등 다양한 노력을 했다. 이를 통해 재일코리안들이 정주하고 싶은 사회를 만드는 청사진을 그린 것이 『마당』의 결혼 담론이라 할 수 있다.

이처럼 『마당』은 재일코리안 사회와 관련된 다양한 담론들을 형성하고 대안 제시로 현상을 개선하고자 했다. 이와 같은 시도는 『마당』이 기존 재일코리안 매체들과 상이한 지면으로 평가받는 계기가 된다. 다음은 『마당』에 대한 재일코리안 작가 김학영의 평가이다.

> 『마당』 3호를 통독해보면 지금까지 '정치'망의 눈에서 낙오된 채 살아온 재일조선인의 다양한 문제라기보다 재일조선인의 여러 군상이 그 모습 그대로 제시되어있고, 그리고 아마도 이것이야 말로 진정한 '재일조선인 문제'의 모습이 있다고 말할 수 있다.[95]

김학영은 재일코리안의 문제를 정치문제와 동일시했던 기존 지면들과 달리 『마당』이 실생활과 관련된 '진정한 재일조선인 문제'를 다룸으로써 차별화를 이루었다고 평가한다. 특히 이러한 평가의

---

94 佐藤信行(1980), 「帰化行政にみる在日朝鮮人政策」, 『季刊三千里』 24, 三千里社, pp.90-93.

95 金鶴泳(1974), 「新しい在日朝鮮人 -「まだん」3号(三角形の本棚)」, 『早稲田文学』 第7次6(8), 早稲田文学編集室, p.73.

근거를 결혼담론에서 제시한다.

> 『마당』에는 이상과 같이 재일조선인의 새로운 세대에 의한 재일조선인으로서의 새로운 존재적 모색의 태동이 엿보인다. 하지만 그것이 반드시 에너지가 있고 밝게 드러나는 것만은 아니다. 예를 들어 야마구치 후미코「나는 결혼하지 않는다」와 같이 어두운 심연에 은밀하게 잠긴 모습도 있다.[96]

김학영은 3호에 수록된 야마구치 후미코의「나는 결혼하지 않는다わたしは結婚しない」를 예로 재일코리안 개개인의 어두운 모습이 잘 드러나고 있다고 평가한다. 즉, 정치에서 벗어나 현실적 문제의 구체화를 긍정적으로 평가한 것이다. 나아가 김학영은『마당』의 특징을 다음과 같이 말한다.

> 종래 대체로 정치적 차원에서만 언급되던 자신들의 문제=재일조선인 문제를 정치와 다른, 이른바 날 것 그대로의 생활감각 차원에서 생각해보고자 하는 패기가 이 발언에는 보인다. 이 점이 『마당』그 자체의 특징이며 그것은 재일조선인에게 있어 하나의 무척 신선한 현상이라고 나는 생각한다.[97]

---

96 金鶴泳, 위의 글, p.75.
97 金鶴泳, 위의 글, pp.72-73.

김학영은 재일코리안 문제를 정치적 차원이 아닌 생활감각의 측면에서 다룬 것을『마당』만의 변별점으로 평가한다. 즉,『마당』이 재일코리안 사회문제의 공론화를 통해 재일코리안 매체들과 차별화되는 새로운 패러다임을 제시했음을 김학영의 발언을 통해 확인할 수 있다.

『마당』은 전통문화를 통한 문화유산의 형성, 결혼, 귀화, 국적, 교육, 세대 문제 등 재일코리안 사회 관련 내용들로 담론을 형성했다. 이는 재일코리안 잡지사에서『마당』만의 변별점이 드러날 수 있는 지점이자 1970년대 재일코리안 미디어의 패러다임 변화를 확인할 수 있는 대목이라 할 수 있다.

제2장

문화매체를 통한 일본비판

1. 문학으로 구현되는 디아스포라

1) 「안녕히 아버지アンニョンヒアボジ」와 귀화

『마당』 특징의 중 한 축이 재일코리안 사회 담론 형성이었다면, 다른 한 축은 반일감정의 형성이었다. 이러한 특징은 지면에 수록된 소설에서 잘 드러난다. 『마당』은 종간호까지 두 편의 소설만이 수록되었다. 창간호에 세가와 이치瀬川いち의 「안녕히 아버지アンニョンヒアボジ」가, 2호에 배몽구裵夢亀의 「무화과無花果」가 수록됐으며 이후 소설 없었다. 두 작가 모두 무명이었으며, 『마당』에 발표된 작품을 찾을 수 없었다. 이러한 특성은 일반대중의 기사를 주로 수록했던 『마당』의 원칙이 반영된 것으로 추정된다.

창간호에 수록된 세가와 이치의 「안녕히 아버지」에서는 재일코리안 아버지 박한식朴漢植과 일본인 어머니 사이에서 태어난 딸 사다요貞世가 일본에서 경험한 차별을 통해 국적, 귀화, 결혼 문제를 다룬다. 사다요는 학창시절 아버지가 재일코리안이라는 이유로 차별받았던 과거를 회상한다. 다음은 대학시절 사다요가 한일문제를 토론할 때의 상황이다.

> 사다요는 수업의 토론에서 여러 번 중 격앙됐다. 객관적으로 냉정히 한일조약이 초래한 여러 문제를 설명하기 전에 그건 “너희가 조선인이기 때문이다”라는 둔탁한 빛의 도전에 부딪혔기 때문이다. 사다요의 아버지가 조선인 임을 아는 같은 반 친구들은 아주 소수였다. 그리고 그녀가 의식하는 것은 이 소수 쪽이 아닌 그녀를 일본인으로 믿고 있는 다수의 학우였다. 그녀는 두려웠던 것이다. 자신의 아버지가 조선인이라는 것이 문제의 본질을 민족문제로 축소시키고 나아가 국익 운운하는 논의를 유발한다는 사실을. 그러나 이러한 것들에 정신적인 피로를 느끼더라도 논의의 대상이 된다. 사다요가 참기 어려운 것은 그 대상에서 제외되어있는 평소에 계급투쟁에 대해 말하는 학우에게 보이는 의기양양한 얼굴이었다.[1]

일본인과 정치문제를 토론할 때 마지막은 결국 ‘조선인’으로 귀결된다. 그녀는 재일코리안과 일본인 사이의 혼혈이지만 일본인들

1 瀬川いち(1973), 「アンニョンヒアボジ」, 『季刊まだん』 1, 創紀房新社, p.192.

은 그녀를 조선인으로 규정하며 우월한 시선으로 내려다본다. 국적으로 인해 본질은 흐려진다. 보다 무서운 것은 사다요의 국적을 모르는 주변 사람들이 국적을 알게 되었을 때 벌어질 일이다. 혹시라도 발생할지 모르는 일들을 피하기 위해 재일코리안들은 본명이 아닌 통명을 사용한다.

> 사다요는 재일조선인, 특히 청년들이 본명을 사용하지 않고 역사적으로 노예 명함인 일본식 이름을 일반적으로 사용하는 것의 가장 큰 이유가 거기 있다고 생각한다. 원래부터 개인이라는 것이 존중받지 못하고 항상 귀속 집단의 사회적 지위에 따라 개인의 삶이 평가된 일본에서 한 사람, 재일코리안만이 예외로 작용할 수 없다는 사실은 두말할 필요도 없다. 하물며 그 명칭대로 그들은 일본인에게 타민족이다. 과거에 식민지로 통치 받은 나라의 사람들이다. 바꿔 말하자면 일본에 의해 그 사람들은 "재일조선인"이라는 귀속집단명으로 불리고 평가돼 개성과 주체가 소외된 상황인데다가 민족차별까지 더해져 이중의 개인소외가 있었다고 할 수 있다.[2]

인용문에서는 재일코리안이 통명을 사용할 수밖에 없는 이유를 말한다. 과거 일본은 조선을 식민지로 통치했고 '재일조선인'이라는 귀속집단명으로 명명했다. 현재까지 암암리에 계속되고 있는 차별을 피하기 위해 재일코리안들은 통명을 선택한다. 작가는 이를

---

2 瀬川いち, 위와 같음.

노예명함이라 했지만, 이는 재일코리안들이 직면한 현실이었다. 이는 결국 귀화로 이어진다. 작품 종반부에 아버지는 귀화에 대해 상담하기 위해 사다요를 만난다.

> 귀화하면, 일본인이 된다면 건강보험도 받을 수 있고 융자도 받기 쉽다. 그렇다면 일을 할 수 있지 않을까? 이치로도 회사에 들어갈 수 있겠지. 귀화해서 사람이 변하는 것은 아니야. 나는 조선인이다. 지금까지의 생활이 변하는 것은 아니야. 단지 국적이 한국에서 일본으로 변하는 것 뿐이다. 사다요 너도 알고 있듯이 이번에 고향에 가기 위해 조선국적에서 한국국적으로 새로 고쳐 썼다. 물론 귀화라는 건 문제가 다르지만. (중략) 할아버지에게 내가 귀화하는 것을 말하면 싫은 얼굴로 경멸할 것이다. 눈에 선하다. 하지만 그게 어때서? 일족에서 귀화인을 내놓는 것에 따른 체면, 그건 자신들의 이해관계와 관련됐기 때문이 아닐까? 그 증거 중 하나가 곤란할 때는 모른 척 하는 거야. 고향의 아버지와 어머니, 동생들은 이해해 줄 것이다. 아무래도 슬퍼하겠지만 그렇다고 해서 부자나 형제의 인연이 끊어지는 게 아니니까. 그리고 사다요 니가 본 것처럼 고향에 아버지가 다시 돌아갈 곳은 없어.[3]

아버지가 귀화하려는 이유는 건강보험, 융자와 같은 제도적 현실과 자식에 대한 우려이다. 이치로一郎와 아사코朝子는 아버지가

---

3 瀬川いち, 위의 글, p.202.

후처 사이에서 낳은 사다요의 이복남매이다. 두 아이의 입적을 두고 사다요와 남편 사이에서는 갈등이 생긴다. 아버지는 일본으로 귀화하는 것은 조선국적에서 한국국적으로 바꾸는 것과는 명백히 다름을 알면서도 자식들의 불이익을 염려하며 귀화를 생각한다. 또한 반쪽바리라는 시선과 친척들의 외면, 고향의 상실과 조국의 외면은 재일코리안들이 귀화를 선택할 수밖에 없도록 만들었다. 이처럼 작품에서는 제도적 이점으로 귀화를 유도하는 일본의 동화정책을 사실적으로 보여준다. 그럼에도 불구하고 사다요는 재일코리안으로 살아가는 삶을 선택한다.

> 귀화라는 것은 이 나라의 고유 민족에 속한 자가 민족 구성원이기 때문에 부당한 굴욕을 당하면서 부당함을 개인이 아닌 비겁하게 스스로 속한 민족을 배신함으로써 즉, 모욕하는 쪽의 국적을 취득하는 것을 통해 계속 살아가려는 것이다. 국적을 취득하는 것, 그것은 만세일계의 단일민족을 자랑하는 이 나라에서 국적취득 그 이상은 없다. 왜냐면 이 나라의 사람들은 새롭게 국적을 취득한 자가 어떤 민족에 속해있고 그 중에서도 어떠한 가치를 점하고 있는지 완벽히 알고 있기 때문이다. 그리고 그 민족 외에 이 나라에 귀화할 필요가 없다는 것도 냉정하게 알고 있기 때문이다. (중략) 무엇보다 재일조선인이 이 국가에 귀화한다는 것은 자신의 민족에서 내던져지는 말을, 다름 아닌 이 나라의 사람들로 부터도 내던져지는 말에 견딜 수 있을 정도로 비굴해져야하는 것이다. 그렇지 않으면 새롭게 취득한 국적을 방패로 스스로 속한 민족을 향해 이 나라의 사람들과 함께해야만 하는 비참함을 가져야만 하는 것이었다.[4]

인용문에서는 귀화를 모욕하는 쪽의 국적을 획득하는 행위이자 민족을 배신하는 행위로 규정한다. 또한 귀화하더라도 일본인들은 결코 재일코리안을 같은 일본인으로 취급해주지 않기 때문에 귀화를 무의미한 행위로 치부한다. 즉, 재일코리안은 귀화하더라도 일본인이 될 수 없으며, 차별은 계속될 것이기 때문에 귀화가 무의미하다는 메시지를 전한다. 작품 종반부에서 사다요는 아버지에게 재일코리안으로 계속 살아갈 것을 권하기로 결심한다.

> 역시 귀화하지 않는 것으로 말하자. 우리들이 그 정도의 자유와 존엄성을 가지고 있다고 해서 누가 불손하다고 말할 수 있을까? 아버지도 그리고 나도 회수할 수 없이 한 번 뿐인 삶을 살고 있으니까.[5]

사다요는 재일코리안으로서의 삶을 결심한다. 그렇게 사는 것이 재일코리안의 자유와 존엄성을 지키며 살아가는 것이라 주장한다. 그 순간에서 사다요는 미처 깨닫지 못했던 정체성을 자각하게 된다.

> 아버지 박한식 피의 따뜻함이 사다요의 온 몸에 흘러내렸다. 그건 사다요가 몸으로 처음 느낀 아버지였다. 조선인 박한식으로 계속 존재하면서 일본성姓을 자기 이름으로 쓰고 있는 딸들의 아버지로 계속 있고 싶다는 한식의 존재를, 사다요는 이제서야 눈부

---

4 瀬川いち, 위의 글, pp.206-207.
5 瀬川いち, 위의 글, p.206.

신 것을 보는 추억으로 떠올릴 수 있었다.[6]

사다요에게 아버지는 증오의 대상이지만, 분리할 수 없는 혈연임을 실감한다. 귀화를 고민한 순간, 비로소 재일코리안으로 계속 살아가고 싶다는 깨달음을 얻으며 민족정체성에 눈뜨게 되는 것이다. 개인의 문제는 민족으로 확대된다. 일본의 동화정책과 조국의 외면에도 불구하고 재일코리안으로 살아가는 선택이은 존엄성을 지키는 것이며, 한 번 뿐인 삶을 눈부시게 사는 방식인 것이다.

이처럼「안녕히 아버지」에서는 재일코리안의 국적과 귀화를 주제로 다룬다. 이를 통해 재일코리안들에게 귀화는 차별을 피하는 수단이 될 수 없으며 한 번 뿐인 삶을 민족 안에서 살 것을 제시한다. 작품속에서 일본인은 재일코리안에게 차별을 가하는 주체이자 부정적인 존재로 묘사된다. 나아가 일본의 동화정책을 비판한다. 궁극적으로 이러한 상황을 극복하는 방법은 재일코리안 사회에서 민족정체성을 깨닫고 살아가는 것이라는 해답을 제시하는 것이다.

「안녕히 아버지」의 서사는 일본을 비판하는 동시에 재일코리안의 정체성을 강조하는『마당』의 특징과 일치하는 모습을 보인다. 또한 해당 작품이 창간호에 수록된 사실만으로도『마당』의 지향점을 확인할 수 있다. 2호에 수록된 배몽구의「무화과」에서도 유사한 양상을 확인할 수 있다.

6　瀬川いち, 위의 글, p.207.

2) 재일코리안 민족교육과 「무화과無花果」

배몽구의 「무화과」 재일코리안의 교육문제를 다룬다. 초등학생 주인공은 아버지의 사망 이후 둘째 형과 함께 오사카의 일본학교로 전학을 간다. 담임 가타야마 가오루片山郁는 학생들 사이에서 구마소熊襲[7]의 후예라 불릴 정도로 기이한 용모와 성품을 가졌다 담임은 평소 학생들에게 오사카 사람들을 속이 검고 돈벌이 밖에 모르는 사람이라 욕한다. 작품에서는 재일코리안 학생들이 이런 일본인에게 역사를 배우는 것을 깊이 우려한다.

> 짧은 기간 동안 나라에서 쫓겨난 우리 조선의 아이들은 조국을 빼앗긴 채 일본으로 건너가 일본의 초등학교에서 일본의 옛날이야기나 전설을 듣게 되고, 거기서부터 최초의 상상의 날개를 펼치게 되는 셈인데, 그것은 차치하더라도 어떤 영원한 것에 대한 동경과 그에 대한 대립물을 향한 증오심의 배양기를 키워주었다.[8]

재일코리안 학생은 일본학교에서 일본의 전설과 설화를 배우고 만주국滿洲国 의용단의 노래 '신생新生'을 따라 부른다. 주인공은 자신은 조선인이고 의용단과는 애초에 무관하지만 그저 노래와 문

---

7 구마소熊襲는 『고사기古事記』와 『일본서기日本書紀』의 신화에 등장하는 소수민족이다. 규슈 남부에 본거지를 두어 야마토 정권에 저항한 종족으로 알려졌지만, 훗날 야마토 민족에 동화되어 사라졌다.

8 裵夢亀(1974), 「無花果」, 『季刊まだん』 2, 創紀房新社, p.198.

구에 끌렸다고 말한다.[9] 해당 일본학교에서 진행되는 역사문제의 무비판적 수용을 확신할 수 있다.

작품 후반부에서는 재일코리안이라는 이유만으로 겪는 부당한 의심과 폭력을 다룬다. 어느 날 나는 2층 복도에서 담임이 재일코리안 학생 김해金海를 폭행하는 장면을 목격한다. 이유는 알 수 없었지만 담임은 마치 유도의 기술을 쓰듯 다리를 걸어 넘어뜨리고 목검으로 사정없이 내리친다. 일반적인 체벌로는 이해할 수 없는 수준의 폭행이 계속되고 위협을 느낀 김해는 목검을 막고 담임을 밀친다. 이에 화가 난 담임은 사정없이 김해를 폭행하고 다음날부터 김해는 학교를 나오지 않는다. 담임의 다음 표적은 또 다른 재일코리안인 나에게로 옮겨간다.

어느 날 급우의 지갑이 분실된다. 담임은 주인공을 교무실로 불러 사실대로 말하라고 다그친다. 나는 무엇을 사실대로 말하라는 것인지 모른다. 담임은 체육 시간에 주인공이 교실에 들어가는 걸 본 제보가 있었다고 말하며 사실대로 말하라고 종용한다. 나는 화장실에 가기 전 휴지를 가지러 교실에 간 것이라 설명하지만 담임은 폭력을 가하기 시작한다.

> 심문은 방과 후로 미뤄졌다. 공포는 아직 쌓여있었지만 맞은 만큼 무뎌져 있었다. "저는 훔치지 않았습니다" "정말입니다" 나는 몇 번이나 반복하며 결백을 주장하고자 애를 썼다. 그럴 때마다

---

9 裵夢亀, 위의 글, p.200.

구타당하고 내동댕이쳐지고 걷어차였다.[10]

담임은 나에게 자백을 강요하며 부인할 때마다 폭력을 가한다. 폭력이 두려운 나는 지갑을 훔쳤다고 거짓자백을 한다.

예상했던 것처럼 "사실은 훔쳤습니다"라는 말로 재판은 끝났다. 거짓을 말해 분한 눈물이 흘렀다. 이걸로 겨우 집으로 돌아갈 수 있다고 생각해 안심했더니 이번에는 현장검증을 명했다. 순간적으로 떠오른 생각에 '지갑은 화장실에 버렸습니다'라고 말해버렸다. 아차 하는 실수를 저질러버렸지만 거기까지 생각이 미치진 못했다. 화장실에 버리면 끝이라고 생각했는데 거짓말을 실제로 실행하도록 만들었다.[11]

담임은 지갑을 훔쳤다고 답하자 폭력을 멈춘다. 그리고 훔친 지갑을 가져오라 지시한다. 지갑을 훔치지 않은 나는 지갑을 만들어낼 수밖에 없었다. 형의 도움을 받은 주인공은 빈 지갑을 구해 집 아궁이에서 태운다. 그리고 태우고 남은 재와 지갑의 단추를 담임에게 제출한다.

타고 남은 천 지갑의 유일한 증거품을 가타야마에게 보냈다. 가타야마는 그 단추를 충반忠組의 교단에 올려두고 나에게 모두

10 裵夢亀, 위의 글, p.204.
11 裵夢亀, 위의 글, p.205.

앞에서 사죄하도록 시켰다. 공상空想은 사실을 이겼고 나는 볼품 없이 울면서 교문을 나섰다.[12]

나는 훔치지도 않은 절도사건의 범인이 되어 모두의 앞에서 사죄하고 학교를 떠난다. 김해에 이어 또 한 명의 재일코리안 학생이 부당하게 학교를 떠나게 된 것이다. 형은 경찰과 주변에 억울함을 호소해 사태를 해결하려 했지만 일본인 편을 드는 경찰이 무서워 결국 포기한다.

주인공은 전학 이후 채소가게에서 채소를 훔친다. 자포자기한 주인공이 실제 절도범이 되는 것이다. 전학 간 학교의 선생님은 주인공에게 "너는 또 저지른 것이냐"며 소리친다. 이 대목에서 이전 학교에서의 사건이 전학 온 학교에서도 공유되고 있으며 사건의 주인공을 문제아로 낙인찍은 시선이 드러난다. 이러한 서사를 통해 작가는 재일코리안 학생이 일본학교를 다니는 상황에 우려를 표한다.

일본인 교사에 의해 학습되는 잘못된 역사의식, 무의식적으로 습득하는 만주국 의용단 노래 등 일본학교에서 재일코리안 학생의 일본인화는 자연스레 이루어진다. 학생들은 재일코리안이라는 이유로 교사와 학생들에게 차별받고 폭력에 노출된다. 이 과정을 거치며 재일코리안 학생들은 삐뚤어진다.

이처럼 「무화과」에서는 일본인 학교에서의 차별로 타락하는 재

---

12 裵夢亀, 위의 글, p.206.

일코리안 학생을 보여준다. 또한 일본인과 재일코리안을 대립관계로 표현하고 재일코리안에게 차별을 가하는 주체로 일본인을 묘사한다. 이를 통해 재일코리안 학생들이 민족학교를 다녀야 한다는 당위를 말한다.

「무화과」 역시 「안녕히 아버지」와 마찬가지로 현상의 해결책을 민족으로 제시한다. 나는 담임에게 심문받을 때 눈을 감고 손으로 무화과無花果라고 쓰기 시작한다. 나의 행위는 무화과 나무가 있던 가정에서 가족들과 행복하게 살던 과거의 회상이자 고통스러운 현실을 잊는 행위이다. 폭력과 차별에 노출된 주인공이 떠올린 시기는 가족과 행복했던 시기인 것이다. 이러한 행위는 민족과 함께하는 시간으로 확대된다. 또한 작품에서 무화과를 일본식 표기인 'いちじく'가 아닌 본국식 표기 '無花果'로 쓰는 대목에서 조국 지향 의식을 확인할 수 있다. 무화과는 가족과 함께 즐거웠던 시기의 상징이며 '無花果'라는 한자 표기는 조선과 민족 지향의 상징으로 해석할 수 있다.

이처럼 「무화과」 역시 「안녕히 아버지」와 마찬가지로 현실적 해답을 민족으로 제시한다. 그렇다면 작품에서 드러나는 『마당』의 지향점은 무엇일까?

3) 동화同化와 문학을 통한 극복

「안녕히 아버지」, 「무화과」에서는 귀화, 교육과 같은 재일코리안 사회문제를 소재로 다루고 있으며 이를 통해 『마당』 문제의식을 구현한다. 두 작품에서는 재일코리안이기 때문에 받는 차별을 묘사한다. 이를 통해 차별을 가하는 주체로서의 일본 표상을 구현하고 고통 받는 재일코리안을 그려내 민족을 해답으로 제시한다.

문학을 통해 이러한 메시지를 전한 이유에는 1970년대 재일코리안 사회의 붕괴가 보다 본격화되었기 때문이다. 이러한 현상의 극복을 위해 『마당』은 선악구도를 통한 반일감정의 자극하고자 했다. 즉, 일본이라는 공통의 타자를 구현해 재일코리안들이 민족의 틀에서 살아가길 기대했던 것이다.

실제로 『마당』에 수록된 두 작품은 작품 자체의 완성도를 평가하기에 무리가 있다. 하지만 반일감정과 재일코리안 사회문제로 대표되는 『마당』의 전형적인 특징이 잘 드러나 있다. 이처럼 「안녕히 아버지」와 「무화과」는 당시 재일코리안 사회의 현상을 확인할 수 있는 작품이자 『마당』의 문제의식이 드러난 사례라 할 수 있다.

이처럼 『마당』은 사회문제를 활용해 일본을 비판하고 부정적 표상을 형성했는데, 이러한 태도는 당시 사회적 화두였던 히타치투쟁 특집에서도 확인할 수 있다. 『마당』은 1974년, 히타치투쟁 특집을 구성해 재일코리안 사회에 메시지를 전달한다.

2. 재일코리안 인권운동과 히타치투쟁

1) 히타치투쟁의 발생과 전개

1970년 9월, 중소기업에 다니던 재일코리안 2세 박종석朴鐘碩이 일본의 대기업 히타치日立에 지원한다. 박종석은 이름란에 통명

아라이 쇼지新井鐘司를, 본적란에는 출생지 아이치현愛知県을 기입한다. 서류심사와 면접을 거쳐 합격한 박종석에게 히타치는 호적등본 제출을 요구한다. 박종석은 자신은 재일코리안이기 때문에 호적등본을 제출할 수 없으며 외국인 등록증명서를 제출하겠다고 답한다. 이에 히타치는 일반 외국인을 고용하지 않는 것이 회사 방침이며 이력서에 재일코리안이란 사실을 숨기고 허위사실을 기입했기 때문에 채용을 취소한다고 통보한다. 1970년 12월 8일, 박종석은 노동계약상의 권리가 있으니 해고 무효, 미불임금지불 및 위자료를 요구하며 히타치를 요코하마 지방법원에 제소한다. 법원은 1심에서 히타치에게 박종석에게 보상금 50만 엔과 1970년 12월 17일 이후의 지연 손해금을 지불할 것을 판결한다.[13] 히타치 측은 1심 판결에 승복하고 박종석은 1974년 8월, 마침내 히타치에 입사한다. 이후 이 사건은 '히타치투쟁', '히타치 취업차별 사건'으로 불리며 대표적인 재일코리안 인권운동으로 알려진다.

히타치투쟁 발생 이후 한국, 일본, 재일코리안 사회에서는 다양한 움직임이 나타났다. 재판이 한창이던 1974년 5월, 『마당』은 3호 특집을 「히타치취업차별재판日立就職差別裁判」으로 정하며 사건 내용을 재일코리안 사회에 상세히 알렸다.

시민사회에서도 움직임이 나타난다. 1971년 3월 29일, 재일코리안과 일본인 유식자, 학생들을 중심으로 〈박군을 둘러싼 모임朴君を

---

13 横浜地方裁判所第二民事部(1974), 「朴鐘碩就職差別裁判判決(抜粋)」, 『朝鮮研究』 138, 日本朝鮮研究所, p.49.

囲む会〉이 조직된다. 이들은 월 1회 정기적으로 집회를 갖고 소송 및 각종 활동을 지원했다. 해당 알려진 이후, 일본의 히타치 공장이 있는 대도시를 중심으로 전국 총8개의 모임이 생긴다. 이밖에도 한일기독교회, 세계교회협의회WCC 등이 지지를 표명하고, 일본 시민사회에서도 지지와 후원을 보냈다. 이런 상황이 계속되자 처음에는 침묵하던 일본의 시민단체들도 참여하며 '민족운동으로서의 지역운동民族運動としての地域運動' 형태로 운동이 전개된다.

반응은 한국에서도 나타났다. 〈박군을 둘러싼 모임〉에 국제기독교대학国際基督教大学 재학생 재일코리안 최승구崔勝久가 소속되어 있었는데, 최승구는 유학중이던 서울대학교 학생들에게 박종석의 소식을 알린다. 이 소식을 들은 서울대학교 학생들은 1974년, '반일구국투쟁선언反日救国闘争宣言'을 하고 '히타치가 일으킨 취업차별문제 등 일본 국내에서의 한국인 동포에 대한 차별대우를 즉각 중지하라!日立で起こった就職差別問題など、日本国内で韓国人同胞に対する差別待遇即刻中止せよ!'고 외치하며 히타치를 비판한다.

한국과 일본의 미디어 역시 히타치투쟁에 관심을 보였다. 『아사히신문朝日新聞』은 1971년 1월 13일, 「재일코리안 청년의 소송 오늘 구두변론 우리들 취업차별을 업고在日朝鮮人青年の訴訟きょう口頭弁論われら就職差別を背負って」라는 기사를 통해 박종석의 인터뷰를 실었다. 한국에서는 보다 많은 관심을 나타냈다. 가장 많은 보도를 한 곳은 『조선일보』였다. 1974년 5월 11일 「[사설] 한 일본대기업의 편견. 朴鍾錫[14]씨 채용 거부를 보고 생각한다」, 5월 12일 「〈인터뷰〉 교포 朴鍾碩씨의 일인 변호인 中平健吉씨. "민족차별에 공분느껴"」, 5월 18일 「히다찌 교포 朴鍾碩군 요구 수락. 여론굴복…채용취

소 철회,「민족차별」은 안굽혀」, 5월 19일「히다찌「구체정정」요구. 朴鍾碩씨 입사의사, 교포 기독교단체 불매운동 계속」, 6월 8일「「히다찌 파문」朴鍾碩씨 모국 여성단체에 감사편지」,「조국의 어머니들에게 드리는 글」. "교포 국적-본명 떳떳이 쓰자"」, 6월 19일「오늘 결심공판「히다찌 사건」」등 상당수 기사를 통해 히타치투쟁을 실시간으로 보도했다. 소식이 알려진 이후 한국과 재일코리안 사회에서는 히타치 제품 불매 운동이 나타나기도 했다.

박종석과 변호사, 박군을 둘러싼 모임朴君を囲む会은 소송의 쟁점을 민족차별에 두었다. 실제로 박종석은 히타치 지원 당시 33명의 지원자 중 면접을 거쳐 최종합격자 7인으로 선발되었다. 이는 일본인과의 경쟁에서 능력을 인정받은 사례였다. 그러나 히타치는 능력과는 무관한 국적을 빌미로 박종석을 해고했다. 박종석 측은 히타치의 해고가 명백한 민족차별이라 주장했다. 박종석과 변호사는 재판에서 재일코리안들이 일본명을 사용할 수밖에 없는 이유가 일본에서 일반화 된 외국인 차별 때문이라는 불가피성을 주장했다. 소송은 3년 반 동안 이어졌고 1974년 6월 19일, 요코하마지방법원은 "박종석이 서류에 허위 사실을 기재했다는 이유로 해약권을 행사할 수 있을 정도의 객관적·합리적 이유가 있다고 말할 수 없고, 박종석의 노동력의 자질이나 능력을 히타치 측이 오인하던가 혹은 회사에서 일할 수 없을 만큼 신용할 수 없는 인물이라고 인정되는 경우가 아니

14 박종석의 실제 한자는 朴鍾碩며, 朴鍾錫은 오타로 추정된다. 이후 기사에서는 朴鍾碩으로 보도했다.

기에 히타치 측이 해약권을 행사할 수 없다"고 판결했다.[15]

또한 당시 박종석이 '아라이 쇼지'라는 통명을 사용할 수밖에 없었던 이유가 일본에 만연한 재일코리안 차별때문임을 인정하며 히타치의 채용취소가 재일코리안 민족차별로 인정했다. 이에 따라 히타치는 박종석에게 50만엔과 불법행위 발생 후가 명백한 1970년 12월 17일 이후의 지연 손해금을 지불하라고 판결했다.[16] 히타치 측은 1심 판결에 승복했고 1974년 8월 박종석은 히타치컴퓨터 소프트웨어원으로 입사한다. 법원의 판결은 일본의 취업차별을 인정한 사례이자 재일코리안의 역사적 배경과 민족차별의 실태를 명확히 한 판결로 평가받았다.

선고 이후, 일본에서는 이를 대대적으로 보도했다.『요미우리신문読売新聞』은 판결당일인 1974년 6월 19일 석간신문 톱뉴스에「재일코리안해고는 불법 요코하마 지방 법원 판결 민족 차별 용서받지 못할 히타치가 패소在日朝鮮人解雇は不法　横浜地裁判決民族差別許されぬ日立が敗訴」라는 기사로 박종석의 승소를 알렸다. 1974년 8월 15일 발행된『조선연구朝鮮研究』[17] 138호에서는 특집명을「민족

15　横浜地方裁判所第二民事部, 위와 같음.

16　横浜地方裁判所「日立製作所採用取消」一九七四年六月一九日、昭和四五(ワ)二一一八、裁判所裁判例情報(http://www.courts.go.jp/app/hanrei_jp/detail6?id=19798)

17　일본조선연구소日本朝鮮研究所(현 현대코리아연구소(現代コリア研究所))에서 발행한 잡지. 최초 발행명은『조선연구월보朝鮮研究月報』(1962.1-1964.5)였으며 1호부터 29호까지 발간 이후 잡지명을『조선연구朝鮮研究』(1965.6-1984.3)로 변경해 30호부터 238호까지 발간하였다. 이후,『현대 코리아現代コリア』로 잡지명을 변경해 2007년 11월까지 통권 476호까지 발간 후 휴간한다. 이후 인터넷으로만 운영하고 있다. 메이지 이후 일본에서의 연구가 서구만을 대상으로 삼았으며 조선 대상의

차별규탄의 기억 - 박군을 둘러싼 모임과 히타치제작소와의 투쟁 - 民族差別糾弾の記憶 - 朴君を囲む会と日立製作所との闘い - 」으로 정하며 지면전체를 히타치투쟁 특집으로 구성해 히타치와의 교섭 기록, 재판기록, 판결문 전문을 수록했다. 『조선연구』의 편집장 사토 가쓰미佐藤勝巳는 "박종석이 동화에서 벗어나는 것은 이제 시작이며 일본의 대기업에서 한 명의 노동자로서 민족적 주체성을 구축이 쉽지 않을 것"이라 평가했다.[18]

한국에서는 박종석의 승소에 크게 고무됐다. 『조선일보』는 6월 20일 「朴鍾碩군에 승소 판결」, 6월 21일 「[사설] 민족차별의 극복」, 8월 28일 「朴鍾碩군 히다찌 입사 합의」 기사를 내며 승소 사실을 알렸다. 『중앙일보』도 1974년 6월 20일 「박종석군의 승소」, 9월 3일 「박종석씨 첫 출근」이라는 기사를 냈으며 『동아일보』도 1974년 8월 28일 「히타치 入社합의 朴鍾碩씨 事件 일단락」 등의 기사로 승소를 알렸다. 『한국일보韓國日報』는 6월 20일 칼럼에서 히타치투쟁을 고발정신의 승리로 평가하며 한국에 만연한 부조리의 개선을 위해 박종석의 정신을 배워야한다고 주장했다.

소송 이후 〈박군을 둘러싼 모임〉은 지방에 흩어진 재일코리안 단체들과 권익 투쟁에 앞장섰다. 오사카에 있는 한국오사카청년회의소, 재일기독교회관, 재일관서 지방 여자전도회, 재일청년연합회, 재일한국인민주간담회 등 5개 단체는 1974년 8월 재 오사카 한국

과학적 연구가 무시되었다는 점을 지적하며 조선의 정확한 지식 축적으로 일본과 조선의 올바른 관계를 구축해야 한다고 주장했다.

18 佐藤勝巳(1974), 「入口に立った闘い」, 『朝鮮研究』 138, 日本朝鮮研究所, p.3.

인의 생활을 지키는 모임을 결성했다. 이들은 재일코리안이 세금을 내면서도 아동수당을 받지 못하는 상황의 개선, 공영주택 입주 자격, 아동수당 지급, 국민연금 가입, 외국인 공무원 임용 운동, 공립학교 교원채용 등을 요구했다. 이후 일본의 상당수 정책에서 국적조항이 철폐되며 공영주택입주, 주택금융공고적용, 변호사, 교사, 지방공무원의 길이 열린다.

이처럼 히타치투쟁은 대기업의 취업차별을 공식화하고 재일코리안의 취업 여건을 개선한 대표 인권운동이라 할 수 있다. 히타치투쟁의 판결을 1개월여 앞둔 시점『마당』은「히타치취업차별재판」특집을 구성한다.

2)「히타치취업차별재판」특집과 재일코리안 인물상

1974년 5월,『마당』은 3호 특집을「히타치취업차별재판」으로 정한다. 특집에서는 박종석의「차별이란 인간을 죽이는 것이다差別とは人を殺すことだ」, 고청일高淸一의「움직이지 않는 한국인 모르는 일본인動かない韓国人・知らない日本人」, 김영일金英一의「재판과 운동의 발자취裁判と運動の歩み」, 이시즈카 히사시石塚久의「변호사이기 때문이 아니라弁護士だからではなく」네 편의 기사가 수록된다. 이밖에도「재일조선・한국인을 둘러싼 시민운동 3在日朝鮮・韓国人をめぐる市民運動3」란에 마쓰모토 시게루松本茂의「박군을 둘러싼 모임朴君を囲む会」까지 관련 기사 다섯 편이 수록된다.

특집에서는 재일코리안 사회의 관심과 참여를 유도한다. 특히 당사자 박종석은「차별이란 인간을 죽이는 것이다」를 통해 자신의 생애와 1심 선고를 앞둔 현재 심경을 전했다. 고청일의 「움직이지 않는 한국인 모르는 일본인」에서는 재판의 본질이 히타치의 민족차별이라 주장하며 소송의 당위를 설명했다. 김영일의 「재판과 운동의 발자취」에서는 1970년 8월 23일부터 시작된 운동의 전개상황을 일자별로 기록해 알렸다. 시즈카 히사시는 「변호사이기 때문이 아니라」에서 자신은 일본인이지만, 박종석의 변호 과정에서 일본의 부조리한 정책과 재일코리안 차별의 역사를 인식했다 말하며 차별 철폐를 주장했다. 마쓰모토 시게루의 「박군을 둘러싼 모임」에서는 재일코리안 사회가 히타치투쟁에 관심을 가져야하는 이유와 모임의 가입 및 활동 방법을 소개했다. 이처럼 『마당』은 특집을 통해 히타치투쟁을 알리고 재일코리안들 사회의 적극적인 관심과 참여를 촉구했다.

그렇다면 어째서 『마당』은 히타치투쟁에 관심을 보인 것일까? 이는 박종석이 『마당』이 원하는 전형적 인물상에 부합하기 때문이다. 박종석은 자신을 비롯한 가족들이 재일코리안이라는 이유로만으로 받은 차별을 말하며 소송의 이유를 밝힌다. 박종석은 히타치가 국적을 이유로 해고한 것은 명백한 민족차별이라 주장하며 현실을 비판했다. 주목할 부분은 박종석을 거치며 민족 정체성을 자각하는 '변화'가 나타났다는 점이다. 히타치투쟁 이전에 박종석은 일본에 동화되어 민족에 별다른 관심이 없었다.

> 1964년 저는 니시오시립 나카바타초등학교에 입학했습니다. 저는 이름은 여전히 '아라이 쇼지'였습니다. 제가 조선인의 자식이라는 것은 알고 있었지만 나는 이대로 공부하면 자연스럽게 일본

인이 될 거라 생각했습니다. (중략) 노력을 하면 반드시 보상을 받는 다는 기분이 강하게 들었고 일본 사회에서 반드시 출세하겠다는 가련한 꿈을 품게 되었습니다.[19]

박종석은 1958년 소학교 입학 이후 줄곧 통명인 아라이 쇼지로 살았다. 중학교에서도, 이후에도 마찬가지였다. 일본인과 함께 공부하면 자연스럽게 일본인이 될 수 있다 믿었고 3학년에는 반장까지 되었다. 고등학교 입학 당시에는 500명의 학생 중 5등으로 입학해 반장을 도맡았다. 박종석은 일본학교에서 일본인과 똑같은 교육을 받았다. 그에게 조선과 조선인은 외면하고 싶은 존재였고, 가정에서는 민족성을 드러내는 첫째 형보다 일본인처럼 꾸미는 둘째 누나와 셋째 형을 동경했다. 중고등학교 때처럼 자신만 노력하면 일본에서 성공할 수 있다고 믿었다. 그러나 고등학교 졸업 전, 취업 준비 과정에서 보이지 않는 차별을 실감한다. 당시 일본은 경제호황으로 상업과에 구인신청이 쇄도했고, 자신을 제외한 동급생 모두 졸업 전에 원하는 회사에 취업할 수 있었다. 하지만 박종석은 담임의 추천으로 재일코리안을 고용해주는 자동차부품 회사에 겨우 취업한다. 또한 사무직으로 입사했지만 회사에서는 각종 핑계를 대며 현장에 배치했다. 회사를 다니던 박종석은 히타치에 입사지원서를 넣었고 면접을 거쳐 합격한다. 그러나 히타치는 박종석이 재일코리

19 朴鐘碩(1974), 「差別とは人を殺すことだ」, 『季刊まだん』 3, 創紀房新社, pp.49-50.

안이라는 사실을 알자마자 채용을 취소한다. 그 순간 박종석의 신념이 무너진다. 이때 박종석을 도와준 것은 〈박군을 둘러싼 모임〉을 필두로 한 동포사회였고, 이후 민족 정체성을 자각하게 된다.

> 재판이 진행되면서 저는 증인으로 서주신 선생님들에게 많은 것을 배웠습니다. 거기서 깨달은 저는 민족관련 책에 빠져 읽기 시작했습니다. 특히 저를 가장 감동시킨 것은 오사카, 나고야의 출장 재판이었습니다. 많은 선배님들과 저와 동년배인 동포들은 차별에도 굴하지 않고 당당히 민족의 주체적 자각을 가지고 강하게 살아가는 모습은 저의 머릿속을 근본부터 바로잡게 해주는 것 같았습니다.[20]

재판이 진행될수록 박종석은 자신을 응원하는 동포들을 보며 민족의 소중함을 느낀다. 이러한 박종석의 모습은 일본인이 되고자 했던 과거와 확연히 대비되는 모습이다. 『마당』에서는 이를 '성장'으로 표현한다.

> 이 일을 재판에서 제소 당했고 운동이 조직되기 시작한 3년간을 되돌아보았을 때 박종석의 민족적 자각, 혹은 성장과 함께 운동의 질도 성장하기 시작했다는 매우 흥미로운 현상을 알아차렸다. 박종석이 '아라이 쇼지新井鐘司'에서 '박 · 종석パク・チョンソク'에

20 朴鐘碩, 위의 글, p.62.

이르기까지의 무게를 운동도 공유해 온 것이다.[21]

인용문에서는 박종석이 일본명 '아라이 쇼지'가 아닌 '박종석'이란 본명을 사용하기 시작한 것이 '민족적 자각'이자 '성장'이라 말한다. 해당 대목에서 일본에 동화되어 사는 재일코리안들이 정체성을 깨닫고 재일코리안 사회로 유입되길 바라는 『마당』의 기대를 알 수 있다. 즉, 박종석이 『마당』이 원하는 전형적 인물상이자 대표하는 인물로 표상하고 있는 것이다.

박종석은 동포들이 민족 정체성을 깨닫는 방법이 한글을 배우는 것이라 말한다.

> 제가 어렴풋하게나마 민족적 자각을 가지듯 자신을 단련하기 위해 어떻게 하면 되는지 알게되었습니다. 그래서 저는 작년 9월 우리 동포들이 밀집한 가와사키시 사쿠라모토로 이사해 매일 밤, 동포들의 국어강습실에 다니며 조국의 언어를 배우기 시작했습니다. 저는 나날이 제 자신이 조선인의 영혼을 되찾기 시작했다는 것을 실감하고 살아있는 기쁨과 사는 보람을 새삼 느끼고 있습니다.[22]

박종석은 국어강습소에서 조국의 언어를 배우며 민족성을 자각했다고 밝힌다. 모국어 습득 과정에서 조선인임을 자각하고, 조

---

21 高清一(1974),「動かない韓国人・知らない日本人」,『季刊まだん』3, 創紀房新社, p.67.

22 朴鐘碩(1974),「差別とは人を殺すことだ」,『季刊まだん』3, 創紀房新社, p.62.

선인의 혼을 되찾아 동포 사회에서 민족 정체성을 찾을 수 있었다고 말한다. 이러한 태도는 또 다른 인권운동의 당사자 김희로의 글에서도 확인할 수 있다. 『마당』은 1974년 2월 발간된 2호에서 김희로의 옥중기를 수록한다. 당시 김희로는 무기징역을 선고받고 복역 중이었다. 김희로 역시 한글의 중요성을 강조한다.

> 오로지 저는 지금 옥중에서 한글 공부에 필사적으로 매진하고 있습니다. 그렇습니다 "필사"라는 말이 딱 들어맞는다고 할 정도로 지금 저에게는 한글을 자신의 것으로 만드는 일 외에는 자민족 속으로 돌아갈 길은 없다고까지 생각하고 있습니다. (중략) 한글을 배움으로써 민족의 품안에 조금씩이라도 돌아가고 그리고 그 노력이야 말로 자신의 인간성을 되찾는 것이라 생각합니다.[23]

김희로 역시 감옥에서 박종석과 마찬가지로 민족 정체성을 찾기 위해 한글을 공부하고 있다고 말한다. 즉, 인권운동의 당사자 모두가 일본에서 차별을 극복하는 방법이 모국어 습득을 통한 민족 정체성 자각이라 말 것이다. 모국어의 중요성을 강조한 『마당』의 태도는 지면 구성 전반에서도 확인할 수 있다. 3호의 편집후기 중 「알림お知らせ」에서는 나고야에서 국어학습회国語学習会 개최 사실을 알리며 독자들의 참여를 독려했다. 4호에서는 「우리말 강습ウリマル講習」 코너를 만들어 국어학습회의 후기와 우리말ウリマル을 배

23 金喜老(1974), 「獄中から民族へ」, 『季刊まだん』 2, 創紀房新社, p.29.

워야하는 이유를 설명하며 모국어의 중요성을 강조했다. 이런 당시 분위기에 대해 박종석은 2016년 자신의 저서에서 "1970년대 당시 재일조선인 사회에서 말한 민족 주체성이란 '언어와 역사'를 배우는 것"이었다고 회상했다.[24] 즉, 모국어를 통한 민족성 자각은『마당』이 생각하는 재일코리안 사회 통합 방식이었으며, 박종석을 이에 부합하는 전형적인 인물로 활용했던 것을 알 수 있다.

3) 인권운동과 재일코리안 사회 통합

소송 직후 재일코리안 사회 일부에서는 박종석을 비판하는 목소리가 나온다. 당시의 분위기를 박종석은 다음과 같이 회상한다.

> 일본제국주의의 동화교육에 완전히 순응해 뼛속까지 일본화되어 민족적 자각을 갖지 못한 인간이 무엇이 잘나 민족차별을 말하는 것인가? 히타치라는 일본재벌의 착취 도구가 되려했던 천박한 인간이 어떻게 민족의 고통에 대해 이야기할 수 있는 것인가? 어처구니없는 짓을 하는 녀석이다.[25]

히타치투쟁 전까지 박종석은 일본인처럼 살며 민족에 무관심했었다, 재일코리안 사회 일부에서는 과거 박종석의 행보에 대해

---

24 朴鐘碩(2016),「日立闘争後の「続日立闘争」」,『在日二世の記憶』, 集英社新書, p.374.
25 朴鐘碩(1974),「差別とは人を殺すことだ」,『季刊まだん』3, 創紀房新社, p.62.

일본에 동화된 자가 이제와 동포사회의 도움을 구한다며 비판한다. 이는 소송 자체의 비판으로 이어진다.

> 동포에게 엄격한 재판을 받고 있다. '참으로 한가하고 바보 같은 남자가 있다' '일본의 커다란 사회인 히타치가 재일한국인을 고용할 리 없다. 그런 당연한 사실을 왜 재판까지 하려는 것일까?' 라고 말한 재일한국인의 뒤틀린 심정에서 비롯된 비판, 혹은 '차별이 존재한다는 사실은 재일한국인 모두가 알고 있다. 그런 차별은 그 사람만 받고 있는 것도 아니고 우리들은 그런 여유도 돈도 없으며 내일을 살아야하는 것만으로도 벅차다'고 말한 찰나의 비판도 있다. 한층 심하게는 '일본 이름을 사용해 일본 기업에 취직한 사실 자체가 민족적 주체성이 결여된 행위이며 설령 재판에서 이긴다 하더라도 동포에게 환상을 심어줄 뿐이다'라고 규탄한다.[26]

인용문에서는 박종석을 '바보같은 남자馬鹿な男'로 지칭하며 소송을 무의미한 행위로 치부했던 것을 확인할 수 있다. 또한 일본에서의 재일코리안 차별이 일상적임을 모두 알고 있으며 소송에서 이기더라도 동포사회에 환상만을 심어줄 뿐이라 비난한다. 『마당』은 이러한 태도를 비판한다. 고청일은 히타치투쟁은 재일코리안의 일상적 문제라 주장하며 차별을 알면서도 현실을 핑계로 방관하는

---

26 高清一(1974),「動かない韓国人・知らない日本人」,『季刊まだん』3, 創紀房新社, p.65.

태도를 비판하며 한다. 즉, 박종석의 소송은 개인차원이 아닌 인간성의 말살과 민족차별을 저지른 히타치와 일본사회에 대한 고발이자 '민족의 존엄성을 건 싸움'이 되는 것이다.[27]

히타치투쟁 이후 민단과 조총련은 사태를 외면하며 소송을 '불가능한 일'로 치부했다. 조직이 박종석을 외면할 때 그를 지지했던 것은 재일코리안과 일본인, 중국인으로 구성된 시민사회였다. 『마당』은 줄곧 민단과 조총련과 거리를 두었으며 동포사회의 분열을 이유가 두 조직이라고 비판했다. 이런 상황에서 민단과 조총련이 히타지투쟁에 대응하는 태도를 통해 조직이 해결책이 될 수 없음을 입증한다. 『마당』은 국제적 연대보다 일본 내 재일코리안과 일본사회의 연대가 선행되어야 함을 주장한다.

고청일은 히타치투쟁의 본질이 문제를 야기한 '일본인의 문제'의 관점에서 접근해야 한다고 주장한다. 즉, 일본에 거주하는 일본인, 중국인등 재일외국인 모두가 함께 해결해야하는 '일상차원의 문제'이며, 일상에 함몰된 인식을 정치적 투쟁으로 해결하는 것이 〈박군을 둘러싼 모임〉의 역할이라 말한다. 따라서 투쟁은 재일코리안의 인간성 회복과 민족 주체성 확립을 위한 것이며 일본의 착취, 침략, 민족 교육을 포괄해 역사의 재구축으로 이어지는 과정이라 주장한다. 나아가 고청일은 담론을 국제적 연대로 확장한다. 본 사건은 한국에서도 관심을 갖고 많은 국민들이 히타치를 규탄하고 있다 말하며 재일코리안 사회와 본국을 운명공동체로 설명한다.

---

27 高淸一, 위의 글, p.66.

하지만 무엇보다 우선시되는 것은 일본의 반성적 사고에서 출발하는 공생과 연대이며, 이를 바탕으로 본국과 함께 투쟁을 한다면 조국통일로 이어질 것이라 주장한다. 즉, 재일코리안 사회 문제는 일본에서 공생과 연대로 해결해야 할선행과제이며, 국제적 연대는 그 이후 과정인 것이다.

이러한 당시 주장에 대해 가토 지카코加藤 千香子는 1970년대의 공생은 재일코리안이 민족성 주체성을 묻는 과정에서 역사적으로 만들어진 '억압하는 자 / 억압받는 자'라는 대극적 위치의 자각에서 새로운 관계성을 모색하는 것[28]이었다고 설명한다. 이처럼『마당』은 재일코리안 사회 내부에서 민족성, 주체성을 확립하고, 일본과의 반성적 관계 설정 이후의 연대를 주장했다.

이 외에도「히타치취업차별재판」특집에서는 일본인의 반성적 태도를 보여준다. 박종석의 변호사 시즈카 히사시는「변호사이기 때문이 아니라」에서 소송 과정에서의 소회를 밝힌다. 시즈카는 변호를 위해 재일코리안 역사를 공부하였고, 그 과정에서 '동화'와 '배척'이 기축인 재일코리안 차별의 실체를 알았다고 말한다. 자신은 차별하는 쪽의 인간이기 때문에 차별받는 쪽의 기분을 쉽게 알 수는 없지만, 재일코리안의 고통을 진정으로 공유 할 수 있는 일본인이 되고 싶다며 일본의 정책을 비판하는 모습을 보였다.

『마당』이 히타치투쟁을 적극 활용한 데에는 두 가지 이유가 있었

28 加藤千香子(2010),「一九七〇年代日本の「民族差別」をめぐる運動 -「日立闘争」を中心に」,『人民の歴史学』185, 東京歴史科学研究会, p.22.

다. 첫 번째는 박종석이 『마당』이 추구하는 전형적인 인물상에 부합하기 때문이었다. 박종석은 히타치투쟁 전까지 아라이 쇼지라는 통명으로 살며 조국, 민족에 관심을 보이지 않았다. 일본에서 일본인처럼 성공하기를 꿈꿨지만 정작 돌아온 것은 차별이었다. 그 과정에서 박종석은 동포들의 도움으로 소송을 이어가고 민족 정체성을 자각한다. 『마당』은 변화의 상징으로 박종석을 소개하며 자신들이 추구하는 전형적인 인물상을 구체화한다.

두 번째로 『마당』은 박종석을 매개로 이데올로기 조직을 초월해 재일코리안 사회 통합을 추구했다. 사건 발생 이후 조직은 박종석을 외면했고 그에게 손을 내민 것은 시민단체였다. 『마당』은 조직이 동포를 외면한 사례를 보여줌으로써 조직을 비판하고 이데올로기를 초월한 동포사회 구축을 도모했다. 즉, 일본과의 공생 · 연대를 시작으로 본국과 연대하고 궁극적으로 조국통일이라는 청사진을 박종석과 히타치투쟁을 통해 그린 것이다.

히타치투쟁 이후 일본에서는 많은 변화가 생겼다. 선고가 끝난 1974년 8월, 박종석은 히타치에 입사해 2011년 정년퇴직한다. 또한 히타치투쟁은 대표적인 재일외국인 취업차별 사례로 일본의 교과서에 수록된다. 〈박군을 둘러싼 모임〉은 히타치투쟁 이후에도 다양한 시민단체와 연대해 인권운동을 이어갔다. 그 결과 일본의 정책 상당수에서 국적조항이 폐지되며 변호사, 교사, 지방공무원의 길이 열렸다. 『마당』이 주장했던 재일코리안 사회에서 시작된 투쟁은 삶의 변화로 이어진 것이다. 일본의 제도개선이라는 가시적 성과의 시작에는 『마당』을 비롯한 재일코리안 사회의 운동과 실천이 있었으며, 그 과정에서 히타치투쟁이 가진 의미를 알 수 있다.

3. 재일코리안 김일면金一勉과 위안부

1) 위안부 문제의 등장과 재일코리안 사회의 행보

2015년 12월 28일, 한일 양국 정부는 공동 기자회견에서 일본군 위안부 협상 타결을 발표한다. 합의 내용은 위안부 화해·치유재단을 설립해 10억 엔을 지불하고 일본 대사관 앞에 설치된 소녀상을 이전하는 것이었다. 대중과 언론은 분노했고 합의의 전면 무효화를 요구한다. 2016년 12월 28일, 부산 동구청 공무원들은 소녀상을 철거하지만 시민들의 거센 비난을 받고 이틀 후, 소녀상을 재설치한다. 일본 외무성은 이를 문제 삼아 2017년 1월 9일, 부산 총영사 모리모토 야스히로森本康敬와 주한 일본대사 나가미네 야스마사長嶺安政를 일본으로 귀국시킨다. 85일이 지난 4월 4일 한국에 돌아왔지만, 이후에도 소녀상 철거를 주장하며 외교갈등이 이어진다. 2017년 5월 10일, 문재인 정부가 들어서고 8월 21일, 문재인 대통령은 청와대에서 한일의원연맹 일본 대표단과 접견한다. 그 자리에서 문대통령은 "한국 국민은 정서적으로 그 합의를 받아들이지 못하고 왜 그 시기에 할머니들과 국민에게 충분히 알리지 않았는지 의아해한다"고 말하며 위안부 문제를 둘러싼 일본과의 갈등이 이어진다. 이처럼 위안부 문제는 한일 양국의 역사와 외교 안건에서 가장 민감하고 현재진행형인 문제라 할 수 있다.

대중에게 위안부의 존재가 처음 알려진 것은 1973년 일본에서 기자 센다 가코千田夏光가 『목소리 없는 여성 8만 명의 고발, 종군위안부声なき女８万人の告発·従軍慰安婦』를 출간하면서부터였다. 한

국에서는 1988년 4월, 윤정옥이 세미나에서 위안부의 존재를 처음 알렸지만, 정작 대중들은 위안부에 주목한 것은 1991년 8월 14일, 전직 위안부 김학순金學順이 본인의 피해 사실을 증언하면서부 위안부에 주목하기 시작했다. 기자회견 이후 위안부 문제는 국회에서 논의되기 시작했고 대중들은 큰 관심을 보였다

재일코리안 사회에서는 1973년부터 시민단체, 학계 등 다양한 분야에서 운동을 시작했다. 사학자 김일면金一勉은 1974년 5월, 『마당』 3호부터 종간호까지 위안부 특집을 연재하며 대중에게 위안부를 알렸다. 일본 국회에서 처음 위안부가 논의된 것은 1990년 사회당 국회의원 다케무라 야스코竹村泰子가 위안부를 언급하면서였다. 같은 해 6월 6일, 참의원 예산위원회에서 사회당 의원 모토오카 쇼지本岡昭次는 일본정부 차원에서의 위안부 문제 조사를 요청한다. 이에 일본 정부는 위안부는 민간업자가 한 일이라며 사안을 묵살했고, 이후 사회당 당원들의 거듭된 질의로 위안부가 주목받게 된다. 1991년 5월, 오사카에서는 〈조선인 종군위안부 문제를 생각하는 모임朝鮮人従軍慰安婦問題を考える会〉이 설립되며 위안부 문제해결을 목적으로 한 최초의 시민단체가 재일코리안들을 통해 만들어진다.[29] 11월에는 국적과 소속단체와 무관하게 참여하는 〈종군위안부

---

29 1980-90년대 당시 모임의 형태에는 재일코리안만으로 구성된 모임도 있었고, 일본인 중심 단체에 재일코리안이 참가하는 형태도 있었다. 당시 오사카를 비롯 한국인 집단주거지역 중심으로 다양한 모임들이 만들어졌고 민단과 조총련계 구분 없이 활동했다. 그러나 최근 재정적 문제 등으로 재일코리안으로만 구성된 단체는 없어지는 추세이며 일본인 중심 단체에 재일코리안이 참여하는 형태가 일반적이다.(이상봉(2006), 「재일한인의 전후보상운동 전개과정에서 나타난

문제우리여성네트워크従軍慰安婦問題ウリ女性ネットワーク〉가 만들어진다.[30] 이후 〈YWCA〉, 〈일본기독교교회협의회日本キリスト教協議会〉, 〈일본부인회의日本婦人会議〉, 〈아시아 여자들의 모임アジア女たちの会〉 등 기존 일본 단체들과 연대한 전후보상운동이 전개된다. 이후 이들 단체들은 세력을 확장해 12개 단체는 〈종군위안부문제행동네트워크従軍慰安婦問題行動ネットワーク〉를 만들어 〈한국정신대문제대책협의회〉와 함께 일본 정부에 진상규명 및 보상을 요구하는 요청서를 제출하는 등 다양한 활동을 한다.[31] 이후에는 〈재일한인민주여성회〉 〈일본의 전후책임을 확실 하는 모임〉 등 4개의 여성단체가 연합해 위안부 관련 사례와 정보를 수집하기 위한 신고전화 '위안부 110번慰安婦110番'을 개설한다.[32] 이처럼 재일코리안 사회에서는 1990년대부터 한국과 일본의 시민단체와 함께 전후보상운동을 본격적으로 전개했다.

1990년대 이후에도 활동은 계속된다. 민단은 1995년 〈재일본한민족불교도총연합회〉와 조총련의 〈재일본조선불교도협회〉에서 '8.15 조국광복 50주년기념 조국통일기원, 희생동포위령공동법회'를 공동개최하며 위안부와 전후 처리 문제의 조속한 해결을 촉구한

연대의 특징 - 일본군위안부 운동을 중심으로」, 『21세기정치학회보』 제16집 2호, 21세기정치학회, p.272)

30 『統一日報』 1991.11.6., 統一日報社.

31 『統一日報』 1992.1.30., 統一日報社.

32 이상봉(2006), 「재일한인의 전후보상운동 전개과정에서 나타난 연대의 특징 - 일본군위안부 운동을 중심으로」, 『21세기정치학회보』 제16집 2호, 21세기정치학회, p.275.

다. 2015년 한일 위안부 협상 타결 발표 이후 민단은 2016년 1월 6일, 『조선일보』, 『중앙일보』, 『동아일보』에 '재일동포들의 호소문'을 발표하며 위안부 합의 수용을 요구한다. 2017년 1월 12일, 민단 중앙본부 오공대 단장은 주일한국대사를 비롯해 한·일 국회의원 800여 명이 참석한 신년회에서 "한국 정치에는 가능한 관여하지 않는다는 것이 민단의 입장이지만 이 문제에서 가장 큰 피해자는 재일 동포"라고 강조하며 한·일 통화스와프 중단 등으로 나타난 일본 정부의 대응에 대해 "힘든 문제를 빨리 해결하려는 일본 정부의 생각도 이해할 수 있다"고 말하며 한국정부의 위안부 문제 타결을 호소했다. 이처럼 민단은 1990년대까지는 조총련과의 연대하며 위안부 문제를 비판했지만, 2015년 이후에는 재일코리안 사회의 현실이 반영된 논조변화가 나타난다.

재일코리안 작가들은 작품을 통해 위안부를 다룬다. 유미리柳美里는 2002년 4월부터 2004년 3월까지 한국 『동아일보』와 일본 『아사히신문朝日新聞』에 「8월의 저편8月の果て」을 동시연재한다. 연재 이후에는 일본에서 2004년 8월 10일, 일본어 단행본 『8月の果て』[33]를 출간했고, 한국에서는 8월 15일, 한국어 단행본 『8월의 저편』[34]을 출간한다. 「8월의 저편」은 열세 살 소녀 김영희가 위안부로 끌려가 참혹한 경험을 겪은 이후 바다에 투신하는 서사로 한일 대중에게 위안부 문제의 참혹함을 알렸다. 2010년에는 양석일梁石日이

33 柳美里(2004), 『8月の果て』, 新潮社.
34 유미리(저), 김난주(역)(2004), 『8월의 저편 상, 하』, 동아일보사.

「다시 오는 봄めぐりくる春」[35]을 발표한다. 양석일은 1938년에 위안부로 끌려간 열일곱 살 김순화가 약 팔 년 동안 난징, 상하이, 싱가포르, 미얀마 랑군, 만달레이, 메이묘, 라시오, 바모, 미트키나, 라멍에서 위안부로 겪은 참혹한 경험을 묘사했다. 해당 작품은 2012년, 한국에서『다시 오는 봄』으로 번역되며 문학 작품을 통해 위안부 문제를 공론화했다.

이와 같이 재일코리안 사회에서는 1970년대부터 시민단체, 학계, 문학계 등 다양한 분야에서 위안부 문제에 참여했는데, 그 시작에는 김일면이 있었다.

2) 김일면의 위안부 특집과 전개

김일면은 1921년 진주에서 태어나 1939년 도일한 재일코리안 1세이다. 1950년, 호세이대학法政大学 철학과 졸업 이후 사학가, 평론가로 활동했다.[36] 김일면은 생전 총 18권의 저서를 발간했으며 그 중 세 권의 저서[37]에서 위안부를 다루었다.

---

35 梁石日(2010),『めぐりくる春』, 金曜日.

36 1973년에는 독립운동가 박열을 소재로 대하소설『박열朴烈』을 발표하며 문학 창작도 했지만, 주로 비평가로 활동했다.

37 金一勉(1976),『天皇の軍隊と朝鮮人慰安婦』, 三一書房.
金一勉(1977),『軍隊慰安婦 - 戦争と人間の記録』, 現代史出版会.
金一勉(1980),『日本女性哀史 - 遊女・女郎・からゆき・慰安婦の系譜』, 現代史出版会.

〈사진 21〉
『天皇の軍隊と朝鮮人慰安婦』
표지

〈사진 22〉
『軍隊慰安婦
- 戦争と人間の記録』
표지

〈사진 23〉
『日本女性哀史 - 遊女·女郎·
からゆき·慰安婦の系譜』
표지

김일면은 센다와 마찬가지로 위안부를 일본 군국주의와 식민지배의 피해자의 입장에서 접근했지만, 세부적으로는 차이가 있었다. 센다의 경우 "군위안부제도의 전체상을 규명하고자 시도하고 군위안부를 일본 군국주의의 희생자로 보는 시각을 가지고 있으며 군위안부(극소수), 업자, 병사, 군의관 등을 취재하면서 전체상을 조망"하고자 했다.[38] 때문에 '위안부'를 '군인'과 마찬가지로 전쟁 수행을 위해 자신의 몸을 희생한 도운 '애국'적 존재로 이해했다. 때문에 군인들과 다른 위안부 보상 사례를 지적하며 문제를 제기했

38 윤명숙(저), 최민순(역)(2015), 『조선인 군위안부와 일본군 위안소 제도』, 이학사, p.41.

다. 센다의 경우 당시 위안부 검진 담당 군의관 아소 데쓰오麻生徹男의 보고서를 상당수 참고했다. 다음은 보고서의 일부이다.

> 군용특수위안부는 향락의 장소가 아니요 위생적인 공동변소이므로 군에 있어 위안소 내에서 주류를 금지하는 것은 당연한 일이다. (중략) 여기서도 '공동변소'라는 글자가 강하게 눈길을 끈다.[39]

인용문에서는 위안부 여성들을 남성의 성욕 해소를 위한 도구인 '공동변소'로 취급했었던 인식을 확인할 수 있다. 또한 전장에서 위안부를 군인으로 취급하지 않았기 때문에 기차 객실에 별도의 좌석을 주지 않았으며 각종 군수품과 함께 화물 수송 열차에 '적재'한 사례를 설명했다. 이밖에도 타 부대 군인이 기차에서 위안부를 발견한 이후 달려들어 기차 객실이 윤간의 현장이 됐었다는 증언등 수록했다. 해당 대목에서 위안부를 인간이 아닌 군용물품, 도구로 취급했던 인식을 추론할 수 있다.

센다의 연구에서 또 하나 주목할 점은 국적을 기준으로 위안부의 서열을 구분한 점이다. 센다는 조선인 위안부가 일본인 위안부보다 입지는 낮았지만, 중국인이나 인도네시아 위안부보다는 입지가 높았다고 기술하며 국적을 기준으로 위안부를 계급화했다.[40] 센다

---

39 千田夏光(1973),『声なき女8万人の告発・従軍慰安婦』, 双葉社, p.45.

40 이는 한국에서 출간된 박유하의『제국의 위안부』소송 쟁점 중 일부인 '일본인 위안부에 비해서 차별받았지만, 조선인 위안부는 대만 위안부와 함께 중국이나 인도네시아인들보다 상위에 위치해 있었다'는 대목의 근거로 활용되기도 했다.

는 위안부의 실태를 밝히며 일제의 군국주의를 비판했지만 병립할 수 없는 위안부의 긍정적 표상을 구축하는 데 기여하기도 했다.

> 위안부 쪽도 그에 응해 휴일에 병사들이 있는 곳으로 선물을 들고 와서 빨래를 해 주기도 하고 진지 옆에서 기관총을 손질하는 병사 옆에서 턱을 괴고 바라본다거나 꽃을 꺾고 하늘에는 종다리까지 지저귀는 한가로운 정경이었습니다. 병사들도 점심을 대접하기도 했습니다. 주둔지에서 병사와 위안부의 관계는 어디서나 이런 것이 아니었을까 생각합니다. (중략) 조선인 여자 위안부는 어린 시절부터 살림을 도왔는지 빨래를 잘 하던 것이 기억납니다. (중략) 여기서 알 수 있는 것은 병사들은 오랫동안 한 곳에 같이 있게 되면 그녀들을 성욕의 처리대상으로만 보지는 않게 되었다는 것이다.[41]

인용문에서 군인과 위안부는 선물을 주고 받고 빨래를 해주는 등 연인 같은 모습으로 기술된다. 이 외에도 전후 위안부 여성을 잊지 못한 병사가 당사자를 찾아내 교제한 이야기, 여관에서 종업원으로 일하는 전직 위안부의 비밀을 끝까지 지켜주었다는 일화를 소개했다. 이를 통해 센다는 위안부를 부정적 이미지인 '공동변소', '매춘부'와 긍정적 이미지인 '아내' 또는 '연인'으로 묘사하여 대립되는 이미지를 공존하게 만든다. 이러한 기술은 향후 위안부 연구에서

---

41 千田夏光(1973),『声なき女８万人の告発・従軍慰安婦』, 双葉社, pp.66-67.

군인과 위안부가 제국 아래 동등한 관계였음을 입증하는 근거로 활용되기도 했다.

센다의 저서는 출간 이후, 30만 부가 넘는 높은 판매고를 올리며 베스트셀러가 되었지만 대중들은 여전히 위안부에 무관심했다. 또한 여성 독자 상당수는 위안부를 "매춘부"라 생각했다. 이런 현상에 대해 윤명숙은 "센다의 저서 구매자 상당수가 군대에서 재직했던 병사였으며 센다가 위안부를 전장에서 병사들과 함께 장렬한 죽음을 맞이한 여인으로 묘사했기 때문에 위안부를 국가의 전쟁범죄로 인한 피해자로 인식하지 못했다"[42]고 설명했다. 이처럼 센다는 위안부를 세상에 처음 알렸지만 위안부를 전쟁에 협력한 존재로 표상했다. 반면 김일면은 센다와는 다른 관점에서 위안부에 접근한다.

김일면은 위안부를 '조선 민족 멸망을 위한 일제의 방책'으로 바라보고 "지상의 어떤 에로 소설보다 기괴하고 스릴 넘치는 잔혹하고 야만적인 섹스 처리의 여자들"[43]로 정의했다. 김일면은 민족적 관점으로 위안부에 접근했으며, 기원을 한일병합 이후로 설정했다. 위안부 제도는 일제의 조선 멸망을 위한 방책 중 일부이며, 정신적 측면의 붕괴를 도모하는 방식으로 시작됐다고 설명한다.

1907년 초대 조선 통감 이토 히로부미伊藤博文는 궁녀 300여 명에게 선물을 주고 도쿄관광을 시켜준다. 이를 통해 이씨왕조에 대한

42 윤명숙(저), 최민순(역)(2015), 『조선인 군위안부와 일본군 위안소 제도』, 이학사, pp.42-43.

43 金一勉(1974), 「世称「日本軍隊の慰安婦」の発生」, 『季刊まだん』 4, 創紀房新社, p.195.

충성심을 없애고 왕가의 와해를 도모했다. 또한 조선인 부녀자들의 권위를 떨어뜨리는 가정 붕괴를 시작으로, 이후 조선의 붕괴까지 이어지기를 기대했다. 이와 같은 총독부의 당시 정책에 대해 김일면은 "일본제국의 최적의 전략이자 '숙원'의 대책이었다"[44]고 설명한다. 총독부의 아편 정책 역시 같은 맥락에서 파악한다. 아편에 중독된 조선 청년들은 비정상적 정신 상태로 범죄를 일으켜 경찰의 개입 명분을 만든다. 이후 투입된 경찰들은 통제를 시작한다. 총독부의 아편 정책은 조선인의 정신을 피폐시키고, 민족의 근간을 무너뜨리기 위한 계책이라 김일면은 설명한다.[45] 이밖에도 중일전쟁 당시 조선 농민을 만주로 이주시켜 중국인과의 적대관계 형성을 통한 항일의식을 희석 계획 등을 말하며 일본이 정신적 측면을 집요하게 활용한 사례를 설명한다. 김일면은 위안부 역시 '조선 민족 멸망을 위한 일세의 방책'의 연장선으로 파악했다.

이밖에도 김일면은 위안부 모집 과정을 설명한다. 위안부는 일본군과 매춘업자, 심부름센터便利屋가 연계된 체계를 갖추고 있었다. 위안부는 전쟁터의 사령부 → 총독부 → 지방 경찰서 → 말단 순경 체계로 징집됐다. 중일전쟁 당시 요정料亭은 장교가 대상이라 병사들은 이용할 수 없었다. 때문에 관동군 부대의 현지 여성 강간 사건이 급증했고 성병 증가가 전투력 감소로 이어졌다. 이후 군 수뇌부는 병사들 성욕문제의 심각성을 인식해 대책을 마련한다. 위안

---

44 金一勉(1973),「世称「日本軍隊の慰安婦」の構想」,『季刊まだん』3, 創紀房新社, p.110.

45 金一勉, 위의 글, pp.112-113.

부 설치 배경에는 강간 사건 발생 → 성병 확산 → 병력 감소의 과정이 있었으며, 이를 해결하기 위한 대책이 위안부였다고 김일면은 설명한다.

김일면은 저서 참고문헌에 센다를 언급하며[46] 센다의 연구를 참고했음을 밝혔다. 반면 센다와 달리 위안부에 가해자 일본 / 피해자 조선의 구도로 접근했다. 또한 조선인 위안부에게 가했던 성적학대 장면 등을 적나라하게 묘사하는 데 치중한다. 당시 일제는 조선인 여성들을 군수공장이나 간호사로 일하게 해준다고 한 뒤 '나라를 위해お国のために'라는 슬로건으로 매춘을 강요던 사실을 소개하며 위안부 모집 과정에서 드러나는 비윤리적 처사를 비판한다. 패전 이후 위안부들의 모습 역시 센다와는 다른 양상이었다.

> "울지 않을래야 울 수밖에 없는 생활이었습니다. 집세는 9월부터 낼 수 없었고 방의 창문에 얼굴을 내밀지 않고 5척도 되지 않게 몸을 작게 만들어 생활했습니다. 가난하면 사람이 접근하지 않고 아파트 사람들도 밖에서 만나면 싫은 사람을 만난 것 같은 얼굴을 하고 있습니다."[47]

---

46 千田夏光氏の『従軍慰安婦』によれば、(金一勉 (1976), 『天皇の軍隊と朝鮮人慰安婦』, 三一書房, p.200). 이 외에도 센다의 저서 서두의 "『고지엔広辞苑』에서 〈위안부〉 항목을 찾아보면 '전쟁터에서 부대를 수행하며 장병을 위안한 여성'이라 되어있다"는 대목과 김일면의 『마당』 4호 연재 서두의 "독자 중에서 『고지엔』 등을 가져올지도 모른다. '전장 부대를 수행하며 장병을 수행한 여성'이라고 아무렇지도 않게 쓰여 있다"는 대목을 그대로 활용했을 정도로 센다의 저서를 참고했음을 알 수 있다.

47 金一勉(1975), 「軍隊慰安婦」の変容 - 日本軍の崩壊のあちに」, 『季刊まだん』 6,

김일면이 묘사한 전직 위안부는 이웃들이 기피하고 집세조차 낼 수 없는 비참한 삶을 살고 있다. 센다가 묘사한 위안부의 모습과는 대치되는 것이다. 김일면은 전직 위안부의 모습을 통해 일본의 전후 처리 태도를 비판한다. 나아가 패전 이후 일본이 연합군을 상대로 위안부 시설 'RAA(특수위안시설협회)'를 운영했던 것을 비판하며 반성 없는 태도를 거듭 비판한다.[48] 김일면은 조선인 청년 징집 문제를 위안부와 마찬가지로 '조선 멸망의 방책'의 관점으로 접근한다.

> 그 수를 세칭 '20만 명'으로 보고 있다. 게다가 남자의 전장 연행을 더하면 족히 백만 명이 넘는다. 그들 대부분은 20대·30대였다. 당시 조선 내의 조선민족을 '삼천만'으로 보고 있다. 이 삼천 만에서 청년 남녀 백만이 해외에 끌려갔다면 그 민족은 머지않아 반신불수의 상태가 되는 것은 자명하다. 이 일을 충분히 계산한 것이 일본 정부와 총독부의 '조선인 대책'이다.[49]

인용문에서는 남녀 구분 없는 조선인 청년 징집을 부녀자 대책, 아편 정책과 같은 선상의 민족 말살정책으로 파악한다. 즉, 조선청년의 동원이 조선 멸망을 위한 일본과 총독부의 계책이라는 일관된 논리를 보이는 것이다. 김일면은 위안부 문제를 가해자 일본 / 피해

創紀房新社, p.194.

48 金一勉, 위의 글, p.189.

49 金一勉, 위의 글, p.185.

자 조선의 도식으로 가해자 / 피해자 구도를 만든다. 위안부가 공론화되었지만 한국에서는 관심을 보이지 않는다. 이러한 현상에 대해 김일면은 다음과 같이 말한다.

> 필자는 '조선인의 군대위안부'라 이름 지었지만 실제로 조선에서는 "위안부"라는 용어조차 모른다. 그것은 통용되지 않은 용어이기 때문이다. 단지 일본 전시 중에 '여자정신대'라고 말하면 안되는 것은 조선총독부의 관헌들은 "내선일체"를 떠들어대며 전쟁터에서 일한다고 말하며 '여자정신대모집'을 했으며 결코 군대위안부(창녀)라는 명목으로 여성들을 모은 것은 아니기 때문이다. 즉, 전부 거짓을 늘어놓고 속여 끌고 간 것을 의미한다. 따라서 '위안부'라고 하더라도 조선에서는 모른다.[50]

센다와 김일면에 의해 위안부가 세상에 알려졌지만 한국에서는 여전히 위안부를 인지하지 못했다. 이런 상황에서 『마당』이 1975년 종간하고, 김일면은 1976년 일본어 단행본 『천황의 군대와 조선인 위안부』를 발간한다. 1977년에는 『군대위안부 - 전쟁과 인간의 기억軍隊慰安婦 - 戦争と人間の記録』, 1980년에는 『일본여성애사 - 유녀·여랑·가라유키·위안부의 계보日本女性哀史 - 遊女·女郎·からゆき·慰安婦の系譜』를 발간하며 일본에서 위안부 문제를 공론화한다.

---

50 金一勉(1975),「軍隊慰安婦」の変容 - 日本軍の崩壊のあちに」,『季刊まだん』6, 創紀房新社, pp.196-197.

『마당』과 『천황의 군대와 조선인 위안부』에서 위안부 모집 과정과 조선인 위안부 실상 설명에 주력했다면, 『군대위안부 – 전쟁과 인간의 기억』에서는 위안부 관련 연구를 수록했다. 본문에서 이토 게이치伊藤柱一, 도미무라 준이치富村順一, 가미쓰보 가타시上坪隆, 기사키 치호코生咲千穂子 등은 위안부의 운영 현황, 오키나와 위안부 문제를 소개했으며, 군위관이었던 아소 데쓰오는 직접 진료했던 위안부에 대해 증언하며 다양한 주제로 위안부 문제를 다루었다.[51]

1980년 출간된 『일본여성애사 – 유녀 · 여랑 · 가라유키 · 위안부의 계보』는 『군대위안부 – 전쟁과 인간의 기억』에 수록된 김일면의 「군대위안부의 원류 – 일본의 인신매매 · 유녀 · 가라유키 · 전장 위안부의 계보軍隊慰安婦の現流 – 日本の人身売買 · 遊女 · 女郎 · からゆき · 慰安婦の系譜」를 심화시킨 연구서였다.[52] 본문에서는 위안부가

---

51 김일면은 「군대위안부의 실태軍隊慰安婦の実態」, 「군대위안부의 원류 – 일본의 인신매매 · 유녀 · 가라유키 · 전장 위안부의 계보軍隊慰安婦の現流 – 日本の人身売買 · 遊女 · 女郎 · からゆき · 慰安婦の系譜」, 「최후의 비극상最後の悲劇相」 등 총 3편의 글을 게재했고, 이토 게이치伊藤柱一는 「일본군대와 조선인위안부日本軍隊と朝鮮人慰安婦」, 아소 데쓰오麻生徹男는 「전 군의관의 증언元軍医の証言」, 도미무라 준이치富村順一는 「오키나와의 위안부沖縄の慰安婦」, 가미쓰보 가타시上坪隆는 「게이샤 · 구로소 카나의 종군芸者 · 黒須かなの従軍」, 기사키 치호코生咲千穂子는 「한 일본여성의 "종군위안부"관一日本女性の"従軍慰安婦"観」을 게재했다.

52 저서의 목차는 다음과 같다. 1장 「도쿠가와 시대와 유곽徳川時代と遊廓」, 2장 「에도시대의 매춘업자江戸時代の売春業者」, 3장 「음풍한 에도시대淫風な江戸時代」, 4장 「메이지 정부와 유곽정책明治政府と遊廓政策」, 5장 「유곽의 번성遊廓の繁盛」, 6장 「유곽과 여현의 세계遊廓と女衒の世界」, 7장 「해외에 연행된 여자들(「가라유키」의 선구) 海外へ連行される女たち(「からゆき」の先駆)」, 8장 조선반도로의 진출朝鮮半島への進出」, 9장 「남방「가라유키」의 실정南方「からゆき」の実情」, 10장 「다이쇼 · 쇼와 초기의 정황大正 · 昭和初期の情況」, 11장 「일본군대의 「위안부」日本軍隊の「慰安婦」」이다. 목차에서 드러나는 것처럼 위안부를 도쿠가와 시대부터 시작된 유곽 문화와 연관지어

에도시대江戸時代에서 시작된 일본의 유곽 및 공창제도와 밀접한 연관이 있다고 설명한다. 도쿠가와 이에야쓰德川家康는 막부의 유지를 위해 유곽을 장려했고, 메이지시대에는 싱가포르를 비롯한 남방국가에 매춘으로 돈을 버는 가라유키からゆき를 운영하는 것이 국가 정책이었다고 말한다. 즉, 에도시대에서 출발한 유곽과 가라유키의 역사가 위안부로 이어졌다고 설명하며 일본의 역사를 통해 위안부의 유래를 설명한다. 이처럼 김일면은『마당』을 통해 1974년부터 일본 사회에 위안부 문제를 공론화했으며, 이는 한국에까지 영향을 미친다.

3) 재일코리안 사회의 위안부 담론과 한국

1973년, 위안부의 존재가 세상에 알려지지만 한국 대중들은 위안부에 무관심했다. 한국에서는 일본에서 출간된 센다와 김일면의 저서를 접할 기회가 거의 없었기 때문에 위안부라는 용어조차 몰랐다. 그럼에도 불구하고 김일면의 저서는 1980년대 임종국林鍾國에 의해 한국에 영향을 미치게 된다.

일본에서 1976년 발간된 김일면의『천황의 군대와 조선인 위안부』는 1981년『정신대 실록』이라는 제목으로 일월서각[53] 한국어로

파악했다.

53 일월서각은 1978년 간첩조작사건의 당사자 김승균이 창립한 출판사이다. 창립 이후 세계 각국의 혁명사, 중국 혁명사, 한국 분단사, 일제강점기 탄압사 등의 서적을 발간하며 출판문화 운동을 전개했다. 하지만 1980년대 판매금지도서 전시회 개최로 수배되는 등 정권의 탄압을 받았다.

출간된다. 흥미로운 점은 책 어디에도 김일면의 이름을 찾아볼 수 없다는 점이다. 실제로 『정신대 실록』에서 저자명과 후기는 모두 임종국의 이름으로 출간되었다. 『정신대 실록』은 1990년 『데이 신 따이』[54], 1992년 『정신대』[55]로 제목이 변경되어 개정판이 출간된다.[56]

〈사진 24〉『정신대 실록』(1981) 표지

〈사진 25〉『데이 신 따이 - 정신대의 아픔』(1990) 표지

흥미로운 부분은 『정신대 실록』의 경우 저자가 임종국이었지만, 『데이 신 따이』와 『정신대』에서는 저자가 김정면으로 변경되었다는 점이다. 하지만 저자 소개에서도 김정면의 정보는 없었다. 또한 두 권 모두 개정판으로 출간되었지만 개정판 서문이나 저자후기가 추가되지 없었다. 즉, 두 권의 개정판 모두 제목과 저자명만 바뀌었을 뿐, 목차, 본문, 후기 모두 『정신대 실록』과 동일했다. 『정

54 김정면(저), 임종국(역)(1990), 『데이 신 따이』, 일월서각.
55 김정면(저), 임종국(역)(1992), 『정신대』, 일월서각.
56 2022년 12월에는 〈재일한국인 평론가 김일면 연구소〉에서 연구소장 김종화의 번역으로 『조선인 위안부』라는 제목으로 새로운 판본이 출시되었다.

〈사진 26〉『정신대』(1992) 표지

신대 실록』의 저자후기는 김일면의 『천황의 군대와 조선인 위안부』에 수록된 저자후기와 동일했다. 즉, 한국에서 출간된 『정신대 실록』, 『데이 신따이』, 『정신대』 모두 임종국이 아닌 김일면 저서의 번역본이었다.[57]

당시 한국에서 김일면이 임종국의 이름을 빌려 출간할 수밖에 없었던 이유는 김일면이 재일코리안이었기 때문으로 추정된다.[58] 박정희 정권에서는 1974년 문인간첩단 사건, 1975년 재일교포간첩단조작사건[59] 등이 연

---

57 2007년 출간된 김혜원의 저서 『딸들의 아리랑』에서는 임종국이 김일면의 저서를 '번역'해 『정신대』를 일월서각에서 출판했다고 기술되어있다. 이 대목에서도 『정신대』의 저자 김정면과 김일면이 동일인물임을 알 수 있다.(김혜원(2007), 「역사의 빛 아래 드러나야 할 한 - 《군대 위안부》의 저자 김일면」, 『딸들의 아리랑』, 허원미디어, p.182)

58 이러한 상황에 대해 이지은은 임종국이 자신의 작업과 마찬가지로 김일면의 저작을 여러 텍스트를 편집한 자료집으로 간주했을 가능성이 있다고 제기했다.(이지은(2018), 「조선인 '위안부', 유동하는 표상 - 91년 이전 김일면, 임종국의 '위안부' 텍스트를 중심으로」, 『만주연구』 25, 만주학회, pp.175-176)

59 1970년대 중반 박정희 정권은 재일코리안 사회 내 조총련 세력 확산 견제를 위해 다수의 재일코리안 대학생을 한국에서 유학시키며 체제 우위를 선전하려 했다. 부산대학교 법정대학의 데모를 주도한 정치외교학과 노승일은 시위 과정에서 재일코리안 유학생 김오자를 만난다. 1975년 10월 10일에 김오자가 반反정부 성격의 전단을 살포했는데 이를 추적한 경찰이 김오자와 관계된 인물들을 대거 체포한다. 이 사건으로 부산대학교 학생 박준건, 김오자, 김정미, 김준홍, 노승일, 박명근, 이원이 등과 부산대학교 철학과 교수 하일민, 대학원생 김명수 등이 구속된

이어 발생하며, 재일코리안과의 교류를 이적행위로 간주했다. 김일면은 조선 국적이었기 때문에 한국에서의 저서 출간이 현실적으로 어려운 상황이었다. 하지만 한국에 위안부를 알리기 위해 임종국의 이름을 빌려 출간한 것으로 추정된다.

〈사진 27〉『조선인 위안부』(2022) 표지

김일면의 영향은 다양한 연구서와 서적에서 확인할 수 있다. 1982년, 한백흥은『실록 여자정신대 그 진상』를 출간하며 한국에 위안부를 알린다. 한백흥은 참고문헌에 김일면의『천황의 군대와 조선인 위안부』를 기입했으며, 목차구성 및 내용에서 김일면 저서와 상당한 유사성을 보였다. 특이한 점은 참고문헌에 센다의 저서가 없다는 사실이다. 한백흥의 경우 일본어 독해가 가능했던 것으로 추정되는데, 민족주의적 특성이 강한 김일면의 연구를 상대적으로 많이 참고한 것으로 추정되지만,[60] 이밖에도 김문숙의 소설『말살된 묘비 - 여자정신대』[61]는 김일면의『천

다. 이 사건은 11월 22일 '재일 교포 간첩단 사건'으로 언론에 발표된다. 사건에는 총 24명이 연루되었는데 이들은 김오자와 지인 관계이거나, 이원이와 같이 별개 사건 관련자임에도 포함되기로 했다. 단순한 반정부 유인물 살포 사건을 의도적으로 확대해 간첩 사건으로 조작했고, 이들 중 상당수는 사형을 선고받았다. 2010년대 진행된 소송에서 법원은 무죄를 선고하며 형사보상금 배상을 지시했다.

60 센다의 저서는 한국에서 위안부 논의가 한창 이던 1992년 다물출판사에서『증언 여자정신대 8만명의 고발』이라는 제목의 번역서로 출간되었다.

61 김문숙(1990),『말살된 묘비 - 여자정신대』, 지평.

황의 군대와 조선인 위안부』와 임종국의 『정신대 실록』 모두 참고 문헌에 기입했다. 이처럼 김일면은 위안부 관련 자료가 거의 없었던 1980-90년대 한국의 위안부 연구에 상당한 영향을 끼쳤다. 가장 주목할 텍스트는 1982년 발간된 윤정모의 『에미 이름은 조센삐였다』[62]였다.[63]

1982년 출간된 윤정모의 『에미 이름은 조센삐였다』[64]는 한국 최초의 위안부 소설로 아들 배문하가 아버지의 죽음 이후 자신의 출생과정을 좇는 작품이다. 이 과정에서 일제강점기 당시의 참혹했던 실상이 묘사된다. 아버지 배광수는 일제강점기 시절 학병으로 강제징용되어 참전했으며, 어머니는 오빠 대신 군대에 자원해 위안부가 된다. 어머니와 아버지는 마닐라에서 일본군 퇴각 도중 만나 해방 이후 한국에서 결혼한다. 둘은 가정을 꾸리고 아이도 낳았지만 남편

〈사진 28〉
『에미 이름은 조센삐였다』 표지

62 윤정모(1982), 『에미 이름은 조센삐였다』, 인문당.

63 윤정모 이전에 위안부 혹은 정신대란 용어는 김정한이 1969년 「수라도」, 1977년 「오끼나와에서 온 편지」에서 사용했지만, 이는 작품 설명을 위한 차용이었으며 위안부 소재의 작품이라고는 볼 수 없다.

64 당시 병사들은 위안부를 '삐ピー'라고 불렀다. 조선인 위안부는 '조선삐朝鮮ピー', 오키나와 출신 위안부는 '나와삐ナワピー'와 같이 불렀다. 삐ピー의 유례는 중국어로 여성의 생식기를 가리키는 한자 비屄(bi)의 중국어 발음에서 왔다는 설이 있다.

은 자신의 아내가 위안부였던 사실을 용납하지 못하고 끝내 가정을 떠난다. 이와 같은 가족의 모습을 통해 위안부의 비극적 삶을 그려낸다.

윤정모가 김일면의 영향을 받은 것은 소설의 다양한 부분에서 확인할 수 있다. 다음은「지은이의 말」일부이다.

> 끝으로 자료에 도움을 주신 임 종국 선생님과 그 밖에 여러분들과 출판에 힘써 주신 조 장희 선생님께 고개 숙여 감사드립니다.[65]

윤정모는 '임종국'의 이름을 직접 거론하며, 작품창작에 임종국의 영향이 있었음을 밝힌다. 위 인용문에서는 임종국의 구체적 영향을 확인할 수 없지만, 개정판에서는 보다 구체적인 내용을 밝힌다. 다음은 1988년 출간된 개정판「작가의 말」의 일부이다.

> 내가 이 소설을 쓰데 된 동기는 다른 데 있었다. (중략) 이 나라에 위안부가 생긴 유래를 찾다가 김종국 선생님의『정신대 실록』을 보게 되었고 그 뒤 그에 관한 책을 부지런하게 찾아 읽으면서「조센삐」를 쓰게 된 것이다. 그러나 이 소설 역시 자료집들을 능가할 만큼 성공하지 못했고 독자들을 감동시키지도 못했다.[66]

---

65 윤정모(1982),「작가의 말」,『에미 이름은 조센삐였다』, 인문당, p.3.

66 윤정모(1988),「작가의 말」,『에미 이름은 조센삐였다』, 고려원, p.7.

윤정모는 작품 창작 과정에서 임종국의『정신대 실록』을 참고했음을 밝히고 있다.[67] 실제로 소설 구성 상당수에서 김일면 저서와의 유사성이 드러난다. 다음은 윤정모의 소설과 임종국의 번역서를 비교한 대목이다.[68]

> 우리는 업주가 미리 준비한 엄청나게 비싼 옷을 강압에 의해 사 입고 이튿날 곧장 장교들 숙소로 불려가게 되었다. 알고 보니 업주가 장교들에게 뇌물을 바치듯 숫처녀인 우리를 상납한 것인데 그날 우리를 능욕한 장교만 해도 다섯 명이나 되었다. 다음날부터 나는 일반 사병만 받게 되었는데 내 이름은 순이 대신 미찌꼬가 되었고 군인들은 나를 일컬어 '조센삐, 긴 밤 삼원'이라고 불렀다.[69]

윤정모의 소설에서 조선인 위안부 여성들은 차출 직후, 매춘업자의 강압에 의해 일본 이름을 짓고, 새 옷을 입은 채 일본군 장교에게 성적 유린을 당하는 장면의 묘사된다. 이와 유사한 내용은『정신대 실록』에서도 확인된다.

---

67 작가의 말에 '임종국'의 이름이 '김종국'으로 기재된 것은 단순한 오타로 추측된다. 실제로 김종국의『정신대 실록』이란 서적은 발간된 적이 없었고 3쇄에서는 이름이 '임종국'으로 수정되었다.

68 윤정모의 경우 임종국의 번역서를 참고해 소설을 창작한 것으로 보인다. 따라서 소설과의 직접 비교는 번역서를 토대로 진행한다.

69 윤정모(1982),『에미 이름은 조센삐였다』, 인문당, pp.70-71.

> 인솔자인 남자는 옷 파는 상점으로 들어섰다. 그리고 아주 선심을 쓰는 듯이 다섯 처녀들에게 치마 저고리 한 벌씩을 사주고 또 일본옷을 한 번 사주면서 말하는 것이다. (중략) 그리고 잡화점에 들어가서 크림, 분, 입술연지 따위를 사서 처녀들에게 나누어 주었다. (중략) 입에서 나오는 대로 간단히 다섯 처녀에게 일본식 이름을 지어주었다. 박여남朴麗南은 기노시따 레이꼬木下麗子, 정매화丁梅花는 이찌끼 우메꼬一木梅子, 김이화金利華는 가네꼬 하나꼬金子花子, 丁煥美는 이찌끼 미요꼬一木美代子, 김춘자金春子는 기나이 하루꼬金井春子, 이렇게 말이다. (중략) 그 여관에서 다섯 명의 장교들은 다섯 처녀를 서로 바꾸어 가며, 사흘낮 사흘밤을 계속 색지옥이라고 할 수밖에 없는 작태를 연속적으로 연출하는 것이었다.[70]

『정신대 실록』 역시 윤정모의 소설과 마찬가지로 조선인 위안부 여성들이 매춘업자에 의해 옷과 화장품을 구매한다. 또한 매춘업자들은 조선인 여성들의 한자 이름을 일본식으로 읽어 일본 이름을 짓는다. 이후에는 장교 다섯 명이 이들을 유린하는 장면이 기술된다. 『정신대 실록』에서는 해당 내용이 9페이지에 걸쳐 서술되어있는데 윤정모는 해당 부분을 축약해 소설에 활용했다.[71]

---

70 임종국(1981), 『정신대 실록』, 일월서각, pp.76-85.

71 윤정모가 작품에서 내용을 축약한 것은 유사한 사례 기술의 반복(박여남朴麗南은 기노시따 레이꼬木下麗子, 정매화丁梅花는 이찌끼 우메꼬一木梅子, 김이화金利華는 가네꼬 하나꼬金子花子, 丁煥美는 이찌끼 미요꼬一木美代子, 김춘자金春子는 기나이 하루꼬金井春子)이 있었기 때문에 최대한 축약한 것으로 보인다.

윤정모가 김일면의 저서를 참고한 근거는 다양한 부분에서 확인할 수 있다. 김일면은 저서 한 절의 제목을「특수 여관에서 색지옥色地獄의 특별 훈련을特殊旅館へ連れ込み色地獄の"特訓"を」[72]로 정했는데, 임종국 역시 색지옥이라 단어를 그대로 번역했다.[73] 윤정모 역시 소설에서 "전생에 무슨 죄를 지었기에 그 많은 지옥 다 두고 하필이면 색지옥으로 빠졌나…"[74]라고 기술하며 김일면이 사용한 '색지옥'이라는 용어를 그대로 사용한 것을 확인할 수 있다. 또한 김일면의「한반도의 여자 사냥朝鮮半島における女狩り」은 임종국은「한반에서의 여자몰이」[75]로 번역했는데, 윤정모 역시 소설에서 '몰이'라는 단어를 반복적으로 사용했다.[76] 이밖에도 소설의 무대가 마닐라를 비롯해 라바울, 뉴기니아, 필리핀으로 설정된다. 점 역시 김일면의 연구 범위가 소설에 그대로 반영되었음 확인할 수 있다. 또한 작품 전반에서 묘사된 징집과정 및 위안부 운영 실태, 사후 처리 묘사 역시 김일면의 서술이 그대로 반영된 것을 확인할 수 있다.

『에미 이름은 조센삐였다』는 출간 이후 베스트셀러가 되었고 1991년 10월, 강혜지, 독고영재 주연으로 영화화[77]된다. 1995년에는 독일에서 번역본[78]이 출간되었고, 1996년 낭독회가 개최되는 등 해

72 金一勉(1976),『天皇の軍隊と朝鮮人慰安婦』, 三一書房, p.69.
73 임종국(1981),『정신대 실록』, 일월서각, p.78.
74 윤정모(1982),『에미 이름은 조센삐였다』, 인문당, p.71.
75 임종국(1981),『정신대 실록』, 일월서각, p.194.
76 윤정모(1982),『에미 이름은 조센삐였다』, 인문당, p.40.
77 에미 이름은 조센삐였다(Your Ma's Name Was Chosun Whore, 1991).

외한인 사회에 위안부를 알렸다. 이러한 사실에서 증명된것처럼 김일면은 1970년대부터 한일 위안부 연구와 한국 최초의 위안부 소설 탄생에 직접적 영향을 미쳤다. 나아가 해외 한인 사회에 위안부를 알리는 계기가 되었다.[79]

1991년, 한국에서 사회적으로 위안부가 주목받으며 연구되기 시작한다. 재일코리안 사회에서는 위안부 문제가 처음 수면위로 떠오른 1973년부터 지금까지 위안부 문제에 참여했다. 그 시작은 1974년『마당』의 김일면의 위안부 연재였다.『마당』은 가해자 일본 표상을 만들어 반일감정을 조성하고, 다양한 일본비판 담론을 형성했다. 위안부 연재 역시 이러한 시도의 일환으로 볼 수 있다. 이와 같은『마당』의 위안부 담론을 통해 한일 양국의 문제로만 취급되었던 위안부 문제에 재일코리안이 개입된 새로운 구도를 확인할 수 있다. 이러한 사실은 재일코리안 잡지사에서『마당』만의 변별점을 확인할 수 있는 대목이자 1970년대 재일코리안 문학과 매체의 새로운 패러다임을 증명하는 사례가 될 것이다.

---

78 Jun Tschongmo(1985), *Meine Mutter war eine "Korea-Nutte"*, Kiro Verlag.

79 김일면과 센다의 연구 모두 한계점도 있었다. 이들 연구는 전쟁이 끝난 약 20년 후에 전직 군인, 군무원과의 인터뷰로 진행되어 수치적으로 부정확하기도 했다. 가령 동원된 위안부의 수를 김일면은 20만, 센다는 8-10만으로 추정하며 두 배가 넘는 차이가 있었다. 하지만 김일면이 기술한 위안부 모집 과정, 운영 현황, 국적 기준의 위안부 구분, 강제 동원과 같은 구도는 이후 위안부 연구 방향성 설정에 큰 역할을 했다.

결론

해방 이후 재일코리안들은 이국땅 일본에서 조국에 공헌하고자 했다. 이들은 조직을 결성해 생활권을 형성했고 다양한 분야에서 활동을 전개했다. 전후 일본에서 재일코리안들이 기댈 수 있는 곳은 조직이었고, 조직이 곧 삶이었다. 하지만 조직은 서서히 경직되어 갔고 재일코리안 사회를 통제하려 했다. 결국 1960년대, 재일코리안들은 조직을 떠나기 시작했고, 일본 사회에서의 삶을 모색했다.

재일코리안 문학자들은 일본문단에서 활동을 시작했으며 조선문학 연구에 참여한다. 해방 이후 일본 내 조선문학 연구는 재일코리안과 일본인이 분리되어 있었다. 재일코리안 사회의 경우 조총련이 연구를 주도했으며 재일코리안 잡지 『민주조선』이나 일본의 잡지 『인민문학』, 『신일본문학』 등에 북한문학을 일본어로 번역하는 형태로 연구되었다. 일본인의 경우, 대학과 연구소가 연구를 주도했다. 이런 상황에서 1963년, 〈조선문학의 회〉가 설립되고 1964년 『조선과 문학』, 1970년 『조선문학 - 소개와 연구』를 발간하며 동인 중심이라는 새로운 연구풍토가 나타난다. 〈조선문학의 회〉 등장 이후 일본인 / 재일코리안으로 분리되어 있던 조선문학 연구는 함께 참여하는 형태로 전환된다.

『조선문학 - 소개와 연구』는 일본인이 조선문학을 주체적으로 연구한 최초의 동인지였다. 한반도 전체의 문학을 연구했으며, 동인지를 토대로 『현대조선문학선 1』, 『현대조선문학선 2』, 『나의 조선어 소사전 - 서울 유학기』와 같은 다양한 결과물을 만들었다. 〈조선문학의 회〉는 재일코리안 지면과 일본 지면을 넘나들며 교류했다. 재일코리안들은 교류를 통해 일본 고유의 조선문학 연구 구축에 영향을 끼친다. 당시 한국은 박정희 정권의 문학계 탄압으로 연구에 한계가 있었다. 이런 상황에서 일본에서는 한국에서 연구할 수 없는 영역을 연구하며 일본만의 연구 특수성을 확립한다. 1970년대 일본의 조선문학 연구의 패러다임 전환에는 〈조선문학의 회〉와 재일코리안이 있었다.

1950-60년대 일본에서는 인권운동이 연이어 발생하며 마이너리티 문제가 사회문제가로 부상한다. 이후 일본정부는 마이너리티를 대상으로 동화정책을 펼쳤으며 재일코리안은 그 대상이 된다. 문학계 역시 동화정책이 나타난다.

1966년 김학영을 시작으로 재일코리안 작가 상당수가 일본문단에서 활동을 시작한다. 이런 상황에서 일본문단은 〈아쿠타가와상〉을 비롯한 각종 문학상을 마이너리티 작가에게 수여하며 동화정책을 추진한다. 일본문단의 문학상을 이용한 정치적 행보는 류큐반환, 인권운동 같은 사회적 쟁점이 발생하면 보조를 맞추는 형태로 구체화되었다. 특히 마이너리티 인권이 사회적 화두로 떠오른 1960-70년대 일본문단은 재일코리안 문학 포섭을 시도한다.

이회성은 1971년 「다듬이질하는 여인」으로 재일코리안 최초로 〈아쿠타가와상〉을 수상한다. 당시 수상자는 이회성과 오키나와 작가 히가시 미네오였는데, 둘의 심사평에는 호평보다 혹평이 많았음에도 일본문단 이 두 작가에게 상을 수여한다. 이는 마이너리티 문제라는 사회현상을 고려한 정치적 행보이자, 일본문학에 마이너리티 문학을 편입시키려는 행보로 해석할 수 있다. 결국 1980년대 출간된 각종 일본문학사에는 재일코리안 문학과 오키나와 문학 항목이 포함되었다. 즉, 이회성과 히가시 미네오의 〈아쿠타가와상〉 수상은 동시대 사회상을 반영한 일본문단의 정치적 행보로 해석할 수 있다.

그러나 이회성은 이를 사전에 파악하고 활용하는 모습을 보인다. 본상 수상 전, 이회성은 4회 연속으로 〈아쿠타가와상〉 후보에 오르지만 모두 최종심에서 탈락한다. 기존 이회성의 후보작들은 일본인과 재일코리안의 지배/피지배, 식민/피식민 구도를 나타냈다. 하지만 「다듬이질하는 여인」에서는 일본인들이 전형적으로 인식하고 있는 1940년대 조선상을 구현해 차별화된 모습을 보인다. 이회성은 네 번의 낙선과정에서 재일코리안 작가에게 요구되는 작품형태를 파악한 후, 이에 부합하는 작품을 창작한다. 즉, 일본문단의 정치적 행보를 역으로 이용해 개인목적을 달성하고 동시에 재일코리안 문학의 선봉에 서게 된다. 나아가 김학영으로 대표되는 재일코리안 문학으로 일본문학을 새롭게 정의할 수 있다.

1970년대 일본인 작가들은 내면성찰에 치중하며 일본문학계는 거대담론이 사라진 내향의 시대를 맞이한다. 이런 상황에서 재일코리안 작가들은 인권운동, 사회문제를 전면화하며 일본인 작가들과 차별화된 문학활동을 전개한다. 반면 김학영은 인간내면을 그려내며 동시대 재일코리안 작가들과 다른 모습을 보인다. 김학영의 문학은 재일코리안 문학의 전형성에서 벗어나는 것은 물론 오히려 일본인 작가들과 유사성을 보인다. 1976년 발표된 「끌」에서는 김학영 문학의 전형성이 드러난다.

「끌」에서는 아버지의 폭력, 말더듬이, 재일코리안 차별문제를 종합적으로 다룬다. 개인내면에서 시작된 문제의식이 민족차별과 사회문제로 귀결되며 개인내면과 사회문제를 동시에 다룬다. 김학영은 일본인 작가들의 전유물로 취급되던 내향성으로 마이너리티 문제를 구현함으로써, 일본인 작가와 재일코리안 작가의 전형성을 동시에 나타낸다. 일본문학, 재일코리안 문학의 특징을 동시에 드러냄으로써 재일코리안 문학의 층위를 확장한 것이다. 즉, 김학영의 문학을 통해 내향의 시대로 정의되었던 기존의 1970년대 일본문학의 정의를 반박할 수 있으며 재일코리안 문학과 일본문학의 새로운 관계성을 구축하게 되는 것이다.

1970년대 일본사회는 마이너리티를 대상으로 동화정책을 추진했으며, 재일코리안에게 일본 정주는 현실의 문제였다. 동화정책과 정주의식이 혼재된 상황에서 1973년 재일코리안 잡지 『마당』이 등장한다. 『마당』은 기존 정치일변도 재일코리안 매체들과 달리 삶의 문제를 다루며 차별화된 모습을 보인다. 특히 결혼, 교육, 청년, 세대문제 등의 사회문제와 전통, 역사 등 민족문화 관련 내용을 다룬다. 동시에 가해자 일본, 피해자 재일코리안 구도를 만들어 반일감정을 활용해 담론을 형성했다.

『마당』이 가장 주안점을 둔 것은 정치적 중립이었다. 특히 민단, 조총련으로 분열된 재일코리안 사회의 분쟁을 일으킬 수 있는 이데올로기 문제를 지면에서 배제하고 재일코리안 사회문제에 집중했다. 하지만 이러한 방향성의 원인이 되어 1975년『삼천리』와의 지상 논쟁이 발생한다. 이러한 사실에서『마당』과 기존 재일코리안 잡지들과의 정치적 측면 차이를 확인할 수 있다.

『마당』은 고전설화, 한시, 조선사 등 민족전통을 활용한 민중문화 담론 형성에 주력했다. 이 과정에서 민족의 공통항인 역사와 전통을 활용해 재일코리안 사회의 화합을 도모하고 후대에 계승 가능한 민중문화를 만들고자 했다. 또한 문화유산 담론 전개 과정에서 일본의 고려자기 도굴, 유출 사실을 밝히며 일본을 비판한다. 이처럼『마당』의 전통담론은 우리 문화유산의 우수함을 소개하는 동시에 일본을 비판하는 방식으로 구체화되었다.

『마당』은 다양한 사회문제 중 민족교육에 보다 많은 관심을 나타냈다. 1970년대 재일코리안 사회에서는 민족교육 기관수가 감소하고 일본학교로의 진학자가 증가한다. 이런 상황에서 재일코리안 사회에서는 민족교육 강화를 위한 다양한 방법을 강구했고,『마당』 역시 민족교육 담론을 형성해 재일코리안 사회에 메시지를 발신했다.『마당』의 교육담론은 동시대 담론과 보조를 맞추는 동시에『마당』만의 의견을 제시하는 형태로 전개되었다.『마당』의 대안은 첫째, 가정이라는 최소단위에서 부모세대가 자식세대를 교육해 민족 정체성을 확립할 것. 둘째, 일본의 교육제도에 조선어를 교양과목으로 도입할 것. 셋째, 사무국 주도의 정기적인 역사교육 모임의 추진이었다. 이와 같은 민족교육 담론을 통해 새로운 세대를 중심으로 재일코리안 차별구조와 일본의 동화정책을 극복하고자 했다.

1970년대에는 일본의 동화정책, 정주의식의 확산 등 다양한 요인으로 재일코리안의 일본 귀화가 증가했다. 『마당』은 이를 심각한 문제로 인식해 결혼, 국적, 귀화 담론을 형성했다. 『마당』의 담론은 크게 두 가지 방식으로 전개됐다. 첫째는 일제강점기부터 시작된 국제결혼의 실패사례와 현재 지속되고 있는 차별사례를 제시해 반일감정을 조성하는 것이었다. 둘째, 재일코리안 사회에 잔존하고 있는 지역감정, 궁합, 부모의 간섭 같은 구시대적 관습을 철폐하고 후속세대의 사회운동 참여 독려였다. 이를 통해 『마당』은 정주 가능한 재일코리안 사회를 만들겠다는 청사진을 그렸다.

『마당』은 가해자 일본 표상을 구축해 반일감정을 형성했다. 실제로 『마당』에는 두 편의 소설이 수록됐는데, 두 작품 모두 재일코리안 사회문제를 소재로 일본을 비판하는 공통점을 보였다. 세가와 이치의 「안녕히 아버지」에서는 혼혈 재일코리안이 일본에서 겪는 차별 묘사를 재일코리안의 국적과 귀화를 주었다. 「무화과」에서는 일본학교에 다니는 재일코리안 학생의 고통과 타락을 보여줌으로써 민족학교에 다녀야 한다는 메시지를 전달한다. 이들 두 작품은 공통적으로 일본을 차별의 주체로 묘사해 반일감정을 형성하고, 재일코리안의 민족 정체성 자각을 강조했다. 이와 같은 문학적 특성에서 『마당』의 일본비판 담론의 구현양상을 확인할 수 있다.

『마당』의 일본비판 성향은 히타치투쟁 특집에서 보다 명확히 드러난다. 재일코리안 2세 박종석은 1970년 히타치에 채용되지만 재일코리안이라는 이유로 채용이 취소되고, 같은 해 12월 8일 요코하마지방법원에 제소한다. 고소 이후 한국, 일본, 재일코리안 사회에서는 다양한 반응이 나타났다. 『마당』은 1974년 5월 발행된 3호에서 「히타치취업차별재판」 특집을 구성한다. 『마당』이 히타치투쟁에 관심을 보인 데에는 두 가지 이유가 있다. 첫째, 박종석이 『마당』이 추구하는 전형적인 인물상에 부합하기 때문이었다. 박종석은 히타치투쟁 전까지 통명으로 살며 조국, 민족에 별다른 관심이 없었지만, 소송과정에서 민족 정체성을 자각한다. 박종석의 변화는 『마당』이 추구하는 전형적인 인물상이었고, 지면을 통해 해당 사례를 널리 알렸다. 두 번째로 소송 이후 민단과 조총련이 박종석을 외면했던 모습을 통해 조직이 답이 될 수 없다는 메시지를 전달했다. 『마당』은 일본사회와의 공생, 연대가 본국과의 연대로 이어지는 시발점이자 조국통일의 발판이 될 것으로 기대했다. 즉, 『마당』은 히타치투쟁을 통해 반일감정을 활용했으며 조직을 초월한 지점에서 재일코리안 사회 단합을 추구했다.

『마당』의 담론 중, 한일 양국에 가장 큰 영향을 끼친 것은 위안부 담론이었다. 1973년 위안부 문제가 세상에 알려지고 김일면은 1974년 5월부터 2년동안 『마당』에 위안부 기사를 연재한다. 김일면은 위안부에 민족적 관점으로 접근하여 가해자 일본/피해자 조선의 구도를 형성한다. 한국에서는 1981년, 임종국이 김일면의 저서 『천황의 군대와 조선인 위안부』를 한국어로 번역해 『정신대 실록』이라는 제목으로 출간한다. 1980년대 한국에서 재일코리안과의 교류는 이적행위로 간주되었기 때문에 임종국은 자신의 이름으로 저서를 출간한다. 출간 이후 『정신대 실록』은 한국의 각종 위안부 연구에 활용되었으며, 1982년 한국 최초의 위안부 소설인 윤정모의 『에미 이름은 조센삐였다』 창작에 직접적 영향을 끼친다. 『마당』의 위안부 담론은 한일 역사문제에서 재일코리안의 역할이 확인되는 사례이며, 그 시작에는『마당』과 김일면이 있었다.

『마당』은 재일코리안 사회문제와 일본비판 담론을 형성해 재일코리안 사회 단합을 추구했다. 이를 통해 일본 시민사회와의 공생, 조국통일이라는 청사진을 그렸다. 이러한『마당』의 특징은 재일코리안 잡지사에서『마당』의 위치를 확인할 수 있는 지점이자 1970년대 재일코리안 사회의 새로운 문화지형을 확인할 수 있는 대목이라 할 수 있다.

이와같이 재일코리안들은 1960년대 중반 이후, 조직에서 벗어나 이국 땅 일본사회에서 새로운 삶을 모색했다. 1970년대 일본은 다민족, 마이너리티와 같은 식민지 원형이 현대성을 구축한 시기였으며, 동화와 포섭으로 마이너리티를 흡수하려 한 시기였다. 이러한 기만적 움직임 속에서 재일코리안들은 문학과 문화를 주체적으로 만들어 삶을 개척했다. 이와 같은 재일코리안의 모습을 통해 새롭게 그려지는 디아스포라 문화지형도를 확인할 수 있다.

참고문헌

국내 자료

단행본

가와무라 미나토(2005), 『전후문학을 묻는다』, 소화.

강재언·김동훈(1999), 『재일 한국·조선인 - 역사와 전망』, 소화.

개번 매코맥, 노리마츠 사토코(2014), 『저항하는 섬, 오끼나와』, 창비.

고우이(저), 이승희(역)(2023), 『재일코리안의 전후사 - 고베 암시장을 누빈 문동건의 못다 이룬 꿈』, 민속원.

김경해(저), 정희선(역)(2006), 『1948년 한신 교육 투쟁』, 경인문화사.

김계자(2015), 『근대 일본문단과 식민지 조선』, 역락.

김윤식(1974), 『한일문학의 관련양상』, 일지사.

______(2005), 『비도 눈도 내리지 않는 시나가와 역』, 솔.

김인덕(1996), 『식민지시대 재일코리안운동 연구』, 국학자료원.

김일면(저), 김종화(역)(2022), 『조선인 위안부』, 국학자료원.

____________________(2025), 『항일 독립투사 박열』, 국학자료원.

김정면(저), 임종국(역)(1990), 『데이 신 따이』, 일월서각.

____________________(1992) 『정신대』, 일월서각.

김학렬 외(2007), 『재일동포 한국어문학의 전개양상과 특징연구』, 국학자료원.

김학영(저), 강상구(역)(1985), 『얼어붙은 입』, 한진출판사.

_________, 하유상(역)(1992), 『얼어붙는 입』, 화동.

김환기(2006), 『재일 디아스포라 문학』, 새미.
______(2013), 『브라질 Brazil 코리안 문학 선집』, 보고사.
______(2013), 『아르헨티나 Aggentina 코리안 문학 선집』, 보고사.
______(2015), 『화산도 1-10』, 보고사.
______(2024), 『글로벌 리더가 말하는 한국』, 역사인.
______(2024), 『월경문학과 글로컬리티』, 소명출판.
다카하시 도시오(저), 곽형덕(역)(2014), 『아무도 들려주지 않았던 일본현대문학』, 글누림.
________________, 김재원 외(역)(2012), 『호러국가 일본』, 비.
다케다 세이지(저), 재일코리안문화연구회(역)(2016), 『재일이라는 근거』, 소명출판.
동국대학교 일본학연구소(2023), 『재일디아스포라 글로컬리즘 1 역사』, 보고사.
____________________(2023), 『재일디아스포라 글로컬리즘 2 정치·경제』, 보고사.
____________________(2023), 『재일디아스포라 글로컬리즘 3 사회·문화』, 보고사.
____________________(2023), 『재일디아스포라 글로컬리즘 4 문학』, 보고사.
____________________(2023), 『재일디아스포라 글로컬리즘 5 교육』, 보고사.
____________________(2023), 『재일디아스포라 글로컬리즘 6 예술·체육』, 보고사.
리홍장(저), 윤송아·이한정(역)(2023), 『재일코리안이라는 민족경험』, 민속원.
박재일(저), 이지영·박양신(역)(2020), 『재일코리안에 관한 종합조사 연구』, 보고사.
배지원, 조경희(2017), 『재일코리안과 조선학교』, 선인.
백름(저), 노유니아·정성희(역)(2023), 『재일코리안마술사 1945-1962』, 연립서가.
야마사키 마사즈미(저), 김환기(역)(2022), 『전후 〈재일在日〉 문학론 - 아시아론 비평의 시선』, 민속원.
오구마 에이지(저), 조현설(역)(2003), 『일본 단일민족신화의 기원』, 소명출판.
오자와 유사쿠(저), 교육출판기획실(편역)(1990),『민족문제와 교육』, 푸른나무.
윤건차(저), 박진우·박이진·남상욱·황익구·김병진(역)(2016), 『자이니치의 정신사』, 한겨레출판.
윤명숙(저), 최민순(역)(2015), 『조선인 군위안부와 일본군 위안소 제도』, 이학사.
윤정모(1982), 『에미 이름은 조센삐였다』, 인문당.
______(1988), 『에미 이름은 조센삐였다』, 고려원.
이리카(저), 김웅기(역), 『조선적이란 무엇인가』, 소명출판.
이한창 외(2008), 『재일 동포문학과 디아스포라 1』, 제이앤씨.
이한창(2011), 『재일 동포문학의 연구 입문』, 제이앤씨.
이회성(저), 이호철(역)(1972), 『다듬이질하는 여인』, 정음사.
임종국(1981), 『정신대 실록』, 일월서각.
재일디아스포라 문학의 글로컬리즘과 문화정치학 연구팀(2017), 『재일디아스포라 문학선집 1 시』, 소명출판.
__________________________________(2017), 『재일디아스포라 문학선집 2 소설』, 소명출판.
__________________________________(2017), 『재일디아스포라 문학선

집 3 소설』, 소명출판.

______________________(2017), 『재일디아스포라 문학선집 4 평론』, 소명출판.

______________________(2017), 『재일디아스포라 문학선집 5 연구』, 소명출판.

전성곤(2021), 『Doing 자이니치 - 『계간삼천리』·가교·차연』, 한국학술정보.

한림대학교 일본학연구소(2019), 『계간 삼천리 해제집 1』, 학고방.

______________________(2019), 『계간 삼천리 해제집 2』, 학고방.

______________________(2019), 『계간 삼천리 해제집 3』, 학고방.

______________________(2020), 『계간 삼천리 해제집 4』, 학고방.

______________________(2020), 『계간 삼천리 해제집 5』, 학고방.

______________________(2020), 『계간 삼천리 해제집 6』, 학고방.

______________________(2022), 『내파하는 국민국가 가교하는 동아시아 - 『계간삼천리』 1981』, 학고방.

______________________(2024), 『계간 삼천리와 인물들』, 학고방.

한승옥 외(2007), 『재일동포 한국어문학의 민족문학적 성격연구』, 국학자료원.

논문 및 기사

가네코 루리코(金子るり子)(2017), 「『季刊三千里』における日本進歩的知識人の「在日朝鮮人観」- 1975~1977年を中心に」, 『일본어문학』 79, 일본어문학회.

강우원용(2010), 「일본 마이너리티문학의 양상과 가능성 - 오키나와문학과 재일한국인·조선인문학을 중심으로」, 『일본연구』 14, 고려대학교 글로벌일본연구원.

고명철(2006), 「민족의 주체적 근대화를 향한 『한양』의 진보적 비평정신 - 1960년대의 비평 담론을 중심으로」, 『한민족문화연구』 19, 한민족문화학회.

______(2010), 「1960년대의 『한양』에 실린 소설의 문제의식 - 『한양』의 매체사회학적 위상을 중심으로」, 『한국문학이론과비평』 46, 한국문학이론과비평학회.

곽형덕(2015), 「1940, 식민지 조선문학의 행방을 둘러싸고」, 『한민족문화연구』 52, 한민족문화학회.

______(2018), 「전후 일본의 '반지성주의'와 마이너리티 - 양정명과 도미무라 준이치를 중심으로」, 『일본사상』 34, 한국일본사상사학회.

권성우(2017), 「김학영의 『얼어붙은 입』에 대한 세 가지 해석과 논점」, 『한민족문화연구』 60, 한민족문화학회.

김계자(2014), 「환기와 소거, 그리고 일본어문학 - 김석범의 『1945년 여름』」, 『한림일본학』 25, 한림대학교 일본학연구소.

______(2015), 「장혁주의 「춘향전을 통해 본 제국과 식민지의 변주」, 『비교문화연구』 38, 경희대학교 비교문화연구소.

______(2015), 「재일코리언 문학의 당사자성 - 양석일의 『밤을 걸고』」, 『일본학』 41, 동국대학교 일본학연구소.
______(2016), 「조선과 일본에 사는 시인 김시종 - 장편시집 『니이가타』에 표현된 '재일'의 의미」, 『비교문화연구』 45, 경희대학교 비교문화연구소.
______(2017), 「1950년대 재일코리안의 문화운동」, 『아시아문화연구』 44, 가천대학교 아시아문화연구소.
김명희(2017), 「집합적 기억의 공간으로서 조선학교 교육」, 『아시아교육연구』 18권 3집, 서울대학교 교육연구소.
김성환(2015), 「일본이라는 타자와 1960년대 한국의 주체성 - 한일회담에 관한 논의를 중심으로」, 『어문론집』 61, 중앙어문학회.
김용안(2017), 「『계간 삼천리』 연구 - 「우키시마마루호 폭침」 기사를 중심으로」, 『日本研究』 72, 한국외국어대학교 일본연구소.
김웅기(2017), 「변혁을 맞이하고 있는 일본 공립학교 민족학급 - 재일코리안 민족교육의 새로운 방안」, 『일본학보』 110, 한국일본학회.
김윤식(1972), 「日本文壇과 在日僑胞作家」, 『세대』 1972.04, 세대사.
김인덕(2008), 「1948年 한신(阪神)教育闘争과 在日朝鮮人 歴史教育 - 在日本朝鮮人聯盟의 民族教育運動 戰術과 關聯하여」, 『韓日民族問題研究』 15, 한일민족문제학회.
______(2013), 「일본 우익과 재일코리안의 역사」, 『일본학』 36, 동국대학교 일본학연구소.
김정란(2004), 「일본군 '위안부' 운동의 전개와 문제인식에 대한 연구 - 정대협의 활동을 중심으로」, 이화여자대학교 박사학위논문.
김종회 · 이영미(2016), 「재일코리안 귀국(歸國)문제를 기억하는 문화적 방식」, 『현대소설연구』 64, 한국현대소설학회.
김주영(2017), 「이회성의 『유역으로』 연구 - 죄의식 서술을 통한 이동 서사의 방법화」, 『日語日文學研究』 Vol.102 No.2, 한국일어일문학회.
김충영(2016), 「노(能)에 그려진 「기다리는 여인들」의 恨」, 『일본학보』 106, 한국일본학회.
김태영(2006), 「在日コリアン教育と民族アイデンティティ-雑誌『三千里』『青丘』にみられる在日コリアン教育言說」, 『한국민족문화』 27, 부산대학교 한국민족문화연구소.
김형규(2005), 「귀국 운동과 '재일(在日)의 현실 - 재일본문학예술가동맹의 소설을 중심으로」, 『한중인문학연구』 15, 한중인문학회.
김혜원(2007), 「역사의 빛 아래 드러나야 할 한 - 《군대 위안부》의 저자 김일면」, 『딸들의 아리랑』, 허원미디어.
김환기(2000), 「김학영 문학과 '벽'」, 『일본학』 19, 동국대학교 일본학연구소.
______(2001), 「김학영의 『얼어붙은 입』론」, 『日語日文學研究』 39, 한국일어일문학회.
______(2002), 「김학영 문학과 '恨' - '恨'의 내향적 승화를 중심으로」, 『일본학』 21, 동국대학교 일본학연구소.
______(2005), 「김학영 문학론 - 작가적 고뇌의 원질(原質), 그로부터의 해방구 모색」, 『韓日民族問題研究』 9, 한일민족문제학회.

______(2008), 「재일 디아스포라 문학의 형성과 분화」, 『일본학보』 74, 한국일본학회.
______(2009), 「재일 디아스포라 문학의 '혼종성'과 세계문학으로서의 가치」, 『일본학보』 78, 한국일본학회.
______(2011), 「재일 코리안 문학과 디아스포라」, 『일본학』 32, 동국대학교 일본학연구소.
______(2011), 「재일코리안의 정체성과 초(超)국가주의 - 재일 코리언 문학과 디아스포라 - 이회성의 『유역(流域)』을 중심으로」, 『일본학』 32, 동국대학교 일본학연구소.
______(2011), 「전후 재일 코리안 문학의 변용과 특징」, 『일본학보』 86, 한국일본학회.
______(2013), 「재일 코리언 문학에 나타난 '아버지상' 고찰 - 전세대의 생활공간과 이데올로기를 중심으로」, 『비교일본학』 29, 한양대학교 일본학국제비교연구소.
______(2014), 「『청구(靑丘)』와 재일코리안의 자기정체성 - 문학텍스트를 중심으로」, 『일본연구』 22, 고려대학교 글로벌일본연구원.
______(2015), 「김석범 · [화산도] · 〈제주4 · 3〉 - [화산도]의 역사적/문학사적 의미 - 」, 『일본학』 41, 동국대학교 일본학연구소.
______(2015), 「문예잡지 『三千里』와 재일코리안의 문화 정체성 - 문학텍스트를 중심으로 - 」, 『일본연구』 104, 한국일본학회.
______(2015), 「재 파라과이 한인회 · 한국학교의 문화정체성 - 『파랑새』를 중심으로 - 」, 『한민족문화연구』 52, 한민족문화학회.
______(2016), 「코리안 디아스포라 문학 연구 - 북미(캐나다, 미국)의 코리안 문학과 재일코리안 문학의 비교를 중심으로 - 」, 『일본연구』 109, 한국일본학회.
______(2017), 「캐나다 코리안 이민사회의 형성과정과 문학의식 - 문예잡지 『캐나다문학』의 소설을 중심으로 - 」, 『한국문학연구소』 54, 동국대학교 한국문학연구소.
______(2018), 「재미코리안 이민문학의 형성과정과 주제의식 고찰」, 『겨레어문학』 61, 겨레어문학회.
______(2018), 「재일 디아스포라 문학의 경계의식과 '트랜스네이션'」, 『횡단인문학』 1, 숙명여자대학교 숙명인문학연구소.
______(2019), 「남미의 코리안 디아스포라와 고향/조국의 기억 - 한국전쟁기 반공포로와 근대화/산업화를 중심으로 - 」, 『한림일본학』 35, 한림대학교 일본학연구소.
______(2019), 「재독 코리안 이민사회의 형성과 문화/문학지형 고찰: 파독 광원/간호사와 『재독한국문학』을 중심으로」, 『동악어문학』 79, 동악어문학회.
______(2020), 「구소련권 고려인 디아스포라 문학의 형성과 전개양상: 『선봉』/『레닌기치』/『고려일보』를 중심으로」, 『동악어문학』 82, 동악어문학회.
______(2021), 「구소련권 고려인 사회의 역사/문화지형과 민족의식: 매체/학교/커뮤니티를 중심으로」, 『코기토』 95, 부산대학교 인문학연구소.
______(2022), 「강태수 문학과 동토의 이데올로기, 그리고 실존적 고뇌: 자기서사 『소련 아르한겔스끄 수용소에서』를 중심으로」, 『동악어문학』 88, 동악어문학회.
______(2022), 「해방 이후 중국 조선족 문학의 형성과정과 전개양상」, 『한민족문화연구』 79, 한민족문화학회.
______(2022), 「해방이전 중국 조선인 문학의 전개양상과 주제의식」, 『한국문학연구소』

68, 동국대학교 한국문학연구소.
______(2023), 「가네시로 가즈키의 탈민족적 글쓰기와 엔터테인먼트 -『플라이, 대디, 플라이』/『GO』를 중심으로 - 」, 『한림일본학』 43, 한림대학교 일본학연구소.
______(2023), 「유미리 문학과 현대사회의 가족해체 -『가족 시네마』/『풀하우스』를 중심으로 - 」, 『일본연구』 137, 한국일본학회.
______(2024), 「사할린 한인사회의 형성과 문학텍스트의 주제의식: 한글신문 『조선로동자』/『레닌의 길로』를 중심으로」, 『동악어문학』 92, 동악어문학회.
______(2025), 「호주 한인사회의 형성과 문학 텍스트의 주제의식 : 한글 문예지의 소설을 중심으로」, 『동악어문학』 97, 동악어문학회.
나승회(2007), 「재일한인 잡지의 변화의 양상과 『청구』의 역할」, 『일어일문학』 36, 대한일어일문학회.
남상욱(2015), 「일본인의 식민주체로서의 기억과 그 표상」, 『황해문화』 88, 새얼문화재단.
마경옥(2011), 「저항담론으로서의 '재일'일본어 - 재일여성문예지 『땅에서 배를 저어라』(『地に舟をこげ』)를 중심으로」, 『일본언어문화』 19, 한국일본언어문학회.
______(2012), 「『땅에서 배를 저어라(『地に舟をこげ』)』에 관한 고찰 2 - 재일 여성문예지로서의 역할을 중심으로」, 『일본언어문화』 43, 한국일본언어문학회.
______(2017), 「오무라(大村)조선문학회 기관지 『오무라문학(大村文学)』에 관한 연구」, 『아시아문화연구』 45, 가천대학교 아시아문화연구소.
罔山善一郎(2006), 「日本에서의 한국문학 연구현황과 전망(2)」, 『語文論集』 34, 중앙어문학회.
박광현(2004), 「국민문학의 반어법, 재일문학의 '기원'」, 『창작과비평』 Vol.32 No.3, 창비.
______(2005), 「재일문학의 2세대론을 넘어서 - '역사화와 영역화'에 대한 비판을 중심으로」, 『일어일문학연구』 53권 2호, 한국일어일문학회.
______(2010), 「재일한국인, 조선인의 정체성에 관한 연구」, 『일본연구』 13, 고려대학교 일본연구센터.
______(2014), 「재일의 심상지리와 사할린」, 『한국문학연구』 47, 동국대학교 한국문학연구소.
______(2016), 「귀국사업과 '니가타'」, 『동악어문학』 67, 동악어문학회.
______(2016), 「재일코리안의 '전장(戰場)'과 '전후(戰後)'」, 『한국학연구』 41, 인하대학교 한국학연구소.
______(2018), 「기념비로서의 '조선학교'」, 『일본학』 46, 동국대학교 일본학연구소.
박대현(2013), 「『다리』誌의 현실참여와 행동주의의 의미」, 『한국문학이론과 비평』 60, 한국문학이론과 비평학회.
박유하(2003), 「〈재일문학〉의 장소와 교포 작가의 〈조선〉표상」, 『일본학』 22, 동국대학교 일본학연구소.
박정이(2007), 「김학영문학에 있어 '정체를 알 수 없는' 표현의 의미」, 『일어일문학』 34, 대한일어일문학회.
______(2014), 「『季刊三千里』が語る在日の日本定住」, 『日本文化學報』 62, 한국일본문화학회.

______(2016), 「『季刊三千里』が語る日本人の朝鮮蔑視観 - 日帝強占期に創造された「停滞論」を基に」, 『일본근대학연구』 53, 한국일본근대학회.

박정진(2011), 「도쿄도의 에스닉 정책과 재일코리안 시책 - 대 총련 시책을 중심으로 본 그 형성과 변화의 인과성」, 『일본연구논총』 33, 현대일본학회.

______(2011), 「재일코리안 '북송문제'와 일본인의 '귀국협력' - '일조우호운동'의 연속이라는 관점에서」, 『사회와역사』 91, 한국사회사학회.

박진현(2025), 「유미리 『8월의 저편(8月の果て)』에 나타난 굿의 의미」, 『비교일본학』 64, 한양대 일본학국제비교연구소.

배하은(2021), 「후기 식민주의 민족 - 남성 주체 수립의 기획 속 '위안부' 재현 연구(1): 임종국의 『정신대실록』과 윤정모의 『에미 이름은 조센삐였다』를 중심으로」, 『민족문학사연구』 75, 민족문학사연구소.

서기재(2014), 「1960-70년대 일본 아동문학과 <전쟁아동문학>」, 『日本語文學』 62, 한국일본어문학회.

서세림(2018), 「한국소설과 재일코리안 귀국사업 - 체제의 의도와 주체의 의지 사이」, 『한국문예비평연구』 57, 한국현대문예비평학회.

소명선(2006), 「재일한인 에스닉 미디어의 계보와 현황 - 에스닉 잡지를 중심으로」, 『일어일문학』 30, 대한일어일문학회.

손남훈(2015), 「『한양』 게재 시편의 변화 과정 연구 - 庚連과 鄭英勳의 시를 중심으로」, 『韓國文學論叢』 70, 한국문학회

______(2015), 「4·19 혁명 정신의 계승과 정권 비판 논리 - 1960년대 『한양』 소재 4·19 혁명 담론과 시를 중심으로」, 『문창어문논집』 52, 문창어문학회.

______(2016), 「『한양』 게재 재일 한인 시의 주체 구성과 언술 전략」, 부산대학교 박사학위논문.

손동주·신종대·이수진·이상수(2013), 「재일한인의 커뮤니티 구축 - 『계간 삼천리』를 통하여 본 정책변화를 중심으로」, 『동북아문화연구』 35, 동북아시아문화학회.

손지연(2011), 「류큐·오키나와(인)의 아이덴티티 형성사 - 문학 텍스트를 중심으로」, 『일본학연구』 33, 단국대학교 일본연구소.

송석원(2006), 「일본에서의 한국학연구 - 회고와 전망」, 『아태연구』 13, 경희대학교 아태지역연구원.

송인선(2013), 「반역하는 "단카이(團塊)" - 전공두(全共鬪)와 일본의 대중사회」, 『현대문학의 연구』 50, 한국문학연구학회.

송하춘(1998), 「역사가 남긴 상처와 민족의식 - 이회성론 (1)」, 『한국학연구』 10, 고려대학교 한국학연구소.

______(1999), 「역사가 남긴 상처와 민족의식 - 이회성론 (2)」, 『한국학연구』 11, 고려대학교 한국학연구소.

______(2001), 「재일 한인소설의 민족 정체성에 관한 연구 - 이회성의 소설을 중심으로」, 『韓民族語文學』 38, 韓民族語文學會.

신상웅(1972), 「교포작가 이회성씨가 남긴 것」, 『새가정』 8·9월호(통권 206호), 새가정사.

신승모(2014), 「재일문예지 『민도(民涛)』의 기획과 재일문화의 향방 - 서지적 고찰을 중심으로」, 『일본학연구』 43, 단국대학교 일본연구소.
______(2017), 「재일코리안 문학과 '스파이 이야기' - 김학영과 원수일의 작품에 나타난 인간의 내면을 중심으로」, 『동악어문학』 73, 동악어문학회.
______(2017), 「재일코리안의 자기정체성 재구축과 민족교육의 공과」, 『아시아문화연구』 47, 가천대학교 아시아문화연구소.
______(2018), 「생활종합지 『우리생활(ウリ生活)』에 나타난 재일코리안의 일상사」, 『일본학』 47, 동국대학교 일본학연구소.
______(2019), 「영화 〈우리학교〉에 나타난 조선학교 학생들의 일상과 언어」, 『일본학』 49, 동국대학교 일본학연구소.
______(2020), 「재일코리안 자기서사의 목록화와 유형화」, 『일본어문학』 89, 일본어문학회.
______(2021), 「재일코리안 2세 작가 고사명의 문학표현과 정신사 - 생명에 대한 관점의 전환을 중심으로 - 」, 『일어일문학』 90, 대한일어일문학회.
신재민(2018), 「박중호의 『回帰』론 - 민족사로서의 글쓰기와 정주의 재일성」, 『일어일문학』 77, 대한일어일문학회.
______(2018), 「재일코리안 잡지 『민도(民涛)』 연구」, 『일본학보』 115, 한국일본학회.
______(2019), 「재일코리안 잡지 『민도』에 드러난 민중문화 운동의 실천과 양상 - 1980년대 한국의 민중문화 운동과의 관련성을 중심으로 - 」, 『일본학보』 120, 한국일본학회.
______(2020), 「재일코리안 민중문화 운동과 민중문예 종합지 『민도(民涛)』 - 1970~1980년대의 민중문화 운동과 잡지의 실천을 중심으로 - 」, 『일본학보』 122, 한국일본학회.
______(2023), 「1980년대 이회성의 활동과 소설 「협죽도」 연구」, 『일본학보』 135, 한국일본학회.
______(2023), 「1980년대 재일코리안 사회의 민족교육과 변화 - 『삼천리(三千里)』, 『민도(民涛)』의 논의를 중심으로」, 『한림일본학』 43, 한림대학교 일본학연구소.
______(2024), 「1980년대 이회성의 문학적 고찰과 1990년대로의 이행 - 민족, 민중, 제3세계, 트랜스 동아시아적 관점을 중심으로 - 」, 『일본학』 62, 동국대학교 일본학연구소.
申宗大·沈素暎·金玉枝·朴美瑩·孫東周(2013), 「『季刊三千里』·『季刊青丘』に関する一考察」, 『일어일문학』 58, 대한일어일문학회.
양명심(2012), 「이회성(李恢成)의 청춘소설을 통해서 본 일본 전후」, 『일본어문학』 52, 한국일본어문학회.
______(2013), 「이회성의 새로운 상상력과 구성의 전환점」, 『日本文化學報』 56, 한국일본문화학회.
양명심·김주영(2014), 「재일문예 『민도(民濤)』 연구 - 『민도』의 서지고찰과 이회성의 문제의식」, 『일본어문학』 62, 한국일본어문학회.
양호민(1992), 「한국현대사의 재조명; "민주기지"의 남북통일노선 - 8.15 해방이후부터 6.25전쟁 직전까지」, 『국제문제연구』 16, 서울대학교 국제문제연구소.

오미정(2011), 「전후 일본의 북한문학 소개와 수용 - 잡지 『민주조선』을 중심으로」, 『우리어문연구』 40, 우리어문학회.
______(2012), 「1950년대 일본의 북한문학 소개와 특징 - 『新日本文學』과 『人民文學』을 중심으로」, 『한국근대문학연구』 25, 한국근대문학회.
오오야 치히로(大屋千尋)(2006), 「잡지 『내선일체(內鮮一體)』에 나타난 내선결혼의 양상 연구」, 『사이間SAI』 1, 국제한국문학문화학회.
오혜경(2018), 「민족학급의 현황 및 민족성 형성에 대한 일고찰」, 『일본문화연구』 66, 동아시아일본학회.
원덕희(1991), 「金鶴泳試論」, 『日本研究』 6, 중앙대학교 일본연구소.
유숙자(1999), 「金鶴泳 論」, 『比較文學』 24, 韓國比較文學會.
유승창 (2014), 「재일코리안에 대한 오사카 공립학교의 민족교육운동과 문학교육」, 『日本文化學報』 63, 한국일본문화학회.
______(2017), 「1970년대 오사카 공립학교의 재일코리안 민족교육 운동」, 『재일코리안과 조선학교』, 선인.
유지아(2016), 「한국과 일본에서의 한일회담 반대운동의 전개과정과 역사적 의의」, 『한일관계사연구』 53, 한일관계사학회.
윤송아(2016), 「이언어(二言語)의 장(場)에서 끌어올린 목소리들의 향연 - 宋惠媛, 『「在日朝鮮人文學史」のために - 聲なき聲のポリフォニー - 』」, 『일본학』 42, 동국대학교 일본학연구소.
______(2017), 「재일(在日)을 사유하는 여러 겹의 길 - 다케다 세이지(竹田青嗣), 『'재일'이라는 근거 在日という根據』」, 『일본학』 44, 동국대학교 일본학연구소.
이미주(2012), 「잡지 미디어를 통해 본 재일한인 문학 - 『계간 삼천리』를 중심으로」, 고려대학교 대학원, 2012.
이상봉(2006), 「재일한인의 전후보상운동 전개과정에서 나타난 연대의 특징 - 일본군위안부 운동을 중심으로」, 『21세기정치학회보』 제16집 2호, 21세기정치학회.
이승진(2014), 「문예지 『진달래(ヂンダレ)』에 나타난 '재일'의식의 양상」, 『일본연구』 37, 중앙대학교 일본연구소.
______(2014), 「문예지 『진달래(ヂンダレ)』와 재일여성문학의 발현」, 『일본어문학』 63, 한국일본어문학회.
______(2014), 「재일 한국인 문학과 일본 근대문학과의 영향관계 고찰 - 재일 한국인 2세대 작가 김학영(金鶴泳)을 중심으로」, 『아시아문화연구』 33, 가천대학교 아시아문화연구소.
______(2015), 「문예지를 통해 본 재일의식의 양상」, 『일본어문학』 67, 한국일본어문학회.
______(2016), 「재일문학에 나타난 '집'이라는 장소」, 『한국학연구』 43, 인하대학교 한국학연구소.
______(2016), 「현대 일본 대중문화에 재현된 '재일남성상' 고찰」, 『일본학』 43, 동국대학교 일본학연구소.
______(2017), 「재일코리안잡지 『호르몬 문화』(ほるもん文化)연구 - 재일코리안잡지사에

서 차지하는 위상과 의미를 중심으로」, 『일본학보』 113, 한국일본학회.
______(2018), 「전후 재일잡지미디어 지형과 재일사회 - 1959년까지의 태동기를 중심으로 - 」, 『韓日民族問題研究』 35, 한일민족문제학회.
______(2019), 「1960~80년대 재일잡지미디어 지형과 재일문화」, 『日本文化學報』 81, 한국일본문화학회.
______(2019), 「1990년 이후 재일잡지미디어 지형 고찰」, 『韓日民族問題研究』 37, 한일민족문제학회.
______(2020), 「'혐한' 현상 앞에 선 재일문학 - 최실의 『지니의 퍼즐』과 황영치의 『전야』를 중심으로 - 」, 『일본학』 51, 동국대학교 일본학연구소.
______(2021), 「2000년대 일본사회 저항적 목소리의 '재생'과 문예지 전야(前夜) - 재일사회와 일본사회 사상적 문화 교류의 맥락에서 - 」, 『韓日民族問題研究』 40, 한일민족문제학회.
______(2022), 「경계를 넘나드는 재일서사 이민진의 『파친코(PACHINKO)』론」, 『日本文化學報』 95, 한국일본문화학회.
______(2023), 「문화다원화 시대 일본 신문 미디어와 재일사회 - 1966년부터 1989년까지의 시기에 주목하여 - 」, 『일본학』 59, 동국대학교 일본학연구소.
______(2024), 「1990년 이후 일본의 신문 미디어와 재일사회 - 아사히·마이니치·요미우리신문 기사를 중심으로 - 」, 『일본학』 63, 동국대학교 일본학연구소.
이승하(2012), 「재일교포 작가의 소설에 나타난 민단·조총련 간의 갈등 양상」, 『한국문예창작』 11, 한국문예창작학회.
______(2013), 「식민지 시기 재일코리안에 대한 일본 치안당국의 인식」, 『한일관계사연구』 44, 한일관계사학회.
______(2016), 「근대 이후 일본의 배외주의와 재일코리안」, 『일본학』 43, 동국대학교일본학연구소.
이재봉(2006), 「해방 직후 재일한인 문단과 "일본어" 창작문제 - 『朝鮮文藝』를 중심으로」, 『韓國文學論叢』 42, 한국문학회.
______(2007), 「국어와 일본어의 틈새, 재일 한인 문학의 자리 - 『漢陽』, 『三千里』, 『青丘』의 이중 언어 관련 논의를 중심으로」, 『韓國文學論叢』 47, 한국문학회.
______(2010), 「틈새 인간의 말더듬이 존재론 - 김학영과 그의 문학」, 『현대문학이론연구』 43, 현대문학이론학회.
______(2016), 「해방직후 재일코리안 문학의 자리 만들기」, 『韓國文學論叢』 74, 한국문학회.
이정민(2014), 「비교문화 연구의 현재적 지평 - 재일 코리안 화가 오병학(吳炳學)의 작품에 있어서의 민족관념 분석」, 『人文科學』 55, 성균관대학교 인문학연구원.
이정은(2015), 「"난민" 아닌 "난민수용소", 오무라(大村)수용소 - 수용자, 송환자에 대한 한국정부의 대응을 중심으로」, 『사회와 역사』 103, 한국사회사학회.
이정희(2007), 「김학영(金鶴泳)론 - 〈얼어붙는입(凍える口)〉 〈끌(鑿)〉 〈서곡(序曲)〉 〈흙의 슬픔(土の悲しみ)〉을 중심으로」, 세종대학교 석사학위논문.
이지은(2018), 「조선인 '위안부', 유동하는 표상 - 91년 이전 김일면, 임종국의 '위안부'텍스트를 중심으로」, 『만주연구』 25, 만주학회.
이한정(2014), 「『민주조선(民主朝鮮)』과 "재일문학"의 전개」, 『일본학』 39, 동국대학교 일본학연구소.
______(2021), 「재일코리안 잡지 『계간 삼천리』와 코리안 디아스포라」, 『일본어문학』 89, 한국일본어문학회.
______(2023), 「'재일코리안'에 대한 혐오와 차별」, 『일본학보』 135, 한국일본학회.
______(2024), 「재일코리안 남성 자서전에 나타난 강제징용 - 이흥섭의 『딸이 전하는 아버지의 역사』를 중심으로」, 『한림일본학』 45, 한림대학교 일본학연구소.
______(2024), 「재일코리안의 자서전 출간 현황과 의의」, 『일본학』 62, 동국대학교 일본학연구소.
이한창(1992), 「재일 교포문학의 주제 연구」, 『일본학보』 29, 한국일본학회.
______(1996), 「소외감과 내향적인 김학영의 문학세계 - 「얼어붙은 입」과 「흙의 슬픔」을 중심으로」, 『일본학보』 37, 한국일본학회.
______(1997), 「재일동포 작가와 〈아쿠타가와상〉」, 『외국문학』 51, 열음사.
______(2000), 「아쿠타가와 상을 통해 본 재일동포 문학」, 『일본학』 19, 동국대학교 일본학연구소.
______(2000), 「재일 동포조직이 동포문학에 끼친 영향 - 좌익 동포조직과 동포작가와의 갈등을 중심으로」, 『日本語文學』 8, 한국일본어문학회.
______(2010), 「일기와 작품을 통해 본 김학영의 자살 원인」, 『일본어문학』 47, 한국일본어문학회.
______(2014), 「작품 발표의 장으로서의 『민주조선』 연구」, 『일본어문학』 60, 한국일본어문학회.
______(2017), 「이회성의 전기 작품 활동과 문학세계」, 『日本語文學』 72, 한국일본어문학회.
이헬렌(2017), 「이회성의 『다듬이질하는 여인』과 나카가미 겐지의 『미사키』를 통해 보는 '마이너리티'와 장소론」, 『동악어문학』 71, 동악어문학회.
이회성(1972), 「조국의 흙을 만져보며」, 『월간 중앙』 1972.08, 중앙일보사.
______(1995), 「[이 사람의 삶] 23년 만에 조국 찾은 재일 동포 작가 이회성」, 『시사저널』 1995.11.23., ㈜시사저널사.
이회성·이호철(1995), 「在日작가 李恢成 - 소설가 李浩哲씨 대담」, 『동아일보』 1995.11.04., 동아일보사.
임상민(2011), 「金嬉老事件と〈反共〉- 映画「金の戦争」論」, 『일본문학학보』 51, 한국일본문화학회.
______(2012), 「梶山季之と金嬉老 -「俺は半島人 - 小説·金嬉老」論」, 『동북아문화연구』 30, 동북아시아문화학회.
______(2014), 「김희로 사건과 내파하는 한일 미디어 - 츠츠이 야스타카(筒井康隆)의 「신킨타로(晋金太郎)」를 중심으로 - 」, 『인간과 문화 연구』 25, 동의대학교 인문사회연구소.
______(2016), 「〈재일문학〉과 김희로 사건」, 『일본문화학보』 69, 한국일본문화학회.

장문석(2016), 「1960~1970년대 일본의 한국문학 연구와 '조선문학의 회(朝鮮文學の會)'」, 『한국학연구』 40, 인하대학교 한국학연구소.
장사선(2003), 「일본에서의 한국 현대문학 연구 - 역사적 반성 및 협동 연구 전망」, 『한국현대문학연구』 30, 한국현대문학회.
______(2007), 「재일 한민족 문학에 나타난 내셔널리즘」, 『한국현대문학연구』 21, 한국현대문학회.
재일코리안변호사협회, 박인동(편)(2010), 「형사사건에 드러난 재일코리안의 상황」, 『일본재판에 나타난 재일코리안』, 한국학술정보.
정계향(2016), 「경계인(境界人)의 뿌리 찾기 - 다카라즈카(宝塚) 재일코리안 2세의 정체성 문제를 중심으로」, 『구술사연구』 Vol.7 No.1, 한국구술사학회.
정성희(2023), 「재일코리안 집중거주 지역의 민족학급 - A초등학교를 중심으로」, 『한림일본학』 43, 한림대학교 일본학연구소.
______(2024), 「재일코리안 문화실천의 장으로서의 '쓰도이' - 히가시오사카 민족학급 사례를 중심으로」, 『한림일본학』, 45, 한림대학교 일본학연구소.
______(2024), 「재일코리안과 마당극 - 〈아리랑 고개〉를 중심으로 - 」, 『韓日民族問題研究』, 46, 한일문족문제학회.
______(2025), 「오사카의 공립 고등학교 내 민족교육 실천 - 1970년대를 중심으로 - 」, 『韓日民族問題研究』, 48, 한일문족문제학회.
______(2025), 「재일코리안 민족교육의 다문화 교육적 의미 - '쓰도이'와 건국학교 전통예술부를 중심으로 - 」, 『비교일본학』, 64, 한양대학교 일본학국제비교연구소.
정아영(2007), 「일본의 1968년 학생운동에 대한 사회적 기억과 평가」, 『경제와사회』 76, 비판사회학회..
정진성(2017), 「재일동포 민족학교」, 『일본비평』 16, 서울대학교 일본연구소.
조강희(2006), 「在日韓人 雜誌에 나타나는 言語生活의 樣相 - 『民主朝鮮』 『朝鮮文藝』 『三千里』 『靑丘』의 「特集」과 「對談」을 중심으로」, 『일본어문학』 33, 일본어문학회.
조경희(2012), 「'조선인 사형수'를 둘러싼 전유의 구도 - 고마쓰가와 사건(小松川事件)과 일본/'조선'」, 『동방학지』 158, 연세대학교 국학연구원.
조나단 글레이드(2011), 「미군정기 남한과 일본의 문학으로서의 탈식민화 1945-1948 - 『문학』과 『민주조선』의 두 사례」, 『한국어문학연구』 57, 한국어문학연구학회.
조수일(2018), 「金石範「観徳亭」論 - 主題を生成する語り手と読者の相互作用をめぐって - 」, 『日本語文學』 79, 한국일본어문학회.
______(2018), 「金石範「糞と自由と」論 - 知識青年の「敗北」と「糞まみれの自由」の意味をめぐって - 」, 『일본학』 47, 동국대학교 일본학연구소.
______(2019), 「'독자'로서의 편집자와 재일코리안문학의 네트워크 - 김석범 문학을 중심으로 - 」, 『일본학』 53, 동국대학교 일본학연구소.
______(2020), 「김석범 「허몽담(虛夢譚)」의 인물 형상화 양상에 나타난 작가의식」, 『탐라문화』 65, 제주대학교 탐라문화연구원.
______(2020), 「김석범의 『화산도』 연구 - 작중인물의 목소리와 서사가 생성하는 해방공

간에 대한 물음을 중심으로 -」, 『영주어문』 45, 영주어문학회.
______(2020), 「재일코리안의 주체적 이동과 '8·15'의 자기서사 - 김석범의 『1945년 여름』을 중심으로 -」, 『韓日民族問題硏究』 38, 한일민족문제학회.
______(2021), 「World Literature as a Methodology to Consider Literature of Kim Sok-pom」, 『일본학보』 129, 한국일본학회.
______(2021), 「김석범 문학이 재현하는 사건의 교차성」, 『사이間SAI』 30, 국제한국문학문화학회.
______(2021), 「당사자의 증언과 기억을 전승하는 서사 전략 - 김석범의 「남겨진 기억」을 중심으로 -」, 『韓日民族問題硏究』 40, 한일민족문제학회.
______(2022), 「재일(在日) 지식인이 구축한 연대의 공론장 『계간삼천리』」, 『일본역사연구』 59, 일본사학회.
______(2023), 「문학자로서의 본연성, 기억과 역사를 횡단하는 자전적 글쓰기 - 김석범의 기행문과 『보름달 아래 붉은 바다』 읽기 -」, 『영주어문』 54, 영주어문학회.
______(2023), 「재일잡지미디어의 한국에서의 연구 동향과 전망 - 재일종합지 『항로』를 중심으로 -」, 『비교일본학』 59, 한양대학교 일본학국제비교연구소.
______(2023), 「포스트제국 시대의 탈식민 주체 되기 - 재일(在日) 지식인 김석범의 글쓰기를 중심으로 -」, 『일본학』 59, 동국대학교 일본학연구소.
______(2024), 「1970년대 초 일본의 대항공론장과 문학운동 - 계간문예지 『인간으로서(人間として)』를 중심으로 -」, 『일본학』 64, 동국대학교 일본학연구소.
______(2024), 「교착하는 '전후'와 기억의 잠재태로서의 '바다' - 김석범의 『바다 밑에서』를 중심으로 -」, 『일본문화연구』 92, 동아시아일본학회.
中村福治(2000), 「김석범 문학이 재일코리안 문학에서 차지하는 위치」, 『용봉인문논총』 29, 전남대학교 인문과학연구소.
지은숙(2011), 「디아스포라 관점에서 본 재일코리안 여성의 결혼문제」, 『在外韓人硏究』 25, 在外韓人學會..
지충남(2012), 「재일한인 디아스포라 이주와 집거지 형성 비교 연구 - 올드커머와 뉴커머를 중심으로」, 『대한정치학회보』 20권 2호, 대한정치학회.
최범순(2009), 「『계간 삼천리』(季刊三千里)의 민족정체성과 이산적 상상력」, 『일본어문학』 41, 한국일본어문학회.
최영호(1995), 「해방 직후의 재일한국인의 본국 귀환, 그 과정과 통제구조」, 『한일관계사연구』 Vol.4, 한일관계사학회.
______(2000), 「일본패전 직후 참정권문제에 대한 재일한국인의 대응」, 『한국정치학회보』 34, 한국정치학회.
______(2001), 「재일한국인의 참정권에 대한 한일 양국의 정치적 태도에 관한 연구」, 『영산논총』 7, 영산대학교.
______(2004), 「재일한국인의 일본 지방참정권, 그 현황과 전망」, 『21세기정치학회보』 Vol.14 No.3, 21세기정치학회.
______(2005), 「新聞을 통해 보는 解放直後 在日朝鮮人의 動向 -「民衆新聞」 특집호

(1945년 10월 15일자)」, 『韓日民族問題硏究』 9, 한일민족문제학회.
______(2005), 「조총련에 의한 민족교육의 어제와 오늘」, 『황해문화』 47, 새얼문화재단.
______(2007), 「在日韓人 民族敎育運動에 나타난 對外連帶.네트워크」, 『한일민족연구』 13, 한일민족문제학회.
______(2008), 「재일교포사회의 형성과 민족 정체성 변화의 역사」, 『한국사연구』 140, 한국사연구회.
하상일(2004), 「1960년대 문학비평과 『한양』」, 『어문논집』 50, 민족어문학회.
______(2007), 「1960년대 『한양』 소재 재일 한인 시문학 연구」, 『韓國文學論叢』 47, 한국문학회.
______(2007), 「재일 한인 잡지 소재 시문학과 비평문학의 현황과 의미 - 『조선문예』, 『한양』, 『삼천리』, 『청구』를 중심으로 - 재일 한인 잡지 소재 시문학과 비평문학의 현황과 의미」, 『韓國文學論叢』 42, 한국문학회.
______(2017), 「김시종과 『진달래』」, 『한민족문화연구』 57, 한민족문화학회.
한선미(2008), 「미점령기 오키나와 소설론」, 강원대학교 대학원 석사학위 논문.
한정선(2017), 「1950년대 일본 미술계의 지형과 조양규의 문화적 위상」, 『용봉인문논총』 54, 전남대학교 인문학연구소.
______(2018), 「해방 후(1945-60년), 재일코리안 미술단체와 채준의 정치만화」, 『비교일본학』 42, 한양대학교 일본학국제비교연구소.
______(2019), 「태동기 재일코리안 미술작품에 나타난 재일의식의 양상 - 전화황과 조양규의 1950년대 작품을 중심으로 - 」, 『일본학』 48, 동국대학교 일본학연구소.
______(2019), 「한국전쟁기 재일코리안의 기억과 재현 - 『조선평론(朝鮮評論)』 수록 전화황(全和凰) 작품을 중심으로 - 」, 『韓日民族問題硏究』 37, 한일민족문제학회.
허명숙(2009), 「민족 정체성 서사로서 재일동포 한국어 소설」, 『현대소설연구』 40, 한국현대소설학회.
홍선영(2011), 「기쿠치 간(菊池寬)과 조선예술상 - 제국의 예술제도와 히에라르키」, 『日本文化學報』 50, 한국일본문화학회.
후지무라 마이(2012), 「1950년대 일본의 탄광노동자 화가 센다 우메지(千田梅二)」, 『인물미술사학』 8, 인문미술사학회.
____________(2018), 「'정치의 계절' 1950년대 일본의 사회참여미술에 관한 연구」, 국민대학교 박사학위 논문.

국외자료

단행본

浅井清(1994),『菊池寛』, 新潮社.

磯貝治良(1979),『始源の光 - 在日朝鮮人文学論』, 創樹社.

________(2004),『〈在日〉文學論』, 新幹社.

李恢成(1974),『北であれ南であれわが祖国』, 河出書房新社.

______(1974),『参加する言葉』, 講談社.

______(2002),『可能性としての「在日」』, 講談社文芸文庫.

林鍾国(著), 大村益夫(訳)(1976),『親日文学論』, 高麗書林.

任展慧(1994),『日本における朝鮮人の文学の歴史 - 1945年まで』, 法政大学出版局.

川村湊(1995),『戦後文学を問う - その体験と理念』, 岩波書店.

小熊英二(1995),『単一民族神話の起源』, 新曜社.

________(2002),『〈民主〉と〈愛国〉』, 新曜社.

小田実(1969),『難死の思想』, 文藝春秋.

大村盛夫 編(1970),『朝鮮文学 - 紹介と研究』1, 朝鮮文学の会.

___________(1972),『朝鮮文学 - 紹介と研究』7, 朝鮮文学の会.

宇野田尚哉(2016),『「サークルの時代」を読む - 戦後文化運動研究への招待』, 影書房.

__________(2018),『在日朝鮮文学会関係資料 1 - 一九四五~六〇(在日朝鮮人資料叢書 17)』, 緑蔭書房.

__________(2018),『在日朝鮮文学会関係資料 2 - 一九四五~六〇(在日朝鮮人資料叢書 17)』, 緑蔭書房.

__________(2018),『在日朝鮮文学会関係資料 3 - 一九四五~六〇(在日朝鮮人資料叢書 17)』, 緑蔭書房.

呉徳洙(1979),「「ちゃんそり」に託したい同胞への想い」,『季刊ちゃんそり』1, ちゃんそり舎.

川村湊(1990),『異郷の昭和文学 -「満州」と近代日本』, 岩波書店.

______(1999),『生まれたらそこがふるさと - 在日朝鮮人文學論』, 平凡社.

金一勉(1976),『天皇の軍隊と朝鮮人慰安婦』, 三一書房.

______(1977),『軍隊慰安婦 - 戦争と人間の記録』, 現代史出版会.

______(1980),『日本女性哀史 - 遊女・女郎・からゆき・慰安婦の系譜』, 現代史出版会.

金鶴泳(2004),『凍える口 - 金鶴泳作品集』, クレイン.

金允植(著), 大村益夫(訳)(1975),『傷痕と克服 - 韓国の文学者と日本』, 朝日新聞社.

金英達(1980),『在日朝鮮人の帰化 - 日本の帰化行政についての研究』, 金英達.

______(1990),『在日朝鮮人の帰化』, 明石書店.

______(2002),『創氏改名の法制度と歴史』, 明石書店.

______(2003), 『在日朝鮮人の歴史 - 金英達著作集 2』, 明石書店.
______(2003), 『在日朝鮮人の歴史 - 金英達著作集 3』, 明石書店.
金石範(1981), 『「在日」の思想』, 筑摩書房.
金宙泰 外(1973), 『季刊まだん』 1, 創紀房新社.
________(1973), 『季刊まだん』 2, 創紀房新社.
________(1974), 『季刊まだん』 3, 創紀房新社.
________(1974), 『季刊まだん』 4, 創紀房新社.
________(1974), 『季刊まだん』 5, 創紀房新社.
________(1975), 『季刊まだん』 6, 創紀房新社.
国際高麗学会(2010), 『在日コリアン辭典』, 明石書店.
千田夏光(1973), 『声なき女8万人の告発・従軍慰安婦』, 双葉社.
宋恵媛(2014), 『「在日朝鮮人文学史」のために - 声なき声のポリフォニー』, 岩波書店.
______(2014), 『在日朝鮮女性作品集 1 - 一九四五~八四(在日朝鮮人資料叢書 9)』, 緑蔭書房.
______(2014), 『在日朝鮮女性作品集 2 - 一九四五~八四(在日朝鮮人資料叢書 9)』, 緑蔭書房.
______(2016), 『在日朝鮮人文学資料集 2 - 一九五四~七〇(在日朝鮮人資料叢書 14)』, 緑蔭書房.
______(2016), 『在日朝鮮人文学資料集 3 - 一九五四~七〇(在日朝鮮人資料叢書 14)』, 緑蔭書房.
鄭敬謨(2011), 『歴史の不寝番 - 「亡命」韓国人の回想録』, 藤原書店.
竹田青嗣(1974), 「金嬉老事件(特集・裁かれる日本)」, 『別冊経済評論』 増刊号, 日本評論社.
________(1974), 「抑圧される側の論理　金嬉老裁判証言」, 『北であれ南であれわが祖国』, 河出書房新社(1991), 『戦後史大事典』, 三省堂.
________(1983), 『〈在日〉という根拠 - 李恢成・金石範・金鶴泳』, 国文社.
________(1995), 『〈在日〉という根拠 - 李恢成・金石範・金鶴泳』, 筑摩書房.
趙秀一(2022), 『金石範の文學: 死者と生者の聲を紡ぐ』, 岩波書店.
外村大(2004), 『在日朝鮮人社会の歴史学的研究: 形成・構造・変容』, 緑蔭書房.
中野克彦・飯田祐子・吉田司雄・島村輝・高橋修(2003), 『文学の闇・近代の「沈黙」』, 世織書房.
西成田豊(1997), 『在日朝鮮人の〈世界〉と〈帝国〉国家』, 東京大学出版社.
林浩治(1991), 『在日朝鮮人日本語文学論』, 新幹社.
広田和子(1975), 『証言記録従軍慰安婦・看護婦 - 戦場に生きた女の慟哭』, 新人物往来社.
福岡安則(1993), 『在日韓国・朝鮮人』, 中央公論社.
森田芳夫(1987), 『韓国における国語・国史教育-朝鮮王朝期・日本統治期・解放後』, 原書房.
________(1996), 『数字から語る在日韓国・朝鮮人の歴史』, 明石書店.

尹健次(2015), 『「在日」の精神史 1 - 渡日・解放・分断の記憶』, 岩波書店.
______(2015), 『「在日」の精神史 2 - 三つの国家のはざまで』, 岩波書店.
______(2015), 『「在日」の精神史 3 - アイデンティティの揺らぎ』, 岩波書店.
Anderson, Benedict(1992), *The new world disorder*, New Left Review.

논문 및 기사

湯浅克衛(1953), 「朝鮮を扱った日本の小説と日本に紹介された朝鮮文学」, 『花郎』 1(2), 花郎倶楽部.
磯貝治良(1979), 「在日朝鮮人文學の世界」, 『季刊三千里』 20, 三千里社.
________(1996), 「在日朝鮮人文学 - 50年の変遷」, 『越境する視線』, せらび書房.
井上靖 他(1972), 「選考経過、選評」, 『文藝春秋』 1972.09, 文藝春秋社.
李省展・佐藤由美(2008), 「在日コリアン一世の学校経験 - 呉炳学氏の場合(植民地教科書と国定教科書)」, 『植民地教育史研究年報』 11, 日本植民地教育史研究会運営委員会.
李恢成(1969), 「われら青春の途上にて」, 『群像』 1969.8, 講談社.
______(1971), 「砧をうつ女」, 『季刊藝術』 18, 季刊藝術出版.
______(1972), 「受賞のことば」, 『文藝春秋』 1972.3, 文藝春秋社.
______(1972), 「金嬉老事件(特集・裁かれる日本)」, 『別冊経済評論』 増刊号, 日本評論社.
______(1974), 「抑圧される側の論理　金嬉老裁判証言」, 『北であれ南であれわが祖国』, 河出書房新社.
______(1989), 「歴史の中の芥川賞」, 『文学界』 1989.3, 文藝春秋社.
______(1991), 「著者から読者へ－とうかわが故郷を訪ねてほしい」, 『またふたたびの道・砧をうつ女』, 講談社文芸文庫.
李榮鎬(2017), 「在日朝鮮人雑誌『季刊まだん』の作品分析 -「アンニョンヒアボジ」と「無花果」を中心に」, 『跨境/日本語文学研究』 Vol.4, 高麗大学校GLOBAL日本研究院.
江藤淳・小島信夫・武田泰淳(1966), 「文藝賞選後評」, 『文芸』 5(11), 河出書房新社.
林相珉(2006), 「仕方なくやる」生 - 李恢成「砧をうつ女」, 『比較社会文化研究』 19, 九州大学大学院比較社会文化学府.
任展慧(1966), 「日本に翻訳・紹介された朝鮮文学について」, 『日本文学誌要』 16, 法政大学国文学会.
大岡昇平 外(1967), 「芥川賞選評」, 『文藝春秋』 1967.09, 文藝春秋社.
__________(1971), 「芥川賞選評」, 『文藝春秋』 1971.03, 文藝春秋社.
呉徳洙(1979), 「「ちゃんそり」に託したい同胞への想い」, 『季刊ちゃんそり』 1, ちゃんそり舎.
大森望・豊崎由美(2004), 「純文学新人賞の最高峰は、本当に芥川賞なのか？」, 『文学賞メッタ斬り!』, PARCO出版.

大江健三郎 外(1977),「芥川賞選評」,『文藝春秋』1977.03, 文藝春秋社.
______________(1978),「芥川賞選評」,『文藝春秋』1978.09, 文藝春秋社.
桶谷秀昭(1972),「金鶴泳論」,『金鶴泳集(新鋭作家叢書)』, 河出書房新社.
桶谷秀昭・高井有一・小田実(1978),「読書鼎談 - 中野孝次「麦熟るる日に」、金鶴泳「鑿」」,『文芸』17(12), 河出書房新社.
川村湊(2004),「日本人による朝鮮文学研究(五人十一人)の始まり」,『異文化』5, 法政大学国際文化学部.
梶井陟(1970),「朝鮮文学研究会の歩み-1 - 初期の活動」,『朝鮮研究』95, 日本朝鮮研究所.
______(1970),「朝鮮文学研究会の歩み-2 - まぼろしの朝鮮歌集」,『朝鮮研究』97, 日本朝鮮研究所.
______(1970),「朝鮮文学研究会の歩み-3 - 所員と朝鮮語」,『朝鮮研究』98, 日本朝鮮研究所.
______(1970),「朝鮮文学研究会の歩み-4 - 朝鮮文学の会」,『朝鮮研究』99, 日本朝鮮研究所.
______(1970),「朝鮮文学研究会の歩み-5 - わたしの古本屋漁り」,『朝鮮研究』100, 日本朝鮮研究所.
______(1971),「朝鮮文学研究会の歩み-6 - 雑駁な回想」,『朝鮮研究』102, 日本朝鮮研究所. .
______(1971),「朝鮮文学研究会の歩み-7 -「朝鮮文化史」のこと」,『朝鮮研究』103, 日本朝鮮研究所.
______(1971),「朝鮮文学研究会の歩み-8完 - 日本人の朝鮮文学研究の貧しさ」,『朝鮮研究』106, 日本朝鮮研究所.
______(1972),「朝鮮文学の会(東京)(列島の声)」,『新日本文学』27, 新日本文学会.
金鶴泳(1973),「石の道」,『季刊藝術』27, 季刊芸術出版株式会社.
______(1974),「新しい在日朝鮮人 -「まだん」3号(三角形の本棚)」,『早稲田文学』第7次6(8), 早稲田文学編集室.
______(1974),「夏の亀裂」,『文学界』第28巻 第6号, 文藝春秋.
______(1976),「冬の光」,『文藝』第15巻 第11号, 河出書房新社.
______(1978),「鑿」,『文学界』第32巻 第6号, 文藝春秋.
金一勉(1981),「日本軍隊の慰安婦の実態」,『現代の眼』22, 現代評論社.
金石範(1975),「党派ぎらいの党派的ということ」,『季刊三千里』1, 三千里社.
金貞愛(2003),「拡散する〈身勢打鈴(シンセタリョン)〉—李恢成「砧をうつ女」にみる朝鮮文化の変容—」, 国際日本文学研究集会会議録, 国文学研究資料館.
______(2014),「日本における在日コリアン文学受容の一側面ー李恢成「砧を打つ女」の高校国語教科書採用とそれ以後のの軌跡ー」,『文学研究論集』32.
______(2017),「樺太/日本/朝鮮の異邦人 - 李恢成「またふたたびの道」論」,『跨境/日本語文学研究』4, 高麗大学グローバル日本研究員.

金嬉老(1974),「獄中から民族へ」,『季刊まだん』2, 創紀房新社.
金達寿(1986),「雑誌『民主朝鮮』のころ」,『季刊三千里』48, 三千里社.
金嬉老公判対策委員会(1968),「金嬉老公判対策委員会の発足にあたって」,『朝鮮研究』74, 日本朝鮮研究所.
倉橋正直(1989),「従軍慰安婦前史 - 日露戦争の場合」,『歴史評論』467, 歴史科学協議会.
小林勝(1970),「『朝鮮人になる』ことの意味 - 李恢成「われら青春の途上にて」」,『文芸』1970.8, 河出書房新社.
佐々木基一・遠藤周作・上田三四二(1971),「創作合評 - 庄野潤三「宝石のひと粒」, 李恢成「砧をうつ女」, 山本孝夫「アテンション」, 藤枝静男「怠惰な男」」,『群像』1971.9, 講談社.
佐藤由美(2008),「東京美術学校の朝鮮留学生(特集 科学研究費補助金対象国際シンポジウム 東アジアの植民地期「近代化」と戦後: 伝統文化)」,『東アジア研究』49, 大阪経済法科大学アジア研究所.
鄭映惠(2000),「心の健康(メンタル・ヘルス)こそが重大課題になる次世代以降」,『「在日」から「在地域」へ一在日コリアンビジネスマンたちへのメッセージ』, UGビジネスクラブ.
町村敬志(1993),「エスニック・メディア研究序説」,『一橋論叢』109, 日本評論社.
宮崎勇(1996),「特別講演会 今後の日本経済と景気動向を読む〔含 質疑応答〕」,『アジア時報』27(12), アジア調査会.
三島由紀夫 外(1970),「芥川賞選評」,『文藝春秋』1970.03, 文藝春秋社.
桜井幹善・中野健二・城侑(1972),「李恢成「砧をうつ女」・東峰夫「オキナワの少年」」,『文化評論』130, 新日本出版社.
佐々木基一・安岡章太郎・上田三四二(1969),「創作合評 - 大岡昇平「ミンドロ島ふたたび」李恢成、「われら青春の途上にて」井上靖「月の光」(座談会)」,『群像』1969.9, 講談社.
宋恵媛(2004),「在日朝鮮人文学史 - 1945年~1970年 - 韓国系団体・グループの文化・文学活動」,『在日朝鮮人史研究』34, 在日朝鮮人運動史研究会.
趙慶済(2007),「在日韓国・朝鮮人の属人法に関する論争」,『立命館法學』312, 立命館大学法学会.
田中明(1978),「戦後日本における朝鮮文学の紹介」,『コリア評論』200, 民族問題研究所.
水谷昭夫(1980),「李恢成「砧をうつ女」の張述伊」,『國文學 - 解釈と教材の研究』25, 學燈社.
中野克彦(1999),「エスニック・メディアと日本社会 - 1896年~1999年の考察」,『立命館言語文化研』1999.11, 立命館大学国際言語文化研究所.
林浩治(1991),「孤立した言語と死 - 金鶴泳を問う」,『在日朝鮮人日本語文学論』, 新幹社.
______(2003),「「在日朝鮮人文学」とは何か - その史的展開から考える」,『民主文学』500, 日本民主主義文学会.

朴裕河(2003), 「1960年代における文学の再編 -「国民文学」と「在日文学」の誕生」, 『思想』 955, 岩波書店.
日高昭二(2014), 「作家案内 - 李恢成」, 『われら青春の途上にて 青丘の宿』, 講談社.
細井綾女(2010), 「「コリアン・ジャパニーズ」・「ブール」の呼称の変遷と国籍問題」, 『言葉と文化』 11, 名古屋大学大学院国際言語文化研究科日本言語文化専攻 編.
日野啓三(1970), 「悠々たる文体の成功 - 李恢成「われら青春の途上にて」」, 『早稲田文学』 2(11), 早稲田文学編集室.
舟橋聖一(1974), 「芥川賞選評」, 『文藝春秋』 1974.06, 文藝春秋社.
編集委員会(1975), 「創刊のことば」, 『季刊三千里』 1, 三千里社.
宮原昭夫・川村二郎(1978), 「対談時評 - 表現とモチーフ-光岡明「草と草との距離」, 岡田睦「死神」、金鶴泳「鑿(のみ)」」, 『文學界』 32(7), 文藝春秋.
山崎正純(1979), 「七〇年代の李恢成と『見果てぬ夢』」, 『日本民主』 1979.11, 日本民主主義文学会.
山田明(1971), 「「朝鮮文学 - 紹介と研究」の発刊」, 『人間として』 5, 筑摩書房.
横浜地方裁判所第二民事部(1974), 「朴鐘碩就職差別裁判判決（抜粋）」, 『朝鮮研究』 138, 日本朝鮮研究所.
吉行淳之介 他(1982), 「芥川賞委員はこう考える」, 『文學界』 41, 文藝春秋.
Prina, W.(2002), "The place which is diaspora: citizenship, religion and gender in the making of chaordic transnationalism", *Journal of Ethic and Migration Studies 28(1)*, Routledge.
William Safran(1991), "Diasporas in modern societies: myths of homeland and return", *Diaspora, vol.1, no.1*, University of Toronto Press.

저자

이영호 李榮鎬, LEE YOUNGHO

동국대학교 일본학연구소 전임연구원. 고려대학교 중일어문학과에서 문학박사 학위를 받았다. 대표저서로 번역서 『배반당한 협상』, 『조선전도자 오다 나라지』, 연구서 『재일디아스포라와 글로컬리즘』 등이 있다.

동국대학교 일본학연구소 연구총서

1970년대 재일코리안 문학과 잡지 미디어

초판1쇄 발행 2025년 12월 31일

지은이 이영호

주간 조승연
편집 · 디자인 오경희 · 조정화 · 오성현 · 신나래 · 박선주 · 정성희
관리 박정대

펴낸이 홍종화
펴낸곳 민속원
창업 홍기원
출판등록 제1990-000045호
주소 서울 마포구 토정로25길 41
전화 02) 804-3320, 805-3320, 806-3320(代)
팩스 02) 802-3346
이메일 minsokwon@naver.com
홈페이지 www.minsokwon.com

ISBN 978-89-285-2206-4 93800